"인간은, 자신이 태어났을 때 이미 존재하는 테크놀로지를 자연계의 일부로 느낀다.
15세부터 35세 사이에 발명된 테크놀로지는 새롭고 재미있는 것으로 생각하고,
35세 이후에 발명되는 테크놀로지는 자연에 반하는 것이라 여긴다."

_ 더글라스 애덤스Douglas Adams, 영국 작가

비트코인
1억 간다

CRYPTOCURRENCY

신의두뇌 지음

비트코인 1억 간다

신의두뇌 가상화폐 투자 일지

2018년 개인투자자를 위한 암호화폐 투자 전망

솔트앤씨드

프롤로그

나는 암호화폐 3개월 투자로 5억 벌었다

2017년 11월 26일, 비트코인 가격이 사상 처음으로 1천만 원(1비트코인)을 돌파했다. 2009년 10월 5일 1비트코인을 기준으로 0.0008달러(약 0.9원)에서 시작한 비트코인의 가치가 9년 만에 처음으로 1천만 원을 넘어선 것이다. 미국 선물先物거래 시장 등재 소식이 호재로 작용한 것이 원인이었다.

대부분의 사람들은 아직 암호화폐 비트코인에 대해 제대로 인식하지 못하고 있는 것이 현실이다. 현재 암호화폐 시장 참여율은 전 세계 1%로 보는 것이 많은 사람들의 의견이다. 전 세계 인구를 70억 명이라고 놓고 봤을 때 7천만 명이 암호화폐 거래에 참여하고 있는 셈이다.

우리나라의 경우는 어떨까. 삼성SDS가 86개 유명 기업이 참여한

EEA(엔터프라이즈 이더리움 얼라이언스)에 포함되었다고 해서 한때 '이더리움 광풍'이 분 적이 있다. 얼마나 심했던지 종교를 빗대서 '이더교'라는 말이 유행할 정도였다.

그러나 아직도 대다수의 사람들은 비트코인Bitcoin이나 이더리움Ethereum이 뭔지 잘 모르는 경우가 많다. 비트코인은커녕 가상화폐는 뭐고 암호화폐는 뭐냐고 묻는 사람도 있다. 그저 인터넷 게임머니처럼 단순한 '사이버 머니' 정도로 생각하는 사람들도 상당하다. 차트가 주가 차트와 비슷하다고 해서 주식과 같은 것으로 오인하는 사람들도 있다. 그렇지만 주식은 기업 가치를 담은 것인데 반해, 암호화폐는 근본적으로 정체성이 다르다.

암호화폐Cryptocurrency는 한마디로 새로운 화폐다. 지금까지는 주로 '가상화폐'라는 이름으로 통용되었지만 가상화폐라는 말에는 어폐가 있다. 암호화폐를 사이버 머니 정도로 생각하는 사람들은 아마도 '가상'이라는 말이 주는 이미지 때문에 그런 생각을 했을 가능성이 크다. 가상화폐라고 말하면 스스로의 정체성을 부정해 버리는 모양새가 된다. 앞으로는 '암호화폐'라는 말이 가장 적합한 말로서 통용돼야 한다고 생각한다. 이 책에서도 마찬가지로 우리가 지금까지 '가상화폐'라고 부르던 것을 '암호화폐'로 통일해서 말할 것이다.

대한민국은 사실상 세계에서 암호화폐 광풍이 가장 거세게 불고 있는 나라다. 국내 비트코인 가격은 다른 어느 나라보다도 높은(20~30%가량) 가격에 거래되고 있다. 세계 각국의 거래소들이 한국으로 몰려들고 있는 이유도 그 때문이다.

내가 암호화폐 투자를 시작한 것은 비트코인이 500만 원가량이었을 무렵이다. 2017년 12월 비트코인이 2천만 원을 뚫었으니 4배의 수익이다. 미국과 일본이 제로금리에 가깝고 우리나라만 해도 은행 이자가 2, 3%인 시대다. 어디 가서 이런 투자처를 만날 수 있을까. 그 어디에도 없다. 비트코인이 500만 원이었을 당시 3개만 사서 들고 있었어도 불과 3개월 만에 초기 투자금 500만 원을 제하고도 1,500만 원이 생기는 셈이다. 이런 상황이니 전 세계적으로 암호화폐 광풍이 부는 것도 어쩌면 당연한 일이다.

세상은 그야말로 눈이 돌아갈 정도로 빠르게 진화하고 있다. 그저 일상을 살아가고 있는 우리들은 그 변화를 즉각적으로 느끼지 못할 뿐이다. 기술은 한참 앞서가 있지만 대중들은 아직 받아들일 준비가 되어 있지 않다. 나의 암호화폐 강의를 듣는 사람들 중 가장 많은 사람이 금융권에서 일하는 분들인데, 거기에는 특별할 것이 없는 이유가 있다.

암호화폐는 화폐와 기술이 결합된 형태다. 암호화폐 중 어떤 코인은 송금수수료 인하와 시간 단축이라는 장점을 탑재한 것이 있다. 사람들은 편리성만 생각하겠지만 나는 강의할 때 그것들을 '대량학살무기'라고 칭한다. 이미 은행에는 직원이 필요 없는 시스템이 만들어져 있다. 핀테크만 살아남고 은행도 없어질 수 있는 판국에 은행원은 무사할 수 있을까.

마흔에 접어든 나의 성장기 시절 은행원 하면 모두가 부러워하는 대상이었고, 은행은 평생직장으로 인식됐다. 그런데 지금의 은행원들은 보수가 좋아서 다닐 뿐 평생직장이라는 생각을 안 한다고 한다. 은행에 가보면 알겠지만 일단 고객이 별로 없다. 무엇보다 은행권에서 사람이 설 자리가 사라져가고 있다. 인간이 필요 없는 사회로의 진화는 너무나 빠르게 진행되고 있다. 사회적인 충격을 고려해서 곧바로 적용할 수 없을 뿐이다.

무인자동차도 아직은 기술이 부족하고 실험 단계라는 생각을 하는 사람도 많을 것이다. 그러나 실상 기술은 저만치 앞서가 있다. 만약 정부가 이것을 받아들여 트럭, 버스, 택시가 모두 무인자동차로 움직인다고 상상해 보자. 대량해고를 막을 길이 없다. 그 많은 인원만큼 소비가 사라질 것이다. 기사식당에서 밥 먹는 사람부터 눈에 띄게 줄어들 것이고, 우리는 끔찍한 사회현상을 목도하게 될 것이다.

비단 운전직뿐만이 아니다. 무인 매장이 도입된다고 생각해 보자. 아이들 과외비를 벌기 위해 캐시어로 새롭게 경제활동을 시작한 수많은 주부사원들이 모두 일자리를 잃게 될 것이다.

편리성을 무기로 골목상권까지 대기업이 들어오는 것을 우리는 허용했다. 그로 인해 발생할 수 있는 일은 무엇일까. 더 이상 동네부자의 탄생은 볼 수가 없다. 나의 성장기 시절만 해도 과일장사를 해서 작은 건물도 사고 슈퍼마켓을 하면서 3남매 대학 보내고 살 만한 집 한 칸 정도는 충분히 마련하는 사람들이 동네마다 있었다. 그러나 이 모든 가능성을 대기업이 장악해 버렸다. 우리는 당장의 편리성에 혹해 부를 쥘 수 있는 기회와 바꿔버린 것이다. 이제 부의 편중화는 막을 길이 없을 정도다. 이대로의 삶으로 만족하고 사느냐 아니냐의 문제만 남았을 뿐이다. 어쩌면 지금의 암호화폐는 4차 산업혁명으로 들어가기 직전 부의 재분배를 이룰 수 있는 마지막 방법일지 모른다.

아직도 암호화폐가 시장 초기라고 생각하는 사람도 있을 것이다. 그러나 천만의 말씀이다. 이미 늦은 감도 다분히 있다. 24시간 열려 있는 암호화폐 시장은 지금의 경제보다 2배, 4배는 빠르게 돌아간다. 암호화폐 시장에 발을 들여놓았다면 하루를 일주일처럼 살아야 하는 것이 그 이유다.

강의할 때 어떤 분이 물었다. 지금의 화폐 패권을 가진 자들이 굳이 비트코인을 만들어 자신들의 화폐 자산을 붕괴로 유도할 이유가 있겠느냐고. 물론 맞는 말이다. 그러나 한쪽 면만 보면 전체를 관망할 수 없다. 지금의 화폐라는 것이 더 이상 위력을 발휘하지 못하고 있다는 점을 들여다봐야 한다. 부를 지키기 위해 너무 많은 화폐를 찍어낸 결과가 얼마나 끔찍한지 그들은 절감하고 있을 것이다. 결국엔 자신들이 보유한 화폐가 종잇조각이 될 수 있음을 그들은 우려하고 있는 것이다. 설날을 앞두고 낡은 지폐를 빳빳한 새 지폐로 바꾸듯이 그들은 지금 구권을 신권으로 바꿔가고 있는 것이다. 이 사실을 반영이라도 하듯 지금의 화폐보다 암호화폐 시장에서는 부의 쏠림현상이 오히려 더 심해지고 있다. 현재의 화폐를 미래의 화폐로 바꾸고 있는 것이다.

내가 특별히 잘나거나 대단한 사람이라서 암호화폐 강의를 하고 있는 것은 아니다. 다만 지금 암호화폐 거래를 시작하는 사람보다 먼저 공부를 시작했고 치열하게 많이 공부했을 뿐이다. 새로운 화폐로서의 비트코인을 알고 트레이딩trading에 참여하느냐 그렇지 않느냐에 따라서 차이점은 너무나 크다. 많은 사람이 당장의 등락 폭에 너무 많이 집착을 한다.

어차피 시대의 흐름은 우리가 좌지우지할 수 있는 것이 아니다. 그저 변화에 과감히 몸을 맡기기를 바란다. 그리고 즐겨라. 그렇지 않으면 우리는 더욱더 노예화되고 말 것이다. 깨어서 조금 더 멀리 보기 바란다. 아직도 늦지 않았으니 포기하기엔 이르다. '개미와 함께'라는 나의 모토는 앞으로도 계속될 것이다. 그것이 바로 책을 쓰게 된 계기다. 내가 그동안 공부하고 분석했던 내용, 투자했던 내용을 담담히 이 책에 담아보려고 한다.

나의 블로그 글을 외국에서도 많이 본다는 걸 알고 있다. 고국이 얼마나 그리우실까 하는 마음이 드는 순간도 있다. 그분들에게 감사하다. 그리고 나의 투자를 음으로 양으로 도와주고 계시는 모든 분들께 감사의 마음을 전한다.

목차

3장 코인 거래를 위한 실전 투자법

4장 암호화폐 뉴스 보는 법

5장 2018년 암호화폐 전망

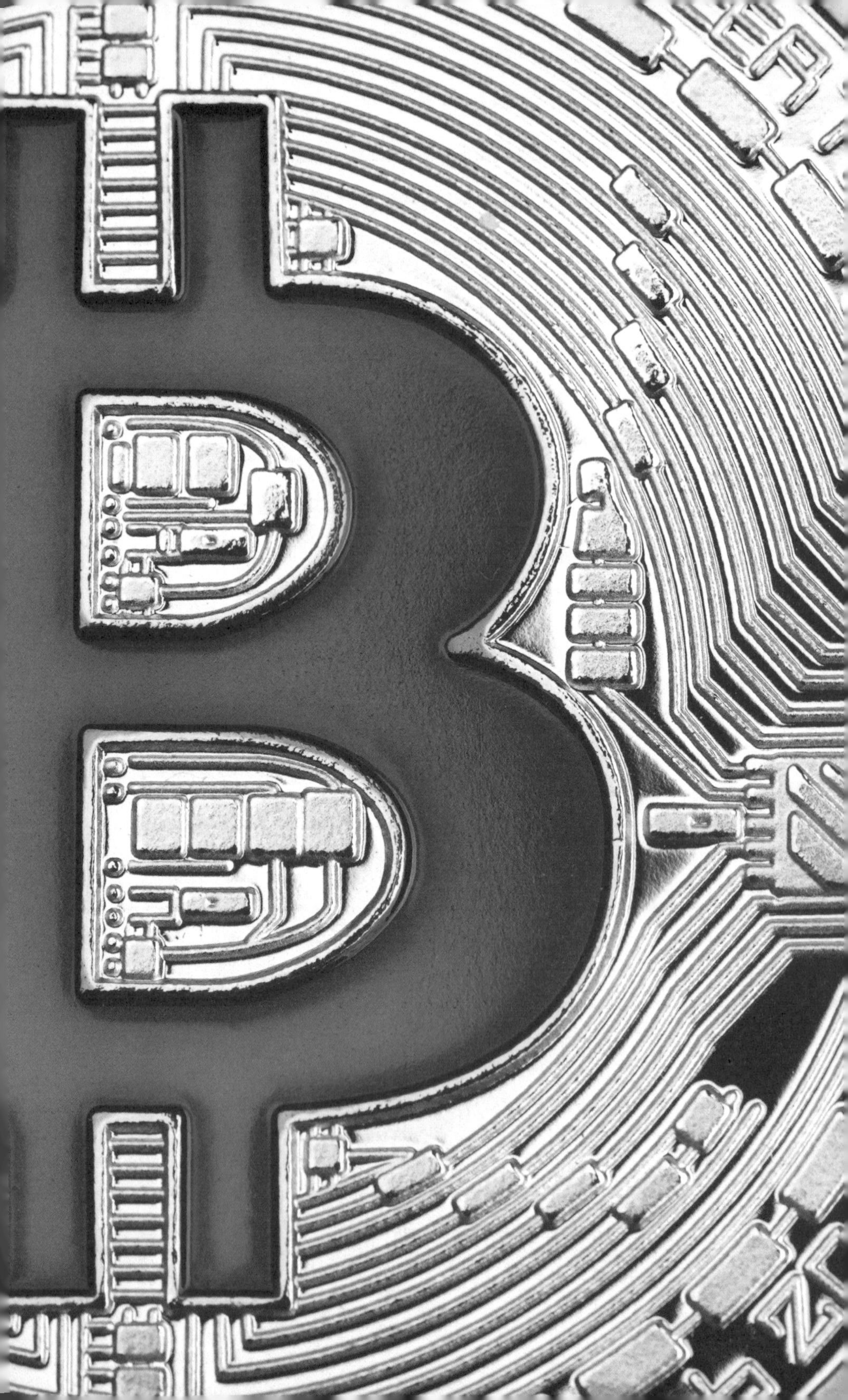

1장

디지털 세계 화폐전쟁 9년

CRYPTOCURRENCY

최소 단위의 금화,
비트코인의 탄생

2008년 서브프라임 모기지 사태가 발발한다. 서브프라임 모기지는 쉽게 말하면 주택 담보 대출이다. 주택을 담보로 돈을 빌려주고 원금과 이자를 받는 주택저당증권인데, 이자율이 상당히 높았던 데다가 회수율 또한 높았기 때문에 투자자들이 몰린다.

안전하다고 평가받는 주택을 담보로 대출이 실행되면, 은행은 상당 기간 동안 적당한 금리로 일정한 현금흐름이 확보되는 채권을 손에 쥐게 되는 셈이다. 그런데 은행이란 곳은 가만히 앉아서 이걸 기다리고만 있지는 않는다. 일반적으로 투자은행Investment Bank이라 불리는 금융기관에, 만기를 더 짧게 하고 금리를 더 낮춰서 이 채권들을 판매한다. 외국에서는 기관에서 많은 투자를 하기 때문에 투자금이 몰린다. 우리나라로 치면 의료보험공단 같은 곳에서 주식투자를 하듯이 투자를 하는 것이다. 이유는 이자율이 세기 때문이다. 은행 금리 2, 3%대보다 높기 때문에 좋은 투자처임에는 분명하다.

그런데 문제는 이것이 부동산 버블의 촉매제 역할을 했다는 것이다. 집 담보 대출을 최하 신용자에게까지 해주기 시작했다. 리먼 브라더스 같은, 우리나라로 치면 저축은행까지 대출을 해주기 시작했고, 심지어 어이없게도 죽은 사람들한테까지 무분별한 대출은 이어졌다. 이 현상은 전 세계에 걸쳐 이어졌고 결국엔 과부하가 걸려 집값이 폭락하는 사태가 와버린다. 집을 팔아도 대출금은 갚을 수가 없는 지경에 이르고 미국발 경제위기는 전 세계를 패닉 상태로 몰아간다. 유럽에서도 많은 국가가 국가부도 사태 또는 그에 준하는 경제위기를 맞았다.

이때 각국에서 경제 부흥을 위해서 할 수 있는 일이 무엇이었을까. 양적 완화, 즉 화폐를 더 많이 찍어내는 것밖에 없다. 이것을 해결하기 위해서 미국은 미친 듯이 달러를 찍어낸다. 일본은 장기 불황을 타개하기 위해 엔화를 마구 찍어낸다. 다른 말로 하면 아베노믹스다.

이 때문에 현재 통화량은 엄청나게 많아져 있다. 단지 우리 수중에 돈이 없을 뿐이다. 이 돈들이 만약 시장에 쏟아져나온다면 결국엔 전 세계적으로 인플레이션 현상이 나타날 것이다. 이것을 방지하기 위해 중국, 일본, 한국 등은 그 많은 달러들을 받아낼 수밖에 없다. 미국을 위해서가 아니라 자국을 위해서다. 자국 기업과 자국민 보호 차원에서 어쩔 수 없이 달러 보유량을 증가시킬 수밖에 없다.

전 세계적으로 경기침체는 지금까지 계속되고 있고, 달러 약세는 앞으로도 계속될 것이다. 회복할 가능성이 없어 보인다. 달러는 이제 화폐로서의 수명이 끝나가는 것으로 보인다.

종이화폐의 기원, 원래 돈이란 무엇일까

'비트코인'이라는 이름을 한번 풀어보자. '비트'는 컴퓨터 용어로, 디지털 신호로 정보를 다룰 때 데이터량의 최소 기본 단위를 말한다. '코인'은 중세 시대의 언어로 금화 또는 은화다. 즉 비트코인은 컴퓨터 단위로 최소로 따질 수 있는 금화나 은화를 뜻한다. 은본위제 또는 금본위제는 화폐의 원류다. 은이나 금을 기축으로 놓고 종이화폐에다 보증서를 찍은 것, 즉 금 보관증이 종이화폐의 기원이다.

그 옛날 조개껍데기나 쌀이 화폐처럼 쓰이던 시대가 있었지만, 어느 순간부터는 반짝이는 금이 전 세계적으로 돈처럼 사용되었다. 유럽에서는 금을 가지고 다니기가 불편하다 보니까 금화라는 동전을 만들어서 사용했다. 그런데 나중에는 이것도 대량으로 들고 다니기엔 무리가 있다고 생각했고 집에 두기에도 불안해서 사람들은 금 보관소에 맡기기 시작했다. 금을 맡아두는 대신 금 보관소는 보관증을 써주었다. 시간이 흐르고 사람들은 거래를 할 때 금 보관소로 가서 금을 찾아와서 지불을 하는 대신 편리하게 금 보관증으로 지불을 하기 시작했다. 누구든 금 보관증을 들고 오면 금을 내주었기 때문에 굳이 금을 주고받을 이유가 없어졌다. 사람들은 금 보관증을 곧 금이라고 믿기 시작했다. 금 보관증이 바로 종이화폐가 된 것이다. 다른 말로 하면 신용화폐다.

시간이 더 흐르고 점차 금 보관소에 맡긴 금을 아무도 찾아가지 않게 되었다. 사람들 사이에서는 금 보관증만이 오고갈 뿐이었다. 그러다 보니 금 보관소 주인이 다른 생각을 하게 된다. '어라, 아무도 금을 찾아가지 않네. 금고에 있는 금을 썩혀두느니 이걸 빌려주고 돈을 벌자.' 이로 인해 실제로 있는 금보다 유통되는 금 보관증이 더 많아지게 되었다. 금 보관소가 곧 은행의 기원이 된 것이다. 또 시간이 흐르고 이 사실을 알게 된 사람들이 금 보관소에 금 보관증을 들고 가도 금을 찾을 수 없을지도 모른다는 생각을 하게 된다. 이에 불안해진 사람들이 한꺼번에 금 보관소로 몰려가 자신의 금을 찾아간다. 이것이 세계 최초의 '뱅크런'이다.

18세기에 세계 통화의 기축은 해가 지지 않는 나라라 불리던 영국의 파운드였다. 이후 제1차 세계대전과 제2차 세계대전이 발발했고 영국은 미국으로부터 물자를 조달받는다. 이때 참전하지 않고 물자만 공급했던 미국이 대금 지불로 받았던 것은 파운드가 아니라 금이었다. 금본위제의 화폐는 금을 보유하고 있는 것에 따른 가치의 연동이기 때문에 이후 화폐의 패권은 자연스럽게 미국으로 넘어간다. 1944년 각국이 모인 자리에서 미국은 금 1온스당 35달러에 고정시키고 각국의 화폐는 달러에 고정한다는 브레튼우즈 협정을 체결시킨다. 이때 설립된 기관이 IMF(국제통화기금)와 IBRD(세계은행)이다. 미국이 가장 많은 금을 보유하고 있다 보니 달러가 기축통화가 된 것이다. 금본위제 하에서 달러는 금에 대한 보증서로서 작용하게 된 것이다.

신용화폐의 수명은 50년을 넘긴 적이 없다

브레튼우즈 협정은 1971년에 그 합의가 깨진다. 미국이 베트남전쟁에 많은 비용을 쏟아붓고 재정이 흔들리자, 프랑스에서 "미국은 금 보유량보다 많은 양의 달러를 찍어내고 있다"고 이의를 제기한다. 프랑스의 은행들은 미국 달러보다 금을 선호했으며 미국에서 금을 컨테이너에 잔뜩 싣고 떠나갔다고 한다. 그리고 닉슨 대통령은 금본위제 폐지를 선언해 버린다. 달러를 들고 와도 금을 내주지 않겠다고 한 것이다. 이때부터 금 1온스당 35달러로 고정되었던 금값은 상승하기 시작한다.

금은 매장량에 한계가 있기 때문에 어쩔 수 없이 세계는 합의를 하고 지금까지 달러를 기축으로 한 변동환율제가 이어져오고 있다. 하지만 2008년 미국발 금융위기로 인해 확인할 수 있는 사실은, 금을 매개로 해서 종이화폐(신용화폐)를 만들어내는 체제는 이제 마지막 단계에 와 있다는 것이다. 서브프라임 모기지 사태가 터지기 20년 전부터 이미 달러에 대한 경고는 있었다. 달러에 대한 믿음은 떨어지고 달러의 구매력은 하락했다. 갈 곳 잃은 투자자들은 다시 금을 찾기 시작하고 금값은 천정부지로 솟아오른다. 전 세계적으로 새로운 화폐 시스템이 등장해야 할 때가 온 것이다.

/

아무도 그를 본 사람이 없다

2008년 서브프라임 모기지 사태가 터지는 그 시기와 맞물려 2009년 1월 비트코인이 세상에 처음으로 알려진다. 그런데 이 대목에서 참 이상한 것이 있다. 2008년도 즈음에 금융 후진국도 아닌 미국에서 죽은 사람에게까지 대출을 해줄 정도로 금융 규제가 그렇게 허술했을까? 아니면 알고도 묵인한 것일까?

아무튼 2009년 1월 3일 처음으로 비트코인 프로그램이 실행됐고 최초의 블록인 '제네시스 블록'을 통해 50개의 비트코인이 생성됨과 동시에 코인을 받을 주소가 생겨난다. 그리고 '사토시 나카모토 Satoshi Nakamoto'라는 이름으로 발송된 메일에서 비트코인의 탄생을 알림과 동시에 함께 채굴에 참여할 것을 요청하는 내용이 수백 명의 사람들에게 발송된다. 그런데 이들 중 비트코인에 관심을 가진 사람은 단 한 명 할 피니Hal Finney밖에 없었다. 또 2009년 1월 10일 2주짜리 특별 프로젝트로, 비트코인 채굴 지갑을 만드는 데 성공하고, 이것이 아주 유용한 네트워크가 될 수 있다는 생각에 '비트코인 포럼'이라는 것을 만들어 지금까지 유지하고 있다.

이후 2011년 4월에 보낸 메일을 마지막으로 사토시 나카모토는 영원히 사라진다. 아무도 사토시 나카모토의 얼굴을 본 사람은 없다. 심지어는 사토시 나카모토와 함께 처음으로 '비트코인 포럼'을 만든 할 피니조차도 사토시의 얼굴을 본 적이 없으며, 그와 소통했던 유일한 커뮤니케이션 방법은 이메일뿐이었다고 한다. 사토시는 한자나 일본어를 쓴 적이 한 번도 없었고, 비트코인은 오픈소스 소프트웨어 상에 구현된 전자화폐라서 실제 개발자가 누구인지는 알아내기가 힘든 데다가 일본인이 아닐 가능성도 제기되었다. 한때 호주의 암호학자 크레이그 라이트가 주목받기도 했지만 단지 추정만 존재하는 영원한 미스테리로 남는다. 그리고 '사토시'라는 이름은 비트코인의 최소 화폐단위로서 흔적이 남아 있다.

암호화된 특정 데이터 코드가 화폐가 된다

비트코인은 지금의 화폐 제도가 거의 끝 단계에 와 있다는 것을 알고 의도적으로 만들어졌으며, 지금의 화폐를 대체할 수단으로 나왔다고 본다. 천정부지로 치솟던 금 시세가 다시 떨어지는 것을 보면 알 수 있다.

비트코인은 블록체인 기술을 활용한 최초의 암호화폐로 지폐나 동전과 달리 실물이 없는 디지털 화폐다. 처음 비트코인에 열광했던 사람들이 주목한 점은 바로 비트코인이 세계 최초의 P2P[Peer to Peer](인터넷에서 개인 컴퓨터끼리 직접 연결되어 파일을 공유하는 것) 네트워크

기반의 전자 금융거래 시스템이라는 것이다. '탈중앙화'를 표방한다는 점이 핵심이다. 국가의 중앙은행에서 마음대로 찍어내는 종이화폐와 달리 발행 주체가 없다는 것이 큰 특징이다.

비트코인의 개수는 총 2,100만 개로 한정되어 있으며, 4년마다 통화 공급량이 줄어들어 2140년에 통화량 증가가 멈추도록 설계되어 있다. 이것은 임의로 통화량을 조절하지 못하게 하는 장치로, 비트코인을 설명할 때 '디지털 금'이라고 설명하는 것이 바로 그런 이유다. 2017년 12월 8일 현재 비트코인은 약 1,670만 개가 생성된 상태다.

비트코인을 얻는 방식은 아주 복잡하고 어려운 수학 문제를 푸는 것과 비슷하다. 암호를 풀고 해답을 얻으면 누구나 보상으로 비트코인이라는 화폐를 얻을 수 있다. 이 같은 과정을 금광에서 광부가 금을 채굴하던 것과 같다고 해서 '채굴Mining'이라고 표현하며, 이 채굴 과정은 비트코인의 발행량이 늘어날수록 더 복잡하고 어려워진다.

생성된 비트코인은 '지갑'이라고 부르는 계좌에 귀속되며, 계좌는 숫자와 영문 대문자, 소문자로 구성된 일종의 주소다. 계좌를 개설하기 위해 요구되는 조건은 특별히 없다. 국가나 개인 식별 정보를 요구하지 않기 때문이다. 이는 곧 익명성을 보장받는 수단으로 활용되고 있다. 다만 모든 계좌, 즉 지갑의 거래 정보는 투명하게 공개되어 있는 상태다.

비트코인은 분산원장이라는 방식을 채택하고 있기 때문에 보안도 뛰어나다. P2P 네트워크에 분산해서 참가자가 공동으로 기록하고 관리한다. 누군가의 지갑을 해킹해 본인의 지갑으로 넣는 행위 자체가 불가능에 가깝다. 모든 지갑이 하나의 알고리즘으로 묶여 있어 하나의 지갑을 해킹하려면 전체 지갑의 입출금 내역을 전부 수정해야 한다. 모든 지갑의 거래 정보와 경로를 파악해 알맞게 수정하는 것 자체가 불가능한 수준이다. 암호화폐의 개발과 거래가 가능하게 만든 이 방식을 블록체인 기술이라고 부른다.

암호화폐의 실물 거래

현재 전 세계는 변동환율을 적용하고 있다. 1971년 '닉슨 쇼크'로 금본위제를 폐지하면서 발생한 일이다. 이때부터 극심한 인플레이션 사태가 각 나라마다 발생하는데, 그 이유는 달러가 현재 전 세계 기축통화로 사용되기 때문이다.

화폐는 약속이고, 가치가 절대 변해서는 안 된다. 그런데 금본위제가 폐지되니 화폐의 가치는 계속해서 떨어진다. 흔히 "물가가 많이 올랐다"고 하는 것은 그만큼 화폐의 발행량이 지속적으로 증가했다는 뜻이다. 화폐는 많이 발행될수록 가치가 떨어지게 되어 있다. 물가가 오른 것이 아니라 사실은 화폐의 가치가 떨어졌다는 것이 더 맞는 표현이다.

달러를 찍어내는 미국의 FRB(연방준비이사회)는 미국 정부가 관여하는 중앙은행이 아니다. FRB는 로스차일드, 모건, 록펠러라는 최

강의 금융재벌 연합 같은 것이다. 누구나 금융의 역사를 공부하려고 하면 쉽게 찾아볼 수 있는 이야기다. FRB의 최고 대주주는 로스차일드 가문Rothschild's of London and Berlin이다. 금본위제를 폐지함으로써 이 가문은 자기들이 원하는 대로 달러를 찍어낼 수 있게 되었으며, 어느 개발자가 그 폐단의 심각성을 잘 알고 바뀌길 원했던 것 같다. 사토시 나카모토라는 비트코인 개발자는 한 명인지 여러 명인지 아직 밝혀지지 않아 알 수 없지만, 블록체인 기술은 지금의 글로벌 시대에 걸맞게 등장했다.

암호화폐는 인플레이션의 영향을 받지 않게 설계되어 등장했다. 가치는 오르지만 희소성을 띠고 있다. 기존 화폐처럼 마구 찍어낼 수 없다. 이 얘기는 채굴량이 정해진 코인의 가치가 더 높아지게 된다는 뜻이다.

이더리움 같은 사물인터넷 기술(인터넷에서 거래되는 블록체인 분산원장)에 최적화된 화폐는 머지않아 실생활에 적용되어 사용될 것이다. 리플ripple의 경우는 환전에 최적화된 코인이다. 각 은행의 결제와 송금 시스템을 쉽게 만들어줄 것으로 판단되며 기술만 제대로 실현된다면 가치는 상승할 것이다. 암호화폐는 반드시 실물 거래가 돼야 한다. 이게 중요한 핵심이다.

금 보유량1위,
중국의 빅 픽처

2015년 세계금위원회WGC의 집계에 따르면 중국 인민은행의 금 보유량은 약 3,510톤으로, 공식적으로 중국은 금 보유량 세계 2위에 올랐다. 세계 1위 금 보유국으로 돼 있는 나라는 미국으로 8,133톤인데, 몇 년 동안 이 데이터는 바뀐 적이 없다. 그러나 실제로 미국이 금을 갖고 있다는 걸 믿는 사람은 없어 보인다.

많은 사람들이 2013년 홍콩을 통해 중국으로 엄청난 양의 금이 흘러들어간 것으로 보는데, 그와 동시에 2013년부터 비트코인 가격이 엄청나게 뛴다. 그리고 공교롭게도 금 가격은 40%가 떨어진다. 비트코인의 가치가 오르니까 안전자산으로 이동한 것이라고 사람들은 파악하곤 하는데, 여기서 한 가지 놓치고 있는 것이 있다.

중국은 그동안 외환보유액을 꾸준히 늘려왔고 위안화를 주요 국제 통화로 만들려는 노력을 꾸준히 해왔다. 중국 중앙은행의 금 보유량 역시 그에 맞춰서 늘려왔을 것이다. 중국은 달러의 기축통화 자리를 노린 것일 수도 있다. 문제는 서방권에서 금을 보유하고 있지 않다는 것이다. 중국이 달러와 금을 많이 갖고 있다 보니까 전 세계적으로 금에 대한 활용도를 줄여서 가치절하를 시킨 것이라고 보는 것이 타당할 것이다. 공산주의 국가에서 기축통화가 나오면 안 된다는 생각이었지 않을까.

/

중국이 금을 모은 이유

전 세계에서 무역 거래가 오고가는 것 중에 가장 결제대금이 센 것은 무기 거래다. 그 다음으로 비싼 거래는 바로 에너지 대금이다. 중국은 금을 보유함으로써 위안화의 가치를 높이려 했고, 석유 결제대금을 위안화로 지불하는 시도를 하려고 했다. 금을 위안화에 대한 보증수단으로 쓰려 했던 것이다.

인터넷에서 기사들을 여러모로 찾아보면 중국의 이런 시도는 지금까지도 꾸준하다는 걸 쉽게 감지할 수 있다. 2017년 10월 뉴스에서 미국 경제매체 CNBC는 하이프리퀀시이코노믹스 수석 이코노미스트의 발언을 인용했다.

"중국이 세계에서 가장 큰 석유 수입국 지위를 미국으로부터 빼앗았기 때문에 석유 수요에서 가장 지배적인 국가가 될 것이다. 사우디아라비아는 이 점을 주시해야 한다. 1~2년이 지나면, 중국은 미국의 수요를 크게 앞지를 것이기 때문이다."

1974년 사우디아라비아와 미국이 맺은 합의에 따라 석유 수출 거래는 모두 미국 달러로 결제를 받고 있다. 하지만, 중국의 전 세계 석유 수입량이 증가함에 따라 달러로 석유를 구매하는 일은 중국 입장에서는 점점 짜증나는 일이 되고 있고, 수년간 중국이 석유 결제를 위안화로 받으라는 압력을 높여왔다고 여러 매체는 해석하고 있다. 만일 사우디아라비아가 위안화 결제를 받아들일 경우 나머지 산유국도 이에 따라갈 가능성이 크다. 게다가 단순한 결제의 편리성만으로 끝나지 않을 것이고, 이것에 연동된 미국 증권들도 수요가 줄어들 것이며 달러의 약세가 가속화될 것이 뻔하다.

2016년 뉴스에서는 사우디아라비아를 방문한 오바마가 홀대받았다는 뉴스에 이어, 사우디아라비아가 40년 만에 처음으로 미국 국채 보유액을 공개하면서 미국 국채를 팔겠다는 협박성 발언이 오갔다는 뉴스가 나온다. 그리고 오바마의 방문보다 수 개월 전 중국 시진핑이 중동 3개국을 방문했다는 소식까지 확인할 수 있다.

2008년 미국발 금융위기 이후 중동권에서 석유 결제를 달러 이외의 다른 결제통화로 받으려는 노력은 꾸준히 이어져온 것으로 보인다. 금본위제를 폐지한 이후 지속적으로 불안해 보였던 달러를 이제는 확실하게 믿을 수 없다는 것이다. 그런데 미국이 달러 패권을 유지하는 방법 중 하나는 신용평가회사를 운용하는 것이다. 세계 3대 신용평가회사는 무디스Moody's Corporation, 피치Fitch Ratings, Ltd., S&P(스탠

더드앤푸어스)다. 피치가 미국과 영국 자본이 섞여 있긴 하지만 어쨌든 모두 미국 회사다. 그들은 미국에서 발행되는 거의 모든 채권의 등급을 매기며, 전 세계에 현지 법인을 설립하고 100개 이상의 국가에 대한 신용등급을 매긴다. 중국이 석유의 위안화 결제를 내용으로 중동 쪽과 딜을 시도하자 미국의 신용평가회사들이 중국의 신용등급을 하락시켜 버린다. 그리고 결국 중국의 시도는 무산돼 버리고 만다.

/

비트코인을 가장 많이 보유하고 있는 나라

다시 비트코인 이야기로 돌아가 볼까. 2009년 이후로 채굴이라는 작업을 통해서 비트코인은 획득될 수가 있다. 그런데 정부 입장에서 보면 화폐라는 건 아무나 획득할 수 있는 것이 되면 안 된다. 국가에서 볼 때 중앙통제가 불가능한 돈이 신용담보로 사용된다는 것은 국가의 힘이 약해진다는 것을 의미한다. 국가가 가지는 힘 중에서 가장 중요한 건 돈을 찍어낼 권리다. 이것이 일반인에게 이전된다는 건 국가로서는 위험 신호로 간주될 만한 것이다.

2017년 9월 초에 중국이 ICO 전면 규제를 하고 나서기 전까지만 해도 전 세계에서 비트코인을 가장 많이 보유하고 있는 나라는 중국이라고 예상되었다. 중국은 민간단체에서 채굴을 하는데 전 세계 채굴 회사 중 1~10위가 모두 중국이다. 그중 1위가 바로 우지한이 이끄는 비트메인Bitmain이라는 채굴회사다. 처음에 채굴은 개인컴퓨터로도 가능했는데, 돈이 되다 보니까 채굴만 집중적으로 할 수 있는 기계를 만드는 사람이 생겨났고 가장 최신에 나온 것이 우지한이 만든 ASIC(에이식스) 채굴기다. 민간인도 쉽게 하던 채굴이 나중에는 기업형으로 바뀌었고 채굴된 비트코인을 싹쓸이하다 보니 중국의 비트코인 보유량은 어마어마할 것이라는 예측이 가능해졌다. 2017년 1월 기준으로 나와 CKT 투자팀이 통계를 낸 예측치에 따르면 중국이 보유하고 있는 비트코인은 전체의 80% 이상이었다. 중국은 많은 금을 보유하고 있는데도 인정을 못 받으니까 '디지털 금'인 비트코인을 모으기 시작했다고 예측된다.

아이러니하게도 중국은 달러의 약세 때문에 가장 피해를 많이 본 국가다. 중국은 지금 세계의 공장 국가다. 경제 발전을 시킬 때 가장 먼저 한 것이 제조업 육성이다. 16억 명의 노동인구가 일을 하다 보니 GNP(국민총생산)가 상승세로 이어져 2003~2007년에 10~14%의 경제성장률을 올렸다. 반면 2012~2016년 경제성장률에서는 6~7%이다. 이걸 보고 중국이 위기라고 얘기하는 사람들도 있지만, 절대 그렇지 않다. 100만 원 벌다가 200만 원 버는 건 쉽지만, 몇조 원 경제 규모에서 6% 경제성장률을 이뤘다는 것은 이전만큼의 성장을 한 것으로 봐야 한다.

이런 중국이 물건을 팔려면 사줄 수 있는 나라가 있어야 한다. 전 세계적인 경기침체는 지금도 계속되고 있다. 금융위기에 대한 긴급 수혈로 화폐를 잔뜩 찍어냈기 때문에 돈의 가치가 줄어들었고 일반인들은 소비할 수 있는 여력이 없다. 달러를 무한정 찍어내도 가치 하락을 막을 수 있는 국가는 딱 한 군데밖에 없다. 중국은 미국에 물건을 팔 수밖에 없는 것이다. 그런데 결제로 달러를 받다 보니 너무 많은 달러를 보유하게 되었고, 중국은 불안해졌을 것이다. 달러의 가치가 폭락한다면 중국은 순식간에 종잇조각만 갖고 있는 셈이 된다. 이런 상황에서 중국은 금을 모으기 시작하고 비트코인을 모으기 시작한 것이다.

일설에는 중국이 미국과 대결하려고 한다는 이야기도 있다. 가능하긴 할 것이다. 만약 중국이 다량 보유하고 있는 달러를 시장에 풀어버리면 순식간에 달러 가치는 하락한다. 미국은 하이퍼인플레이션을 맞을 수도 있다. 그렇지만 미국에 경제공황이 오면 중국도 곤란하기는 마찬가지다. 물건을 사줄 나라가 없어지는 것이다. 미국과 중국은 앞에서는 아옹다옹하는 것 같이 보여도 서로가 없으면 곤란하다. 중국은 물건을 팔 데가 없고 미국은 너무 많이 찍은 종이화폐를 받아줄 데가 없다. 이제 미국은 중국의 신용등급을 좋은 수준으로 유지시켜 주면서 힘을 실어주고 있다.

/

중국의 ICO 전면 금지, 대하락장을 만들다

중국은 비트코인 거래가 가장 많은 나라 중 하나다. 2016년부터 위안화 가격이 떨어지고 부동산 규제가 강화되자 중국인들이 대거 비트코인 투자에 뛰어들었다. 암호화폐 시장도 덩달아 가격이 폭등했다. 2017년 8월까지 암호화폐 시장은 활황에 활황을 거듭하고 코인들의 가격은 최고점을 기록했다. 암호화폐 시장에서 비트코인 외에 나머지 코인들을 알트코인alternative coin이라고 부르는데, 비트코인과 더불어 알트코인들도 엄청난 가격 상승을 이룬다. 네오NEO라는 코인은 600배, 퀀텀Qtum(큐텀이라고도 부른다)이라는 코인은 300배가 뛰기도 했다. 잠시 소개하자면 네오는 이더리움을 기반으로 최초로 중국 내에서 ICO(투자 유치)를 한 코인이다.

개발자들이 새로운 코인을 개발하면 크라우드 펀딩 방식으로 ICOInitial Coin Offering(암호화폐 공개)를 해서 투자금을 모집한다. IPO(기업 공개)와 같은 모습이다. 이때 기술적으로 뛰어난 코인이 등장하면 ICO는 과열되고 투자자들 사이에 난리가 나는 지경이 되었다. 마치 우리나라의 과거 벤처 열풍이 연상되는 모습이었다.

그런데 2017년 9월 초 중국은 ICO 전면 금지를 선언하기에 이르고, 60개 거래소의 조사보고서를 작성하면서 제재에 들어간다. 기업이 투자를 받아서 사업을 키울 수 있는 제도를 원천적으로 막아버린 것이다. 개인 자산을 지키고 사기 사건으로부터 자국민을 보호한다는 것이 중국 당국의 규제 이유였다. 그러나 우리는 뉴스의 이면을 볼 줄 알아야 한다.

4차 산업혁명에서 블록체인 기술을 활용한 암호화폐는 금융의 꽃이다. 며칠 걸러서 ICO 전면 금지와 거래소 제재로 암호화폐 시장을 뒤흔든 것은 위안화로 이루지 못했던 화폐 패권을 암호화폐로 잡을 수 있겠다는 판단이었을 것이다. 시진핑은 금융 기반이 약해서 새로운 화폐가 필요했을 것이다. 국가가 통제하고 범국가적으로 통용되는 코인을 개발하겠다는 의중을 역설적으로 드러내버린 셈이 됐다. 비트코인은 국가가 통제하는 것이 아니기 때문에 그다지 필요 없다고 생각한 것이다. 이후 중국의 발표를 보면 국가가 발행하는 암호화폐를 만들고 있고 그것은 2018년에 세상에 나올 것으로 보인다.

결국에 이 규제는 중국의 자충수自充手였다고 생각한다. 나라에서 막으면 사용할 수 없겠다는 불안심리가 생기면서 일반 국민들이 비트코인과 알트코인을 우르르 내다팔아 버린 것이다. 그렇게 2017년 9월 1일부터 대하락장이 만들어진다. 지금 중국 자금들은 한국으로, 홍콩으로 들어와서 다시 거래를 재개하고 있다. 중국은 공산국이기 때문에 거래소 해외 진출도 막을 수 있었겠지만 내버려둔 것은 코인 산업 자체를 부정하는 것이 아니라 국가 주도 사업으로 진행하겠다는 의중으로 봐야 한다.

비트코인에서 중국이 힘을 뺐다. 그런데 중국에서 비트코인을 사용하지 않더라도 전 세계에서 비트코인을 사용해 버리면 금처럼 비트코인은 기축통화 자리에 오를 수 있다. 중국발 규제로 만들어진 9월의 대하락장에서 비트코인은 희한한 행보를 보인다. 세계 1위 거래소 빗섬 안에서 시가총액 10위 알트코인들은 단 몇 시간 만에 30%가 하락한다. 그러나 비트코인의 하락 폭은 20% 정도였다. 비트코인 하락률이 알트코인보다 눈에 띄게 적었던 것이다. 중국인들이 내던진 비트코인을 하루 만에 일본과 미국 거래소들이 다 받아버린다. 그전까지 중국이 다수 보유하고 있던 비트코인 물량은 재조정되어 2017년 12월 현재는 3:3:3 비율로 미국, 일본, 중국이 보유하고 있다고 분석된다.

중국의 오판, 암호화폐 시장의 재편성

중국은 ICO와 거래소 규제로 암호화폐 시장을 흔들어놓았고 그 파장은 실로 어마어마했다. 개인투자자들은 패닉에 빠졌고, 1차 하락, 2차 폭락, 3차 대폭락을 거쳐 코인 가격은 절반 이상 하락했다. 중국은 공산당대회를 앞두고 세계 탑 거래소 4개를 쑥대밭으로 만들었다. 당대회에 쓸 자금을 끌어오기 위한 목적도 있었겠지만 중국이 흔들면 시장은 패닉 상태에 이를 수 있다는 것을 보여주고 싶었을 것이다. 공포감 조성은 효과가 좋았고 그들의 파워는 입증됐지만, 중국으로 돌아오는 파장은 그리 만만치 않을 것이다.

돈의 제1 원칙은 신뢰다. 투자자들이 자기 자산을 한순간에 잃을 수도 있다는 걸 경험했으니 앞으로는 중국 본토 내의 투자자들은 자국 거래소가 정상화된다 해도 자국의 거래소를 이용하지 않을 가능성이 크다. 아마 환전소 개념 정도로 이용하지 않을까. 거래소 금지를 시킨다고 중국인들이 암호화폐 거래를 중단하지는 않을 것이다. 게다가 규제가 더욱 심해져서 투기자본 성격이 강한 중국 자본이 이

탈한다면 오히려 양질의 유럽, 일본, 미국 자본이 들어올 확률이 높다. 이러면 시장의 신용도가 상승하고 장기적으로 개인투자자들에게는 오히려 호재로 작용할 것이다. 중국은 신용을 기반으로 하는 화폐 시장을 정부가 흔든 대가를 생각하지 않고 황금알을 낳는 거위의 배를 가른 것이다. 그리고 거래소가 다시 복구되는 데 얼마나 많은 돈과 시간이 걸릴지는 지켜봐야 할 일이다.

당시 거래를 정지시킨다면서도 거래소 중단을 바로 시행하지 않고 한 달간 유예기간을 줬다는 것을 보면 그들이 원하는 만큼 비트코인 가격을 떨어뜨리지 못한 듯하다. 이제 중국은 암호화폐의 기축통화인 비트코인마저 밀리고 있는 형국이다. 미국이나 일본 측은 아무리 가격 하락을 유도해도 개인투자자 물량 이외에는 절대 매도에 나서지 않는 물량이 존재한다. 강의를 할 때마다 내가 비트코인은 무조건 구매하라고 하는 이유가 바로 여기에 있다.

중국이 여전히 흔들리지 않는 이유

중국은 비트코인 물량을 덜어내고 발을 한발 뺐다가 다시 들어왔는데도 당당하고 흔들리지 않는다. 그 이유는 뭘까.

전 세계 인구 70억 명 중에서 지금 암호화폐 시장 참여율은 1%로 본다. 7천만 명이다. 좀 많이 잡아서 2%라고 해보자. 1억 4천만 명이다. 중국 인구 16억 명의 2%로 잡으면 3,200만 명이다. 1억 4천만 명이 비트코인을 쓰겠다고 하면 중국은 할 수 없이 따라가야 하는 입장이다. 이때는 비트코인 보유 물량이 많은 쪽이 유리할 것이다.

그러나 조금만 더 단순히 생각해 보자. 지금 핀테크에서는 '페이'라는 것이 엄청나게 떠오르고 있다. 중국의 알리페이와 위챗페이, 미국의 페이팔 등이 있다. 우리나라에도 카카오페이가 있어서, 카카오택시를 탈 때 카카오페이와 연동해 놓으면 카드를 찍지 않고도 비접촉 모바일 결제가 가능하다. 택시를 부르고 그냥 타고 내리면 결제가 되는 것이다.

2017년 12월 14일 중국을 방문한 한국의 문재인 대통령이 서민들이 먹는 아침식사 전문점 허셴장을 방문해서 식사를 한 후 모바일 결제를 하면서 감탄을 했다는 기사 내용을 찾을 수 있다. 신용카드 결제 비율이 71%인 한국과 달리 나날이 발전하는 중국의 핀테크 산업을 문재인 대통령이 제대로 경험한 것이다.

또 중국으로 관광 갔던 어떤 한국 사람이 도심에서 현금을 냈더니 '이 사람 뭐하는 거지' 하며 황당하게 쳐다보더라는 이야기도 들려온다. 지금 중국은 시골에서도 80~90% 이상이 페이로 결제한다고 한다. 중국인들은 이제 돈을 아예 안 갖고 다니는 것이다. 알리바바로 인해 2세대 지불수단인 신용카드를 뛰어넘어(1세대 지불수단은 현금) 3세대 지불수단인 페이로 넘어가버린 것이다. 그 비율은 100%에 가깝다. 중국에서는 거지도 동냥을 알리페이로 받는다고 한다. 거지가 들고 있는 QR코드를 찍고 원하는 금액을 입력하면 적선이 끝나는 것이다. 일본만 해도 알리페이를 사용할 수 있는 곳이 4만 개가 넘는다고 한다. 알리페이는 이미 부산의 자갈치 시장에서도 사용이 가능하다. 중국인 관광객들이 쓰는 것만으로도 한국과 일본이 이미 알리페이가 사용 가능한 곳이 되었다.

이런 상황에서 중국이 국가 발행 코인을 만든 후에 이것을 누구나 사용하도록 하는 아주 쉬운 방법이 있다. 바로 알리페이에 국가 코인을 연동시켜 버리면 된다. 16억 인구가 한번에 아무 거부감 없이 좋다 싫다 판단할 것도 없이 다 쓰게 되는 것이다. 전 세계 암호화폐 시장 인구 1억 4천만 명보다 훨씬 많은 16억 명이 쓰는 코인이 될 수 있는 것이다. 이미 이것이 가능한 인프라를 만들어놓았기 때문에 여유만만인 것이다. 조금만 생각해 보면 시진핑이 구상하는 '스마트 시티'의 모습을 우리는 충분히 미리 내다볼 수가 있다.

남미와 아프리카의 비트코인 현상

처음에 암호화폐는 비트코인밖에 없었다. 2013년부터 비트코인이 폭등하는데, 연초와 연말을 비교했을 때 약 83배가 상승했다. 같은 해 금의 가치가 30만 원으로 최고점을 찍고 지금까지 40%가 꺾인다. 안전자산으로 인식되는 비트코인으로의 이동이 시작된 것이다.

처음에 비트코인이 많이 사용된 곳은 금융 시스템 기반이 약한 나라들이었다. 짧게 말하면 금융 후진국이라고 할 수 있는 나라들에서 먼저 비트코인이 사용되고 성장한다. 주로 금융위기를 겪은 남미, 아프리카, 유럽의 약소국들이다.

/

생존 화폐가 된 비트코인

수출의 90% 이상을 석유에 의존하는 베네수엘라는 유가 침체로 경제가 붕괴된다. 최대 석유 소비국인 미국이 셰일가스 덕분에 석유 수입을 줄이자 국제 석유 가격이 수직으로 떨어진다. 경제 위기로 자국 통화인 볼리바르의 인플레이션율은 800~2,300%에 달했다. 슈퍼마켓이나 약국에는 물건이 거의 없고, 국민은 품귀 현상으로 식량조차 확보할 수 없는 상태였다. 정부는 외환거래를 완전히 장악해 달러 같은 건 소유할 수가 없었다. 아무리 달러가 많아도 은행권에 한번 들어가면 되찾을 수가 없었다. 거기에 생명줄처럼 온 것이 비트코인이었다. 사람들은 비트코인으로 자산의 감소를 방지하기 시작했다. 비트코인을 아마존 상품권으로 교환한 후 인터넷 쇼핑몰을 통해 식량을 해외에서 수입해 생활했다.

전기요금이 저렴하고 월 수입이 낮은 탓에 채굴은 고소득 사업으로 붐을 일으켰다. 2014년 베네수엘라 최초의 암호화폐 거래소가 개설되었다. 정부가 가만히 있지는 않았다. 채굴을 불법으로 규정하고 2015년 거래소와 채굴장의 인터넷 연결을 강제로 차단해 업무를 일시 정지시켰다. 채굴자를 체포하기도 했다. 그럼에도 불구하고 국민은 정부 관리에 상당한 뇌물을 지불해 가면서 채굴을 계속했다.

베네수엘라의 국민들은 초인플레이션 문제를 극복하고 경제적으로 기능하기 위해서 비트코인의 유동성과 접근성을 기하급수적으로 늘려가고 있다. 중앙집권에 대한 불신으로 인해 탈중앙집권적 성격을 띠는 암호화폐가 대중화되었던 대표적인 사례로 남았다.

안전자산으로 주목받다

아르헨티나는 남미에서 가장 비트코인 사용이 활발한 나라로 꼽힌다. 국가부채 위기(디폴트)를 겪으면서 경제난에 빠진 아르헨티나에서는 2012년 급속한 외화유출 여파로 정부가 외환거래를 중지하자 비트코인이 적극적으로 활용됐고, 안전자산으로서 투자자들의 관심을 끌었다. 비트코인은 총 발행량이 2,100만 개로 제한되어 있어 가치 부여가 가능하고, 35%에 이르는 송금 수수료를 내지 않아도 되는 등 정부의 해외송금 규제로부터 자유로웠기 때문이다.

《파이낸셜 타임스》는 암호화폐 비트코인이 아르헨티나 소상인들 사이에서 활발하게 사용되고 있다고 보도했다. 일부 호텔은 비트코인으로 숙박비를 받고 유통업체 아발란차는 비트코인을 사용하면 10% 할인해 주는 행사를 한 적도 있다. 여행객을 통해 벌어들인 비트코인을 비공식 환전소에서 팔면 외화를 공식 환전소에서 파는 것보다 50% 이상 이익이 난다고 하는 사람도 있었다. 비트코인 환전소(비트 파고스Bit Pagos), 비트코인 전자상거래 웹사이트(리피오Ripio), 비트코인 온라인 쇼핑몰(아발란차Avalancha), 비트코인을 결제 수단으로 받고 있는 식당(서브웨이Subway), 상점, 택시 등이 생기면서 점차 그 활용도가 높아지고 있다.

《뉴욕 타임스》도 2015년 4월, 미국에서 비트코인을 투기적 거래가 아니라 일상적 상거래에서 활용하는 것은 아직 실험 단계인데 반해, 아르헨티나에서는 비트코인이 일상적 상거래에서도 활발하게 사용되는 것이 특징이라고 보도한 바 있다.

/

가치 저장 수단으로 쓰이다

법정화폐는 국가가 통제를 하므로 언제든지 마음대로 더 찍어낼 수 있다. 짐바브웨의 하이퍼인플레이션 사태는 국가가 발행한 화폐를 휴지조각으로 만들어버렸다. 통화는 사물의 가치를 나타내며, 상품의 교환을 매개하고, 재산 축적의 대상이 될 수 있어야 한다. 그런데 2008년 미화 1달러에 대한 짐바브웨 달러의 가치는 무려 200억 달러였다. 2억%의 인플레이션이 일어난 것이다. 짐바브웨 정부는 2009년 자국의 화폐를 미국 달러로 대체하기로 했다. 화폐의 안정성이 사라지면서 사물의 가치표시 기능을 상실한 셈이다. 2015년에는 아예 자국의 화폐를 폐지한다.

높은 인플레이션을 겪고 있는 짐바브웨는 전 세계에서 비트코인이 가장 높은 가치로 거래되는 국가다. 골릭스Golix는 짐바브웨 유일의 비트코인 거래소인데, 외환 부족으로 인해 거래횟수가 엄청나게 늘어났다. 짐바브웨는 당시 100조 지폐가 발행되고 3조로 계란 3알을 살 수 있는 지경이었다. 우유를 사려고 해도 가방에다가 돈을 잔뜩 넣어가야 살 수 있을 정도였다. 그러다 보니 비트코인을 사용해서 간편성을 추구한 것이다. 개인 계좌에 있는 돈을 사용하는 것도 제약을 받는 상황에서 일반 화폐보다 비트코인이 더 안전한 거래 수단으로 사용되다 보니까 당시 우리나라와는 400만 원 이상의 가격 차이가 났다.

이럴 때 할 수 있는 투자법으로 재정거래가 있다. 나와 함께 코인 투자를 공부하고 있는 C-KOREA TOP TEAM 인터넷 카페 회원 중에는 개인적으로 절박한 상황에서 재정거래로 경제적 위기를 극복한 분이 있다. 한국 거래소에서 비트코인을 사서 짐바브웨 거래소로 보내면 거기서는 더 높은 가격에 거래되고 있었기 때문에 개당 400만 원의 이익을 얻고 팔 수 있었다. 이것을 현금화할 수도 있고, 짐바브웨 화폐가 불안하다면 그쪽 거래소에서 다시 한국에서 비싸게 거래되는 코인을 구매해서 한국으로 보내면 된다. 그걸 다시 한국에서 매도해서 현금화하면 차익을 올릴 수 있었다.

조세 피난처로 부각되다

2013년 유럽 지중해 동부에 있는 섬나라 키프로스는 금융위기를 맞았다. 러시아 부호들의 주요 조세 피난처였던 키프로스가 금융위기로 유럽연합EU에 구제금융을 신청했고, 유럽연합은 그 대가로 최대 40%에 달하는 세금을 내라는 조건을 달았다. 결과적으로 은행에 막대한 예금을 예치한 고액자산가들이 적지 않은 손실을 떠안게 됐다. 이를 계기로 글로벌 부호들은 유로화 표시 예금도 완전한 안전자산이 되지 못한다는 인식을 하게 됐고, 키프로스 은행에 돈을 예금한 고객들이 자금 피난처를 찾았는데 그중 하나가 비트코인이었다. 과세 대상이 아니었고 은행에 보관할 필요가 없었기 때문이다. 그해 비트코인 가격은 11개월 만에 60배가 뛰기도 했다. 지금 키프로스에서는 비트코인으로 대학 등록금을 받는 곳도 있다.

이처럼 가격의 급등락이 이어질 때마다 비트코인 투자는 17세기의 튤립 버블에 비유된다. 당시 네덜란드에는 '명품 튤립'에 대한 투자 광풍이 불었는데, 귀족과 신흥부자는 물론 일반인들까지 참여해 튤립을 마구 사들이면서 한 달 만에 가격이 50배나 뛰었다. 하지만 법원에서 튤립의 재산적 가치를 인정할 수 없다는 판결이 나자 가격은 수천분의 1 수준으로 폭락해 버렸다.

그런데 우리는 2017년 9월 대하락장에서 제이미 다이먼 JP모건 CEO의 언론플레이를 목도한 적이 있다. 그는 "비트코인 열풍은 튤립 사기와 같다"면서, 직원들이 비트코인 거래를 한다면 멍청한 짓이며 위험한 짓이니 해고할 것이라고 말했다. 그러나 중국의 ICO 규제로 다량의 비트코인 물량이 시장에 쏟아지자 JP모건은 가격이 급락한 비트코인 약 41억 원어치를 쓸어담았다.

러시아가 암호화폐에 내몰린 이유

우리는 러시아 소식에 대해서는 대체로 어둡고 잘 모른다. 그러나 러시아 역시 대국이며, 에너지와 군사력이라는 엄청난 무기를 탑재하고 있는 국가다. 러시아는 에너지 때문에 유럽과도 밀접하게 연결되어 있기 때문에 차분히 살펴보지 않으면 안 된다.

2014년 러시아는 가스관 문제로 인해 우크라이나와 마찰을 빚으면서 무력 행사를 한다. 그러나 그것은 러시아 몰락의 단초를 제공한다. 우크라이나 강제 진압으로 인해 서방과 미국은 경제 보복을 감행하며 러시아의 목줄을 조이기에 이른다.

러시아는 기후 때문에도 경제 기반 산업이 발전하기 어려워 국가의 성장 동력을 에너지에 맞추고 있는 나라다. 에너지 수출을 위해서는 우크라이나에 있는 가스관을 통해서 유럽으로 가스를 보내야 하는데, 우크라이나에서 통행세 인상을 요구하고 러시아는 이것을 받아들이지 않는다. 그러자 우크라이나는 가스관을 잠궈버리고, 수출 길이 막힌 러시아는 우크라이나와 마찰을 빚을 수밖에 없었던 것이다.

"동유럽 대부분의 국가는 러시아의 수출 가스가 없으면 얼어죽는다"는 표현이 많이 쓰이곤 한다. 유럽은 러시아 천연가스 수출의 75%를 차지하는데, 우크라이나와 러시아의 마찰로 동유럽은 에너지 값 폭등으로 인해 난방 문제를 겪는다.

그러나 유럽과 미국은 이때를 놓치지 않고 경제 보복을 지능적으로 시행한다. 바로 미국의 셰일가스 공급이다. 천연가스보다 저렴한 셰일가스를 풀어 러시아의 에너지 수출을 막아버린 것이다. 러시아는 리터당 65달러 이하로 가격이 떨어지면 채산성이 맞지 않아 수출을 해도 손해를 보는 입장이었다. 미국은 이 점을 노리고 셰일가스를 유럽에 싼 값에 풀어버린다. 그저 단순히 '미국 셰일가스의 유럽 진출'이 아니라 러시아 에너지 수출과 관련된 금융 지원회사를 제재까지 하기 시작하면서 말이다.

이때 러시아 루블화는 60% 이하로 가치가 하락하며 국가부도 직전까지 가고 만다. 경제가 파탄 지경까지 간 러시아에서 환차익이 없는 화폐를 사용하는 게 훨씬 유리하다고 판단하고 비트코인을 사용하기 시작한 것은 자연스러운 수순이었을 것이다. 그러나 중국을 제치고 러시아가 미국에 이어서 비트코인 운용 소프트웨어 다운로드 회수 2위 국가로 떠오르자, 러시아 정부 당국은 비트코인은 통화를 대체하는 것이라며 개인과 법인의 사용을 금지한다고 나섰다. 루블화 이외의 화폐단위 도입을 금지하는 현행법을 이유로 들었다. 푸틴은 미국과의 악감정이 극에 달할 만큼 좋지 않은 상황에서, 미국이 다수 보유하고 있는 비트코인의 사용을 제한할 수밖에 없었을 것이다.

선규제 후 국가 코인 발행

2017년 들어서 미국이 러시아에 대한 신규 제재안을 내놓자 러시아 당국이 암호화폐에 적극적으로 손을 뻗고 있다는 뉴스를 볼 수 있었다. 암호화폐는 누가 소유하고 있는지 구별하기 어렵고 사용자에게 제약을 가하는 것도 어렵기 때문에 미국의 제재 조치에 대한 회피책으로 관심을 가지기 시작했다는 것이다.

오바마 정부의 러시아 제재안이 나왔을 당시에는 7달러(7,890원 정도)였던 이더리움 가격이 트럼프 대통령이 러시아 제재안을 서명하기 전 주에는 28배(195달러), 서명한 지 이틀 만에 254달러까지 치솟았다.

푸틴 대통령이 관심을 가지고 있는 것은 자국 통화인 루블화를 활용한 '디지털 루블' 같은 형태다. 2017년 6월에는 푸틴 대통령이 이더리움을 만든 러시아계 캐나다인 비탈릭 부테린Vitalik Buterin을 만나기도 했다. 러시아는 국가가 발행하는 루블 코인을 개발하겠다며

2018년 7월 월드컵 이후로 암호화폐 루블 코인을 사용하겠다는 입장을 밝혔다. 그런데 뉴스를 보면 "2018년 월드컵 때까지 비트코인과 루블 코인을 같이 사용하도록 하고, 그 이후에는 비트코인을 제재하겠다"고 돼 있다. 이 대목에서 뭔가 이상하다. 러시아에서 월드컵이 열리면 축구경기 보러 가서 암호화폐 코인을 사용해야지, 하고 생각했던 사람은 거의 없었을 것이다. 러시아는 코인 사용을 유도하면서 사회 구조를 전면적으로 재편하겠다는 얘기를 하고 있는 것이다.

러시아 기축 코인의 활용화 방안은 가능성이 있어 보인다. 아직은 코인 시장이 활성화 전 단계이기 때문에 에너지 결제를 자국 코인으로 강요할 여지가 있다. 환차손이나 달러에 의한 피해를 줄일 수 있다는 계산이 깔려 있기 때문에 중국과도 긴밀하게 접촉 중이다. 러시아에게는 절호의 기회가 온 것이 바로 월드컵이 눈앞에 있다는 것이다. 비트코인의 매수에 유예 기간이 생긴 것이다. 자국 코인과 비트코인의 사용을 병행하면 관광객이 지불할 수 있는 수단이 되기 때문에 굳이 막을 이유도 없다.

버거킹 러시아법인은 세계 최초로 전 매장에 암호화폐 주문 시스템을 도입하겠다며 '와퍼코인[Whoppercoin]'을 공개했으며, 푸틴 대통령의 측근인 드미트리 마리니체프는 암호화폐를 채굴하는 러시아마이닝센터[RMC]를 차렸다.

루블 코인의 자신감

현재 러시아는 이미 현물화폐 시장에서 미국에 제압을 당했다. 러시아는 석유와 가스 에너지를 수출해야만 살아남을 수 있는 경제 구조다. 오래된 사회주의 국가이다 보니 제조업도 발달하지 못했고 경제 기반도 취약하며 금융 기반도 약하다. 러시아 경제가 좋아지기 위해 자국의 힘으로 할 수 있는 것이 별로 없다. 석유와 가스의 가격이 뛰어주기만 바라고 있다고 봐도 틀리지 않다. 루블화의 강세도 석유 가격 그래프와 동일하다. 루블은 에너지 가격에 대한 변동폭이 크기 때문에 이 점이 바로 미국이 루블화를 좌지우지하기 쉬운 이유가 되었다. 셰일가스로 언제든 루블화 견제가 가능하다.

러시아는 저유가와 경제 제재로 인해 향후 복지 축소 등의 정책 변화까지 예상된다. 우크라이나 사태 때문에 러시아에 대한 경제 제재를 가하고 있는 미국과 서방 국가들은 쾌재를 부르게 됐다. 러시아가 재정 압박에 시달릴수록 제재의 효과는 더 커지기 때문이다. 러시아 재무장관인 안톤 실루아노프는 "저유가와 경제 제재로 인한 러시아의 연간 피해액이 각각 1,000억 달러(110조 원)와 40억 달러(44조 원)에 이를 수 있다"고 우려했다.

러시아 암호화폐 루블 코인은 절대 미국에 휘둘리지 않겠다는 강력한 의지가 담겨 있는 것이라고 봐야 한다. 비트코인을 가차 없이 버리고, 기축이 될 자국 통화를 만들어 대결하겠다는 속셈이다. 동유럽 국가들이 미국의 셰일가스를 수입해서 러시아 천연가스 비율과 조정하며 포트폴리오를 짜더라도, 현재까지는 러시아 의존도가 최소 50% 이상이기 때문이다. 러시아의 천연가스 수출입에 대한 권한으로 암호화폐 루블 코인으로 지급받으면서 유럽 쪽으로 자신들의 기축 통화를 넓혀갈 수 있다는 계산인 것이다.

2017년 12월 현재 아직은 유럽 쪽에서 암호화폐에 대한 큰 방향성과 의도를 보이지 않고 있는 시점이라서 예측하기에는 어렵지만, 러시아는 자국의 강점인 자원을 엮어 기축통화를 동유럽, 북유럽으로 빠르게 넓혀 나가려는 의지가 보인다. 러시아 정부가 발행하는 암호화폐를 절대 자국 내에서만 쓰이게 하지 않을 자신이 있다는 얘기가 된다. 공산국가라는 폐쇄적 시장에 자칫 잘못해서 비트코인으로 인한 자본 개방이 돼버리면 곤란하니까 선규제를 한 후 자국 발행 코인을 중앙 시스템으로 만들겠다는 영리한 전략이다.

탈중앙화를 표방해 정부, 은행 등 기존의 기관들을 신뢰할 수 없었던 자유주의자들에게 폭발적인 지지를 받았던 암호화폐는 국가 발행 코인의 등장으로 인해 이제 새로운 국면에 접어들었다. 중앙통제가 되지 않는 화폐로서의 가치 때문에 사람들이 열광하던 시대는 가고 이제는 범국가적인 차원으로 넘어간 것이다. 코인 개발진에게는 실망스러운 상황일지 몰라도 투자자들에게 이것은 그리 나쁘지만은 않은 상황이다. 국가적으로 개입을 한다는 얘기는 그만큼 화폐로서 인정을 받았다는 것이고, 제도권 안에서라면 가격 상승 요인은 많아질 것이다. 국가에서 언급을 했기 때문에 이제는 법제화되면서 기업, 금융, 대규모 자본들이 마음놓고 유입될 수 있다. 망하지 않는다는 확실성이 생긴 것이다. 그런 가능성 때문에 2017년 말 암호화폐 시가총액은 지난 9년 동안 굴러왔던 것의 3배가 불어나버린다. 2009년부터 2017년 1월까지 불려왔던 시가총액은 90조 원인 반면, 2017년 12월 말 시가총액은 800조 원을 넘어서 연초보다 약 9배 성장했다.

이더리움의 등장, 이더교의 부흥

최초의 비트코인과 후발 주자인 암호화폐를 구분 짓기 위해, 최초에 개발된 비트코인 이후에 개발된 모든 암호화폐를 일컬어 '알트코인 Altcoin'이라 부른다. 알트코인 중에 가장 흥행한 것이 바로 이더리움이다. 이더리움은 2014년 캐나다의 천재 청년 비탈릭 부테린이 개발했고, 이더리움 재단을 설립해 클라우드 펀딩으로 자금을 모금했다. 현재 그의 재산 가치는 약 4조 원으로 추산된다.

이더리움은 디지털 분야에서 가장 혁명적인 기술로 평가받아 비탈릭 부테린은 'IT 노벨상'이라 불리는 월드 테크놀로지 어워드World Technology Award를 수상하기도 했다. 이더리움은 서버와 클라이언트로 대변되는 지금까지의 인터넷 규칙과는 전혀 다른 혁명적 시도라고 평가받는다. 웹이든 모바일이든 현재의 인터넷 서비스는 '서버'라는 것이 어딘가에 존재해서 서버를 중심으로 일 처리를 하는 구조로 되어 있다. 그런데 이더리움 네트워크에는 서버가 없다. 분산된 기기들의 컴퓨팅 자원을 모아 거대한 연산능력을 확보하기 때문에 중앙 서버 없이 모든 작업이 처리된다. 이더리움을 사물인터넷IoT에 적용하면 기계간의 금융거래도 가능해진다. 청소 로봇이 정비 로봇에 돈을 내고 정비를 받고, 청소 로봇은 돈을 벌기 위해 정비 로봇의 집을 청소해 줄 수 있다.

이더리움은 비트코인이 채택한 블록체인(분산원장) 기술을 한 단계 업그레이드한 암호화폐다. 4단계로 개발을 진행하기로 계획해서 아직 개발은 완전히 이루어지기 전이다.

한국인이 특히 사랑한 이더리움

2017년 3월 이더리움은 EEA(엔터프라이즈 이더리움 얼라이언스)를 공식 출범시켰다. 이때 인텔, 마이크로소프트, 삼성SDS, 도요타, JP모건 등 86개의 유명 기업이 참여 의사를 밝혔고, 이것이 세간에 큰 화제가 되어 이더리움의 가치는 더욱 광폭적인 상승을 한다. 이들 유명 대기업들이 EEA에 참여한 가장 큰 이유는 이더리움이 자신들의 사업 분야에 응용할 수 있는 훌륭한 기술력을 보유하고 있다고 판단했기 때문으로 보인다.

비트코인은 점점 가치 저장으로서 쓰이고 있는 반면에 이더리움은 기술 코인이다. 현재 이더리움 기술을 가장 많이 사용하는 곳은 ICO(암호화폐 공개) 분야다. 블록체인 기술을 이용해서 투자자 모집 프로젝트를 진행하는 것이다. 처음 신생기업이 자금을 유치하고자 할 때 ICO를 통해 투자자에게 토큰(정식 코인이 되기 전 단계)을 지급한다. 토큰은 기업의 사업 결과에 따라 그 가치가 변하고, 사고파는 매매도 가능하다. 현물 주식 시장의 기업공개 과정과 유사하다. 개발자들은 백서White paper를 통해서 자신들이 개발한 코인을 알리고 투자 유치에 나선다.

ICO는 블록체인이라는 분산 시스템 내부에서 참여자 모두가 보증인이 되므로 거래소 상장을 관리하는 중앙집권화된 기관이 없다. ICO는 현재 이더리움의 스마트 컨트랙트Smart Contract로 가장 최적의 성과를 내고 있는 분야이기도 하다.

2017년 3월만 해도 비트코인이 150만 원 정도의 가격이었는데, 비싸서 투자하기에 망설여진다는 사람들이 너도나도 이더리움의 투자에 줄을 서게 되었다. 2017년 초까지 불과 1만 원 내외에 거래되던 이더리움은 2017년 5월 25일 원화 기준 1이더리움에 무려 35만 원으로 폭등, 연초 대비 약 35배 상승한다. 1,000만 원을 이더리움에 투자했더니 3억 원이 되었네 어쩌네 자랑하는 사람들이 많다 보니, 세간의 관심을 한몸에 받게 된다.

얼마나 광풍이 불었는지 '이더교'라는 말까지 생겨나는데, 내가 블로그에 이더리움에 대해 조금이라도 부정적인 글을 올리면 '밤길 조심하라'는 등 악플과 협박이 끊이지 않았던 때가 있었다. 한때 이더리움 채굴이 유행하기도 했고, 이더리움은 무조건 오른다, 이더리움은 적금이다, 이더리움은 사랑이다, 이더리움이 내리는 것은 믿음이 부족해서다 등 우리나라에서 특히 이더리움을 깊이 신봉하는 사람들이 있었으니 종교에 빗댄 말까지 나온 것이다. 강남 아주머니들이 2016년 말부터 이더리움을 매집했다는 이야기는 그전부터 유명하다.

/

이더리움에 대한 이런저런 견해

이더리움은 어마어마한 성장으로 인해 비트코인의 대항마로 떠오른다. 이더리움은 현재도 충분히 좋은 기술 집약체다. 그런데 지금으로 만족하지 않고 무리한 계획들을 발표하면서 의심을 받고 있는 상황이다. 메트로폴리스(개발 4단계 중 3단계 내용)는 일정이 계속 밀려서 과연 구현이 가능한 것인가 하는 이야기를 듣고 있다. 지금은 기술이 좋은 코인이 쏟아져나오고 있고, 지불수단으로 쓰일 코인들이 또다른 관심 축을 형성하고 있다. 가격이 저렴한 코인들의 공세도 위협이 되고 있다.

개발자인 비탈릭은 원래 언론 노출이 많지 않았던 인물이다. 그런데 어느 순간부터 언론과의 일정들이 엄청나게 늘어난다. 개발에 전념해야 할 사람을 왜 자꾸 노출시켜서 스타로 키워내려고 하는 걸까. 비탈릭의 메트로폴리스 진행 뉴스 한 마디면 가격이 쭉쭉 올라준다. 나는 기술자로서 코인을 바라보는 것이 아니라 투자자로서 합리적인 경제 분석을 하는 사람이다. 내 개인적인 의견을 말하자면, 이더리움의 기술은 더 이상의 가치를 부여하지 못할 것이다. 코인 가격을 결정하는 것은 자본가의 논리와 시장의 성향이기 때문이다.

암호화폐의 정체성이 무엇일까. 비트코인은 돈의 역할을 대행할 것이다. 그러기 위해서 계속 진화하고 기술적으로 발전시키고 있다(물론 처리속도 등이 개선되지 않으면 문제가 생겨날 수 있다). 이더리움은 화폐 개념이 클까, 아니면 기술의 총 집약체일까. 사실 투자자 입장에서 의미 부여는 별 상관이 없다. 수익만 나면 되니까. 그런데 암호화폐 공부를 하면서 자료를 파고들어가다 보면 메트로폴리스가 완벽하게 진행된다면 이더리움의 가치는 천정부지로 솟을 가능성도 있다는 생각을 하게 된다.

다만 '이더리움의 메트로폴리스가 완벽한가'에 대해서는 의견이 엄청나게 분분하다. '대단한 기술적 발전이다'는 건 개발자들의 생각일 뿐이다. 투자자들은 이 부분이 어긋나면 투자금은 반토막 나고 거지 신세가 된다. 개발자와 투자자는 당연히 생각이 다르고 추구하는 바도 다르다. 이 때문에 나는 암호화폐 거래를 중장기 투자로 가져가라고 권하곤 하지만, 공부는 계속 해야 한다는 말을 꼭 덧붙일 수밖에 없다.

투자자 입장에서 이더리움의 가장 큰 문제점은 채굴량이 9,700만 개로 희소성 면에서 가치가 떨어진다는 것이었다. 이 때문에 가격적 정체기가 길었고, 2017년 12월 호황장에도 다른 알트코인들에 비하면 큰폭으로 오르지 못하는 현상을 보였다. 이 점은 작업 증명POW 방식을 지분 증명POS 방식으로 전환함으로써 보완될 전망이다.

중국이 가고 일본이 온다

일본은 1985년까지 자동차, 가전 등의 제조업이 엄청난 호황기를 누리면서 미국 시장에서 많은 돈을 벌고 전 세계의 자산을 사들이기도 했다. 그러나 미국은 달러가 위험하다며 1985년 플라자 협정으로 엔화의 가치를 높이라고 압박한다. 2년 만에 달러 대비 엔화는 2배로 뛰고 일본은 엔고로 인한 엄청난 위기를 맞이한다.

예를 들어 1,000원이면 수출할 수 있는 물품을 미국인들이 2,000원을 주고 사야 하는 상황이 된 것이다. 물건은 똑같지만 환율 조정으로 인해 가격이 올라간 상황에서 일본 기업은 어려운 상황에 처하고, 이때 어부지리로 이득을 본 기업이 한국의 수출 기업과 삼성전자였다. 일본 물건에 비해 반 가격으로 살 수 있었으니까 미국인들은 당연히 좋아했다. 그렇게 일본은 잃어버린 20년을 겪는다. 소니,

도시바 등이 자만해서 기술이 안 좋아졌다고 말하는 사람들도 있지만 천만의 말씀이다. '달러'라는 외적인 요소는 분명히 존재한다. 일본 기업이 전 세계적으로 1위 기업으로 치고 나가니까 미국이 달러를 이용해 힘을 발휘한 것이다. 만약 수출대금으로 10만 엔을 받아왔다고 해도 달러 가치가 떨어지니까 자국에서는 5만 엔의 가치로 떨어져버려, 인건비 떼고 재료비 떼니까 남는 것이 없는 마이너스 성장이 되고 만 것이다.

일본은 화폐로도 군사력으로도 미국을 이길 수 없는 입장에서 전면적으로 암호화폐 시장을 키우고 있다. 비트코인 결제가 가능한 점포가 2014년 100개가 안 됐지만 2017년에는 26만 개 점포로 확대되었고, 2020년 도쿄올림픽에 외국인들이 와서 엔화 환전 없이 비트코인과 암호화폐를 결제할 수 있도록 빠르게 대응하고 있다.

거래소 인가제로 암호화폐 제도권 편입

2017년 9월 중국발 ICO 규제가 터지자 중국인들이 던진 물량을 일본이 대량 받아낸다. 일본 국민들의 비트코인 사랑은 강해서 매수만이 있을 뿐 매도는 거의 없다.

그러다가 대규모 비트코인 채굴장을 개설하겠다는 뉴스가 나오고, 11개 거래소 설립을 허가한다는 정부 발표가 나온다. 일본 거래소의 해외 설립을 갑자기 허가한 것인데, 이것은 적극적으로 정부 차원의 참여를 하겠다는 이야기가 된다.

오다 겐키 비트포인트 대표는 국내 언론사와의 인터뷰에서 "세계 암호화폐 거래 시장 가운데 가장 큰 곳이 한국, 일본, 중국이다. 암호화폐 거래가 광풍이 분다고 하지만 인구의 1%밖에 거래를 안 하고 있기 때문에 앞으로도 특별한 일이 없는 한 거래 시장 규모는 계속 커질 것이다. 한국뿐 아니라 대만, 홍콩, 중국 등 아시아 지역 곳곳에 진출해 글로벌 거래소로 키워가겠다"며 비트포인트 국내 진출을 공식화했다.

오다 대표는 "일본의 저가항공사인 피치항공과 제휴해 항공권을 비트코인으로 결제하는 서비스를 시작했다. 암호화폐 결제는 스마트폰만 있으면 되기 때문에 현금은 물론 신용카드보다도 사용이 편리하다. 특히 결제수수료가 1% 수준으로 기존 신용카드의 3~4%보다 낮아 시스템만 갖춰지면 암호화폐 결제가 급속도로 확산될 수 있다"고 덧붙였다.

채산성이 안 맞는데 채굴하겠다?

비트코인은 채굴의 한계가 있어서 금처럼 희소성이 있다. 2009년 이후 지금까지 80%가 채굴됐다. 2017년 12월 현재 대규모 채굴장이나 전용 채굴기를 들여서 비트코인 채굴을 하면 비용 대비 채산성이 맞지 않는다. 채굴할수록 손해를 보는 시점인 것이다. 그런데 일본은 2017년 9월 중국발 규제 이후 중국을 따라잡을 만큼 대규모 채굴장을 개설해서 SBI홀딩스 등 대기업 차원에서 비트코인을 채굴하겠다고 발표했다. 이 얘기는 국가가 밀어주겠다는 것이다. 기업이란 마이너스가 되는 일을 할 이유가 없다.

많은 일반 투자자들이 이 점을 놓치고 있는데, 이것을 보면 비트코인이 1억 원 간다는 게 무리가 아닌 걸 알 수 있다. 그 당시 비트코인 가격 500만 원 가지고는 채굴의 채산성이 안 맞는다. 그런데 이때부터 일본 주도 하에 비트코인 금액이 올라가기 시작한다. 500만 원일 때는 채굴이 기회비용 대비 마이너스이지만, 비트코인 개당 가격을 올려버리면 채산성이 넘어버린다. 그 채산성을 맞추기 위해 비트코인을 천정부지로 끌어올린 것이다. 비트코인은 9월부터 꾸준히 올라 11월에는 1,300만 원을 돌파하고 12월에는 2,500만 원까지 오른다.

이런 식으로 비트코인을 2,000만 원으로 만들어버리면 채굴을 해도 채산성이 맞게 된다. 수익률이 손익분기점을 넘어가서 플러스가 돼버리는 상황이다. 2017년 9월 이후 중국이 한 발 발을 뺀 모양새에서 이제 암호화폐 시장은 미국과 일본이 주도하는 새로운 국면을 맞이했다.

일본 코인의 ICO가 시작된다

2017년 9월까지 국내에는 일본에서 ICO(자금조달)를 한 코인이 없었다. 그러나 이때부터 일본은 코인들을 해외에 알리기 시작한다. 일본이 ICO를 한 에이다ADA(카르다노)는 11월 말에 7배(30원에서 200원으로) 뛰었다. 이후 줄줄이 상장을 대기하고 있는 코인들도 기대를 한몸에 받고 있다. 어느 정도냐면 조달하기로 한 금액을 넘어서 10배의 자금이 모이는 바람에 반품 처리가 될 정도다. 사람들이 미친 듯이 투자를 하고 있다는 얘기다. 일본이 앞으로 시장을 주도할 것이라는 점을 일반 투자자들도 이제 웬만큼 다 알고 있다.

내가 운영하는 까페에도 5천만 원 가지고 25억 원을 만든 회원이 있고, 1억 갖고 있던 어떤 회원은 6억 원이 됐다. 당시 나에게 에이다ADA 추천을 받았던 사람들이 "덕분에 벌었습니다. 고맙습니다"라고 댓글이 달리고 난리가 난 적이 있다.

앞으로 일본은 비트코인의 허브가 되고자 하는 것 같다. 2017년 4월 비트코인을 결제수단으로 인정한 이후 5월에는 '가상화폐법'이 시행됐다. 암호화폐에 부과했던 소비세도 폐지했으며, 미즈호파이낸셜그룹, 우편저금은행 등이 함께 엔화와 등가 교환이 가능한 'J코인'을 만들겠다고 발표하기에 이른다. 영국 암호화폐 분석업체 크립토컴페어에 따르면 2017년 8월 비트코인 거래 규모 1위는 일본(42.24%)이다.

4차 산업혁명 시대의 지불 수단

일본 거래소의 해외 진출과 비트코인 매수 현상은 현재 일본이 아직도 지불수단의 84%를 현금으로 쓴다는 데에서도 원인을 찾아볼 수 있다. 암호화폐와 블록체인은 4차 산업혁명 시대의 관문과도 같은 것이다. 일본은 카드 사용량도 16%에 불과하다. 일본 사람들은 빚을 지는 것을 정말 싫어하기 때문에 신용카드 보급에 실패했다.

일본은 1세대 지불수단인 지폐 사회에서 2세대 지불수단인 신용카드 사회로 가지 못했다. 이유는 여러 가지가 있겠지만 외상거래를 좋아하지 않는 국민성도 한몫 했다(카드는 먼저 쓰고 나중에 갚는 방식이다). 일본은 지금 코인 시장으로의 빠른 진입을 준비하고 있다. 3세대 지불수단 중에서도 단연코 압권인 비접촉식 결제로의 이행도 준비할 것으로 보인다. 결제 시간을 보면 카드 결제는 17~30초가 걸리는 반면 비접촉식 결제는 3초면 된다. 예를 들면 계산대를 그냥 지나가기만 해도 결제가 되는 시스템이다. 이것이 중요한 이유는 비접촉식 구매가 기업에게 훨씬 더 많은 기회를 제공하기 때문이다. 구매욕 상승 효과가 2배라고 한다.

일본이 코인 시장에 집중하는 이유

중국의 경우에는 알리바바가 페이 산업(핀테크)을 주도하고 있다. 중국인들은 이미 현금을 들고 다니지 않는다. 일본이나 한국에 관광 와서도 알리페이를 쓸 수 있기 때문에 현금 하나 없이도 삼시세끼 먹고 자고 쇼핑하는 데 아무 문제가 없다. 중국도 2세대 지불수단인 카드는 실패했지만 바로 3세대 지불수단인 페이로 넘어가 100% 가깝게 전환해 버렸다. 자국 발행 코인을 페이에 연동해서 넣어버리면 얼마든지 유통시킬 수 있을 것이다.

한국의 경우는 2세대 지불수단인 카드는 엄청 강했지만 3세대 지불수단은 아직까지 느리다. 대신 플랫폼 역할을 하는 삼성이 있고 카카오페이가 있다. 카카오택시는 카카오페이가 연동돼 있으면 그저 타고 내리면 결제가 끝난다. 마찬가지로 우버택시도 페이로 연동해서 쓰는 것이 가능할 것이다. 특별히 결제랄 것이 없는 사회가 되는 것이다.

반면 일본이 현금 없는 사회를 만드는 데 있어 장애물은 스마트폰 보급률에서도 찾아볼 수 있다. 18~34세의 스마트폰 보유비율은 94%이지만, 50세 이상으로 넘어가면 스마트폰 보유비율이 29%다. 페이 결제가 될 수가 없는 것이다.

이런 상황 속에서 일본은 안달이 날 수밖에 없다. 카드보다 편리한 암호화폐(또는 페이) 결제 시대를 앞당기기 위해서 그들은 국가적 제도 개선을 이루고 인프라를 구축하고 있는 것이다.

일본은 QR코드를 활용한 페이 결제보다는 지문인식으로 갈 전망이다. 그러면 스마트폰이 꼭 필요하지 않다. 폴더폰도 가능하다. 이에 대해서는 거대기업의 사업 방향을 보면 전망을 알 수 있다. 삼성과 애플은 결제를 더욱 간단하게 하려고 생체인식을 지지할 전망이다. 비밀번호 패턴을 푸는 데도 시간이 걸리기 때문이다. 알리바바도 미국에 진출한 후 제일 먼저 인수한 업체가 생체인식 회사라고 한다(구글, 애플도 생체인식 회사를 인수했다).

그런데 일본은 왜 비트코인에 열광하게 됐을까? 1991년 경제위기를 맞으면서 일본은 부동산 버블이 꺼지고 은행은 마이너스 금리로 간다. 주식 시장도 사정은 마찬가지여서 투자자들은 갈 길을 잃어버린다. 그런데 비트코인이라는 투자처가 생기면서 전 세계 비트코인 60%를 일본이 거래한다. 그중 비트코인을 가장 많이 거래하는 곳이 비트플라이어bitflyer다.

일본이 시장에 전면적으로 나서면서 벌어진 일은 모나코인, 에이다(카르다노), 넴New Economy Movement, 오미세고, �시 등 일본 코인들의 줄상승이다. 에이다를 예로 들면 내가 31원에 500만 원어치 구매한 것이 1억 8천만 원까지 치솟았다(원화 상승분과 비트코인 상승분이 모두 반영됨, 3장 참고). 비트렉스에서 구매한 넴XEM은 4배 상승을 넘어섰다.

이처럼 2018년 암호화폐 시장은 어느 나라의 자본 참여율이 높은가에 따라 그 나라 색이 짙은 코인을 주목해야 한다. 일본도 기술개발에는 많은 노력을 기울여 이미 이더리움 기술을 능가하는 코인의 개발이 가능하다고 한다. 앞으로 시장의 주인공 교체 시기는 엄청나게 빨라질 것이다. 그렇기 때문에 알트코인의 투자는 확실히 자신만의 원칙을 세워야 하며 시장이 선호하는 방향을 반드시 체크해야 한다. 일본은 양자컴퓨터에도 해킹이 되지 않는 코인을 개발 중이라고 한다.

비트코인 선물거래, 미국의 등장

●

2017년 11월 26일 비트코인은 사상 처음으로 1,000만 원을 돌파했다. 연초에 100만 원가량 하던 비트코인이 11개월 만에 10배가 넘는 수익을 올린 것이다.

미국의 CBOE(시카고옵션거래소)와 CME(시카고상품거래소)는 각각 12월 10일과 12월 18일에 비트코인의 선물(미래 시점에 미리 정한 가격으로 매매할 것을 현재 시점에 약정하는 것) 거래를 시작했다. 비트코인의 코드명은 XBT다. CBOE의 비트코인 거래는 미국 거래소인 제미니의 거래가격을 기초로 삼는다. 제미니의 미국 시각 오후 4시 종가를 바탕으로 한다. 반면 CME는 미국의 비트스탬프, 지닥스, 힛빗, 크라켓 등 4개 거래소 시세를 반영해 거래가격을 도출한다. 런던시간 기준 오후 3~4시 가격을 취합해서 결정하며, 전 거래일 종가 대비 가격변동이 7%, 13%, 20%를 넘을 때 2분씩 거래가 중단되는 서킷 브레이커circuit breaker(매매 일시중단)를 도입했다.

미국에서 4차 산업혁명을 주도하고 있는 IT 온라인 매체인《테크크런치techcrunch》는 코인마켓캡에서 선별한 100개의 코인들을 영어 4단어가 넘지 않게 정리해 놨는데, 여기서 비트코인은 '디지털 금digital gold'이라고 돼 있다. 미국이 어떻게 화폐 패권국가가 되었는지는 앞서 설명한 바 있다. 지금 암호화폐 시장에서 디지털 금인 비트코인을 어디에서 가장 많이 가지느냐에 따라 기축통화 자리를 가져가는 패권국이 가려질 것이다. 그것이 바로 국가간 비트코인 전쟁의 내막이다.

화폐 발행권을 누가 갖느냐

비트코인 코어 진영에 마이클 한이라는 사람이 있다. 암호화폐의 탈중앙화라는 점이 너무 좋아서 비트코인에 매달렸던 사람인데, 그가 블로그에 썼던 글을 보면 "비트코인은 실패했다. 비트코인은 결국 탈중앙화가 아니라 손에 꼽힐 몇 명의 사람들에 의해서 좌지우지되는 화폐다"라고 했다. 국가 코인까지 등장했다는 것은 소수의 권력이 갖는 패권이라는 것을 방증하는 것이 된다.

이미 비트코인은 세력이 움직이는 통화가 되었다. 가장 대표적인 세력이 중국, 일본, 미국이다. 2017년 비트코인의 선물거래 상장은 굉장히 중요한 사건이다. 화폐 시장에 있어서 가장 중요한 것은 발행권을 갖는 것이다. 비트코인의 발행권을 가지고 있는 것은 그동안 중국이었다. 채굴업자들이 채굴 수량을 조정함으로써 물량을 풀었다 줄였다 하면서 시세 형성에 엄청난 영향을 주었다. 그러나 이제는 선물거래소에서 정하는 가격대로 움직임을 가져갈 확률이 훨씬 높아진 상황이다. 선물거래 상장을 하겠다는 것은 비트코인의 가격 결정권을 미국이 가져오겠다는 얘기다. 인위적으로 비트코인의 가격을 조절할 수 있는 힘을 갖기 위한 노림수인 것이다. 비트코인 가격을 인위적으로 움직일 수 있다면, 비트코인과 연동성이 가장 강한 한국 빗섬의 10개 코인도 자기들 의지대로 움직일 수 있다는 얘기가 된다. 다분히 중국을 겨냥한 움직임이었다고 풀이된다(빗섬에 중국 자금이 많다).

통계를 내보니 비트코인의 84%는 잠금돼 있고 16%의 물량만 남겨져 있다. 전 세계 1천 명 정도가 비트코인의 40%를 들고 있는데 이 사람들은 7원대부터 모은 사람들이다. 관망하면서 모습을 드러내지 않았던 미국이 이제는 전면으로 드러났다. 미국은 초기 개발진, 사토시 나카모토 물량, FBI(미국 연방수사국) 물량 등을 산출할 수가 없다. 이제 때가 되니까 그들이 모습을 드러낸 것이다. 달러는 이제 가치를 소멸해 가고 있는 것 같다. 2018년은 정말 경제적으로 어려운 시기가 될 것이다. 역사상 금리를 최대 네 번이나 올린 적이 없다. 게다가 금리 인상을 미리 예고한 적도 없다. 말이 좋아 경제성장률을 따지는 것이지, 신용과 경제로 봤을 때 전문가들은 공황 상태나 다름없다고 얘기한다. 응급실에서 수혈기에 산소호흡기 달아놓아 수명을 연장시키고 있는 것뿐이다. 산소호흡기를 떼면 그대로 주저앉을 상황이다.

달러를 찍는 건 FRB인데, 찍어내면 찍어낼수록 그들이 돈을 버는 구조다. 그들은 최대치까지 뽑아먹고 자연스럽게 비트코인으로 바꿀 심산으로 보인다. 그래서 비트코인이 선물거래 상장을 앞두고 매집이 이루어졌던 것이고, 가격이 그렇게 뛰었던 것이다. 이것이 내가 2017년 10월에 '비트코인 1000만원이 되는 이유'라는 동영상을 유투브에 올렸던 배경이다.

거래소는 신용평가회사?

비트코인 억만장자 중에 윙클보스 형제가 있다. '제미니'라는 거래소를 만들었는데, 2013년도에 거래소 순위 20위 했던 시절에 비트코인을 120억 달러를 모았다. 어마어마한 양이다.

이 쌍둥이 형제가 거래소를 만들면서 2015년부터는 비트코인 인덱스 지수라는 것을 만들었다. 비트코인이 이때 몇십만 원밖에 안 할 때였고 사람들이 "가상화폐 버블이다"라고 할 때였는데 이게 왜 필요했을까. 제미니는 지금 CBOE의 기준 거래소가 되었다. 선물거래 상장을 위해서, 증권가에 들어가기 위해서 선작업을 했던 것으로 보인다. 주식 시장에서 달러 인덱스 차트를 보듯이 비트코인의 선물

거래 상장을 위해서 몇 년치 자료를 모았을 것이다.

제미니 외에도 CME의 기준 거래소 4개가 모두 미국 자본이다. 비트스탬프는 영국 거래소이지만 자본은 미국에서 나왔다. 이 모습은 마치 신용평가회사 무디스, 피치, S&P를 보는 것 같다. S&P는 영국 회사이지만 자본이 미국이다. 달러를 기축통화로 썼을 때 내세웠던 기관이 3개의 신용평가회사였는데, 예를 들어 중국이 맘에 안 든다고 하면 신용평가 하락을 매기고, 일본이 맘에 안 들면 역시 그렇게 했다.

달러에 대한 가격결정권을 주도했던 것 같이, 이제는 5개 거래소를 통해서 비트코인의 가격 결정을 하겠다는 얘기다. 현재 세계 1, 2, 3위 거래소인 빗섬(한국), 비트플라이어(일본), 비트파이넨스(홍콩)로 가격 결정을 하는 것이 아니다. 10위 안에 들어 있지도 않던 거래소들의 가격으로 선물거래 가격을 상정하겠다는 것은 이치적으로 맞지 않는 얘기다. 재주는 곰이 부리고 돈은 다른 데서 받는 상황이다.

이 점을 미리 알고 중국 정부와 러시아 정부는 비트코인에서 한발 뺀 모습을 보였을 것이다. 가장 큰 증권거래소와 선물거래소가 다 미국에 있으니, 미국은 처음부터 굳이 암호화폐 시장에 먼저 나설 필요가 없었던 것이다. 달러를 찍어내던 것처럼 비트코인이 갖는 힘도 가져가겠다는 의미다. 암호화폐 시장은 비트코인만 움직여도 모든 코인 가격을 통제할 수 있다. 달러 시세 조작과 마찬가지다.

미국은 비트코인의 가격 상승을 부추기고, 그들이 원하는 가격대에 들어올 때쯤 선물거래 상장에 이어 미국 증시 상장도 하려고 할 것이다. 손 안 대고 코 풀 수 있는 강력한 금융 시스템을 갖고 있기 때문에 그들은 거래소를 규제하네, ICO를 금지시키네 하는 잡음 없이도 원하는 가격에 비트코인을 매수한 것이다. 이로써 한국의 개인투자자들은 2,500만 원짜리 고점의 비트코인을 다수 떠안은 기네스적인 기록을 갖게 되었다.

비트코인 물량을 미국이 원하는 만큼 가져간 다음에는 가격을 다시 올리고 또 원할 때는 가격이 내린다고 생각해 보자. 개인투자자가 1,500만 원, 2,000만 원에 매수한 비트코인을 가격이 내려도 차분하게 들고 있을 수 있겠는가. 2,000만 원에 산 비트코인 가격이 500만 원으로 떨어져도 팔지 않을 자신 있는가? 어떤 가격에도 흔들리지 않는 자신만의 투자 원칙이 있다면 신경쇠약에 안절부절할 필요는 없다.

그저 경제 공부를 하려고 호기심에 이 책을 집어든 독자도 있겠지만, 암호화폐 투자에 발을 담그고 있거나 시작해 보려고 이 책을 읽고 있는 독자들도 있을 것이다. 여러분들은 공부를 해야 하고 흔들리지 않는 자기만의 투자원칙을 세워야 한다. 알고 하는 투자와 묻지마 투자는 수익률에서도 일상생활에서도 엄연히 다른 모습을 보일 것이다.

2장

투자하기 전에 꼭 알아야 할 상식

CRYPTOCURRENCY

거래소를 보면 시장 흐름이 보인다

암호화폐 투자를 하려면 먼저 거래소에서 계좌를 만들고 투자금을 넣어둬야 한다. 어느 코인에 투자할지 선택하기 전에 가장 먼저 해야 할 일이다. 그러면 어느 거래소에서 계좌를 만들어야 할까, 그것부터 고민될 것이다. 비트코인은 어느 거래소에서나 다 거래할 수 있기 때문에 상관없지만, 알트코인 중에서 어떤 것에 투자할 것인가 하는 결정에 따라 가입해야 할 거래소가 달라진다. 어느 거래소에서는 거래하고 있지만 다른 곳에서는 아직 거래가 되지 않는 코인들도 있기 때문이다.

거래량이 많은 거래소에 상장(해당 거래소에 일정 자격조건을 갖춘 거래 물건으로 등록하는 것)돼 있는 코인들이 가격 상승률도 크기 때문에 거래소 순위는 중요하다. 거래가 많이 되면 많은 사람들에게 주목을 받는 것이 당연하다. 그래서 우리나라 거래소 빗섬의 코인들은 성장률이 엄청나게 좋았던 것이다. 빗섬은 2017년 비트코인이 선물거래 상장되기 전까지 거래량이 가장 많은 세계 1위 거래소였다. 시가총액(코인 가격×발행량) 세계 1위부터 10위까지의 코인이 모두 상장되어 있는 곳이다. 비트코인의 선물거래 상장 이후에 미국이 전면적으로 등장하면서부터는 거래소 순위도 점차 달라지고 있다. 업비트가 자료 제공을 하고 있지 않지만 이미 국내 1위 거래소로 등극했을 가능성이 있다.

어느 나라 자본이 움직이고 있는가

거래소 1위가 어디냐 따지는 것은 아주 중요한 일이다. 거래소 순위가 높을수록 그곳에 상장한 코인이 상승률이 높다.

빗섬 내에 있는 자본은 예전부터 50% 이상이 외국 자본인 것으로 분석돼 왔다. 또 외국 자본의 70~80% 이상을 중국 자본으로 봤다. 한 계좌당 투자금이 높을 것이라는 예측도 있다. 한국인의 투자금이 1계좌당 많아야 1억~2억 원이라면 빗섬 내 계좌에는 10억, 20억짜리들도 있을 것이라는 예측이다. 드라마 하나를 찍어도 중국의 투자금은 '0'이 하나 더 붙는다. 그들 입장에서 우리나라는 지리적으로 가깝고 금융규제가 약하다 보니까 매력적인 곳이다. 주식 시장도 암호화폐 시장과 마찬가지로 머물러 있는 외국 자본이 많다.

이것은 외환보유고로 잡히기 때문에 정부도 특별히 강한 규제는 안 하는 것이라고 생각한다. 한때 외환보유고가 부족해서 고생했던 경험이 우리는 있다.

2017년 비트코인의 미국 선물거래 상장 예고 이후에 전 세계 거래소들이 우리나라에서 오픈하려고 몰려드는 현상이 일고 있다. 세계적으로 단위면적당 거래소 숫자가 가장 높은 나라도 한국이다. 비정상적일 정도다. 예를 들어 중국 거래소가 한국에 들어오려고 하는 것은 중국에만 있으면 일본이나 미국의 자본이 들어올 수 없기 때문이다. 지금 한국에서 거래소를 오픈하면 전 세계 자금이 모두 들어올 수 있다. 거래소 입장에서는 수수료를 받기 때문에 거래량이 많은 게 중요하다. 거래량이 많다면 거기에 상장하는 코인에 프리미엄이 붙기 때문에 한국에서의 거래소 오픈은 엄청난 메리트가 있는 것이다. 2017년 12월 현재, 일본과 중국 거래소가 오픈을 대기하고 있고, 업비트가 미국 거래소 비트렉스Bitrex의 기술과 시스템을 빌려와 10월에 오픈했다.

시장 상황에 따라 거래소 순위도 바뀐다

거래소 순위가 얼마나 중요한지는 2017년 9월 중국발 규제로 인한 대하락장에서 더욱 확연해지기 시작했다. 중국 자금이 활발히 활동하던 시절에는 중국 자금 비중이 많은 거래소들이 암호화폐 시장을 주도했다. 바로 빗섬, 후오비Huobi, 오케이코인OKcoin 등이다. 그중 중국 내 4대 거래소인 후오비, 오케이코인, 비트코인차이나BTCC, 비티씨트레이드BTCtrade 등을 대체하여 홍콩의 비트파이넥스Bitfinex와 바이낸스Binance가 급부상했다. 중국인들이 중국 내 거래소를 이용할 수 없게 되자 홍콩 거래소로 옮겨간 것이다. 또 거래소 1위였던 빗섬은 6위까지 내려가는데, 1위와 6위의 거래량 차이는 4배가 났다.

개인투자자들은 중국 자금이 득세할 때 중국 관련 코인을 주목하고 있으면 그만큼의 수익을 얻을 수 있었다. 바로 라이트코인, 이더리움클래식, 비트코인캐시, 네오, 퀀텀 등의 성장세가 엄청났던 시절의 이야기다.

중국 자금이 후퇴한 이후에는 일본 거래소들이 중요해졌다. 일본 거래소 비트플라이어Bitflyer, 큐오인QUOINE 등의 거래소가 두각을 나타내면서 거래소 상위권 순위에 오르고, 일본 코인들이 득세하는 시대를 맞이한다. 비트코인 외에도 에이다, 오미세고omisego, 모나MONA 등이 엄청나게 상승세를 보인 것이다.

이것을 보면 개인투자자에게 거래소 순위가 얼마나 중요한지 알 수 있을 것이다. 어느 나라의 암호화폐 시장 참여도가 높은지를 파악하고 그 나라의 거래소에서 거래하는 코인 중 거래량volume이 증가하는 코인을 선별해 낼 줄 안다면 충분히 수익을 늘려갈 수 있는 방법이 된다.

투자를 위해 꼭 알아야 하는 거래소

암호화폐 투자를 시작하기로 했다면 거래소를 한 곳만 정해두고 할 필요는 없다는 것을 이제 눈치챈 사람도 있을 것이다. 주 거래소를 정하고 나서도 다른 주요한 거래소는 즐겨찾기를 하거나 앱을 다운받아서 시장 상황을 항상 체크할 수 있도록 해야 한다.

우리나라 거래소 중에서는 빗섬 외에도 코빗, 코인원, 업비트, 코인네스트를 알아두면 되는데, '김치 프리미엄'이라고 해서 한국 거래소들은 다른 나라 거래소에 비해 코인 가격이 높다. 따라서 매수할 때 불리하고, 매도할 때는 유리하다. 그러니 해외 거래소는 매수할 때 이용하고 팔 때는 한국 거래소 계좌로 보내면 된다(문제는 전 세계인들이 다들 그렇게 하고 있다는 거지만).

코인 개발자들 입장에서는 순위가 높은 거래소에 상장할 경우 그 코인의 시가총액이 뛰어오르면서 주목을 받을 수 있다. 가격적 우상향이 비교적 쉽게 이루어지기 때문에 상위권 거래소를 선호할 수밖에 없다. 거래소는 순위가 높을수록 상장을 진행하면서 많은 혜택을 받기 때문에(코인 상장을 무료로 해주지는 않을 것이다) 순위를 끌어올리기 위한 물밑전쟁이 이루어진다.

거래소별 특징을 알아두는 것도 필요하다. 홍콩의 비트파이넥스는 달러USD를 기축으로 하는 거래소 중 가장 큰 회사로 마진거래(본인이 가진 증거금보다 많은 양을 매매하는 것)가 가능하다. 비트코인BTC과 달러가 기본 거래 통화이고, 이더리움 기반으로도 거래가 가능하다. 반면 우리나라 거래소 빗섬, 코인원, 코빗, 코인네스트 등은 원화를 기축으로 한다. 해외거래소 중에는 비트코인을 기축으로 하는 거래소가 많은데, 거래소는 일정량의 비트코인을 보유하고 있어야 한다.

거래소별 이슈가 있는 경우도 있다. 일본 자금의 거래량이 늘어났다면 일본에서 만든 코인을 상장하는 곳을 살펴봐야 한다. 코인네스트는 에이다 상장으로 이슈가 있었던 곳이다.

비트코인 선물거래 상장 이후로 미국 거래소는 당연히 알아야 하는 곳이다. 폴로닉스Polonix는 전 세계 암호화폐 거래소 중 최대 거래소다. 업비트가 협업하고 있는 비트렉스도 역시 미국 거래소다. 나의 경우는 분석할 때 직관성이 좋아서 주 거래소가 비트렉스다.

/

시가총액과 발행량을 살펴보는 이유

암호화폐가 현물 시장과 다른 점은 채굴이 계속되고 있기 때문에 그때마다 화폐량이 합산된다는 점이다. 정부 규제가 있거나 하면 전체 시장량은 변화를 보일 수 있다. 만약 발행량이 늘었는데 시가총액이 그대로라면 그 코인은 성장하지 못하고 하락세라고 봐야 한다.

지금까지도 빗섬 내 코인은 세계 시가총액 순위와 같이 가기 때문에 분석을 위해 많은 사람들이 빗섬 창을 띄워놓는다. 그런데 중국발 규제 이후로 일본 코인이 강세를 보일 때 전 세계 시가총액 20위였던 아이오타IOTA가 불과 일주일 만에 5위로 치고 올라와 주목을 받기도 했다. 이제는 빗섬 내 탑TOP 11 코인뿐만 아니라 전 세계 시가총액 탑 20~30위까지 항상 살펴봐야 한다는 얘기다.

좋은 코인을 선택할 때 기술 경쟁력, 개발진, 개발 기업을 살펴보기도 하지만 얼마나 희소성을 가지고 있는지도 따져봐야 한다. 2017년 6~11월 한창 잘나가던 이더리움은 60% 성장률을 보인 것에 비해 그밖에 다른 코인들은 100% 이상의 성장률을 보였다. 이것을 보면 이더리움은 성장률이 둔화된 것이다. 발행량이 너무 많다 보니까 희소성에서 밀린 것이다. 채굴량이 9,800만 개를 넘어가자 이더리움은 이제 채굴 방식POW에서 이자지급 방식POS으로 바꾸겠다는 이야기를 하고 있다.

원화 기축이 아닌 이상, 암호화폐 거래량을 따질 때도 비트코인을 기준으로 잡는다. 최소 단위는 0.00000001비트코인이다. 세지 마라. 소수점 이하 여덟 자리다. 이것을 비트코인 개발자의 이름을 따서 '사토시'라고 부른다.

코인을 구매한다고 했을 때 1비트코인이 1,600만 원이라고 치면 0.1비트코인은 160만 원, 0.01비트코인은 16만 원이다. 0.00000001비트코인만 거래할 수도 있기 때문에 "뭐? 1,500만 원, 2,000만 원짜리를 어떻게 사?" 하고 놀랄 필요가 없다. 다만 우리나라 거래소 기준으로 0.0001비트코인(2,000원이 안 된다) 이상이어야 거래가 가능하다. 실제로 구매할 때는 '1만 원어치, 10만 원어치'라는 식으로 코인을 구매할 수 있다. 사실 외국에서 비트코인을 계산

할 때 사용하는 것 외에는 사토시라는 단위는 잊어버려도 된다. 달러로도 환산이 가능해서 거래소에 따라 '1,000달러어치'라는 식으로 구매하는 것도 가능하다.

ICO로 시장은 점점 커진다

ICO(암호화폐 공개)로 개발진이 코인을 소개하는 백서를 발표하고 개발자금을 유치한 뒤에는 ICO에 참여한 투자자들끼리 미리 거래를 할 수 있도록 '토큰' 상태로 발행을 한다. 이후에 안정성을 부여받으면 토큰에서 코인으로 스왑swap(교체)을 해준다. 정식 코인으로서 진화하는 것이다.

ICO를 할 때는 프리세일pre-sale을 하는데 처음 개발된 코인을 투자금을 내고 지급받는 것을 의미한다. 유망한 기술에 투자를 한다고 생각하면 된다.

그렇게 세상에 공개된 코인이 전 세계 탑5 안에 있는 거래소에 상장을 한다고 생각해 보자. 당연히 엄청나게 가격이 우상향할 것이다. 100위권 거래소에서 거래되던 코인이 갑자기 1위권 빗섬에 상장된다면 그 코인의 값어치는 엄청나게 뛸 것이다. 흔히 이것을 '상장 이벤트'라고 부르는데, 나와 CKT팀에서 분석을 통해 미리 예측했던 알트코인 중에는 상장 이벤트로 1.5~6배까지 가격이 뛰었던 것들이 있다. 카페 회원들도 그에 상응하는 수익을 올렸다. 여기서도 거래소 순위가 중요한 것이 20, 30위권 밖에 있는 거래소에서 상장한다는 것은 크게 의미가 없기 때문이다. 코스닥에도 아무 회사나 상장하는 것이 아닌 것과 같다.

그런데 애초에 세력이 미는 힘 있는 코인은 처음부터 탑 거래소에 상장되기도 한다. 비트코인캐시[BCH]는 비트코인의 복제 코인인데, 비트코인을 갖고 있는 사람에게 모두 비트코인캐시를 주는 식이다. 비트코인은 전 세계 어느 거래소에나 다 있기 때문에 비트코인캐시 역시 똑같이 상장될 수밖에 없다. 그러니까 처음부터 전 세계 1위 거래소에도 그냥 상장이 돼버린 것이다. 큰 거래소든 작은 거래소든 어디서나 비트코인을 갖고 있는 사람들에게는 비트코인캐시를 지급해 줄 수밖에 없다. 비트코인캐시를 지급하지 않으면 타 거래소로 이동할 것이기 때문에 비트코인캐시는 처음부터 1위 거래소에 상장되면서 성장할 수밖에 없었다. 암호화폐 가격은 언뜻 보면 시장 논리인 수요와 공급에 의해 결정되는 것 같이 보이지만, 꼭 그렇지도 않다.

ICO는 그동안 사기였던 경우가 많았기 때문에 주의해서 잘 살펴봐야 한다. ICO를 할 때 다단계처럼 모집해서 자기들끼리 몰래 전자지갑을 만들어서 뒤에서 사고파는 경우도 있었다. 그러면서 가격을 올리다가 결국 그게 상장이 안 되면 사기인 것이다. 이때 다단계 사기가 될 수 있다는 점을 알고 있으면서도 최종 물리는 사람이 나만 아니면 된다는 식의 묻지마 투기도 있었기 때문에 더욱 큰 문제가 되었다.

어떤 경우는 '해외에서 개발된 코인의 국내 총판이다'라는 식으로 사기 치는 수법도 있다고 한다. 중국에서도 유사수신(인허가를 받지 않거나 등록, 신고를 하지 않은 상태에서 불특정 다수에게 자금 조달을 하는 것)이 문제가 됐는데, 이왕이면 믿을 만한 개발자나 인터넷에 검색하면 나올 정도의 이름 있는 개발자가 고문으로 있는 코인에 투자하는 것이 좋은 방법이다. 비탈릭 부테린, 패트릭 다이, 찰리 리, 로저 버, 우지한, 이소래 등이 고문으로 있다면 대부분 안전하다고 본다.

일본의 경우는 선先규제 후 암호화폐 시장을 개방한 경우였기 때문에 이미 옥석을 가려놓고 ICO를 진행할 수 있었다. 일본 코인이라면 최소한 상장 폐지되거나 망하지는 않는다고 생각해도 좋다. 일본이나 미국은 선규제가 있었기 때문에 소비자보호 방침이 있고, 두 나라에서 ICO를 하는 코인들은 폭발적인 반응이 나온다. 쿼시Quacy라는 코인은 투자자가 너무 많이 몰려서 반품이 되기도 했다. 투자금이 오버가 됐다고 되돌려줄 만큼 정직하게 진행이 되고 있다고 평가할 수 있다.

반면에 중국이나 한국은 투자금이 오버되면 금액이 넘어선 만큼 코인을 더 찍어낸다는 얘기도 있다. 그러면 희소성의 가치가 결여되고, 초기 투자자들은 희소성이 떨어짐으로써 그만큼 손해를 본다.

잠깐 이건 알아야죠!

암호화폐 시장에서 사용하는 용어들

- **블록체인** : 암호화폐 거래 내역을 기록하는 공공장부이며, 해킹을 막기 위한 기술
- **DAPP** : 분산화 애플리케이션, 스마트 컨트랙트로 구현한 애플리케이션
- **FIDO** : 생체인증
- **API** : 응용프로그램 인터페이스
- **ICT** : 컴퓨터를 기반으로 정보와 정보 시스템을 제공하고 이용하는 기술
- **ICO** : 코인을 발행하기 위해 상장 전에 자금을 모금하는 것
- **핀테크** : 금융Finance와 기술Technology의 결합
- **스마트 컨트랙트** : 블록체인 기술을 컴퓨터로 프로그래밍할 수 있고 모든 분야로 적용할 수 있는 기술
- **EVM** : 이더리움 가상머신. 이더리움은 전 세계 다수의 컴퓨터와 기기

등을 하나로 묶는 거대한 분산 컴퓨터를 구현하는 게 목표다.

- **USDT** : 미국달러를 기준으로 한 토큰
- **USD** : 미국 달러
- **마이닝** : 채굴
- **세그윗**SegWit : 서명 부분을 블록에 포함시키지 않고 따로 빼서 그만큼 공간 확보가 가능한 소프트 업그레이드
- **FTC** : 공정거래위원회
- **하드포크** : 새로운 블록체인으로 분할하는 프로세스
- **소프트포크** : 신버전과 구버전을 동시에 사용해도 문제가 없는 버전으로 업그레이드하는 것
- **SEC** : 미국증권거래위원회
- **공매도** : 없는 걸 파는 것으로, 수일 내에 구매해서 줘야 한다.
- **공매수** : 없는 걸 사는 것으로, 타인의 자금을 차입하여 매수 주문을 하는 것
- **패닉셀** : 가격이 내리는 것을 보고 당황해서 추종하여 우르르 던지는(매도하는) 것
- **데드캣** : 패닉셀이 있는 와중에 공매도를 청산하거나 단기 반등을 노리고 매수하는 거래자에 의해 단기반등이 이루어지는 것
- **마진거래** : 매매대금의 일정 비율에 해당하는 증거금을 예탁하고 필요자금을 차입해서 매매하는 것
- **사토시** : 비트코인 소수점 단위
- **매수** : 사는 것
- **매도** : 파는 것

- **손절** : 내가 살 때보다 가격이 낮은 상태에서 손해를 감수하고 파는 것
- **익절** : 수익이 났을 때 팔아서 수익실현을 하는 것
- **물리다** : 손해를 보고 있어서 팔지 못하고 가지고만 있는 상황
- **추격매수** : 주가가 상승할 때 추가로 계속 매수하는 것
- **상따** : 상한가 가는 종목을 따라서 매수
- **하따** : 하한가 가는 종목을 따라서 매수
- **급등** : 가격이 폭등한 상태, 반대말은 급락
- **물타기** : 매수 이후 가격이 떨어졌을 때 평균 매수 가격을 낮추기 위해 추가매수하는 것
- **개미** : 소액의 개인투자자들
- **평단** : 평균단가의 줄임말
- **총알** : 주식을 매수할 수 있는 자금
- **몰빵** : 특정 종목에 모두 투자하는 행위. 올인
- **존버** : 존나 버티기의 줄임말. 소설가 이외수 글에서 나온 비속어 '존버정신'에서 왔다는 얘기가 있다.
- **횡보** : 상승도 하락도 아닌 비슷한 가격대에서 변동이 거의 없는 상황
- **박스권** : 횡보와 비슷한 말. 박스권 내에서 등락을 반복하는데 세력이 만든다.
- **조정** : 일정 기간 동안 가격상승에 대한 부담을 해소하는 과정. 가격 제한폭을 가지고 하락하는 것
- **롱**Long : 오를 것 같은 주식을 매수
- **숏**Shot : 내릴 것 같은 주식을 매도

코인은 국가색을 띤다

내가 어느 코인이 어느 나라에서 나온 건지를 따지면, 암호화폐는 탈중앙화를 명분으로 나온 건데 국가를 왜 따지냐고 얘기하는 사람도 많이 있었다. 내가 1장에서 상당한 지면을 할애해 국가간의 화폐 전쟁을 먼저 다룬 것은 바로 이 대목 때문이다. 암호화폐가 제도권에 들어올 가능성을 염두에 두자면 국가를 고려하지 않을 수가 없다. 개인투자자 입장에서 특정 코인에 어느 나라 자본 비율이 높은가 하는 점은 투자에 지대한 영향을 준다.

퀀텀(큐텀), 네오, 라이트코인, 이더리움클래식이 중국색이 많은 코인이다. 2017년 9월 중국발 규제와 함께 중국 자본이 빠져나갔을 때 퀀텀은 26,000원에서 9,000원으로, 라이트코인은 108,000원에서 30,000원으로, 84%가 위안화 거래였던 이더리움클래식은

48,000원에서 9,000원까지 떨어지는 현상을 보였다. 중국색 코인이 중국발 악재 이후에 가격이 하락했던 엄연한 사실이 있으니 내 소중한 자산을 지키기 위해 코인의 국가색을 따지지 않을 수가 없다.

리플과 이더리움은 한국인이 많이 보유하고 있고, 비트코인은 하락장에서 40%가 떨어진 적도 있지만, 중국 자본이 빠지면 일본과 미국 자본이 메꾸면서 원래 가격을 만회하고도 더 상승하는 모습을 볼 수 있었다.

국가색이 거래소 순위에 미치는 영향

2017년 9월 중국이 ICO 규제를 시작하고 일본이 시장에 전면으로 나선 후부터 비트코인을 주로 취급하는 거래소들이 파워를 보이기 시작했다. 10월 15일 자료를 보면 일본의 비트플라이어가 압도적인 1위를 지키면서 2위까지 일본 거래소가 치고 올라왔다. 일본이 거래량의 반을 점령하는 상황은 그전까지는 볼 수 없었던 일이다. 일본의 암호화폐에 대한 본격적인 움직임은 이때부터 아주 빠르게 진행되고 있다.

일본이 거래소 1, 2위라는 건 어떤 의미가 있을까. 이렇게 되면 일본 코인이 엄청나게 빠른 성장을 보일 수 있다. 우리나라도 암호화폐 주도권을 빼앗기지 않으려면 빗썸, 업비트 같은 거래소가 1, 2위를 탈환해야 한다. 국내에서 자국 코인이 나온다면 빠르게 성장시킬 수 있는 원동력이 바로 거래소 순위다. 이게 뒷받침되어야 개인투자자들이 장기투자로 가져갈 수 있는 동기가 된다. 일본이 비트코인 물량으로 거래소 순위를 엄청나게 끌어올린다는 이야기는 결국 암호화폐 시장이 현물 화폐시장과 호환하거나 넘어서기를 원하는 시나리오다. 어느 나라든 거래소 상위 순위를 장악하면 그 나라 코인들이 급성장하면서 암호화폐 시장의 입지를 굳히는 역할을 할 것이다. 일본 자본 비율이 높아지면서 폭등했던 퀴시, 콤사COMSA 같은 코인에 ICO 참여를 못했다면 가격이 내려갔을 때 구매를 진행하는 것도 좋은 방법이다.

중국도 거래소 자격 조건을 정비하고 나면 특정 거래소를 밀어서 거래소 순위 장악에 나설 것으로 예상된다. 이런 사태들을 잘 읽을 수 있어야 개인투자자들은 자신의 자산을 보호하면서 늘려갈 수 있을 것이다.

2017년 12월 비트코인의 선물거래 상장 이후에는 미국 코인들이 주목해야 할 코인이 되었다. 선물거래 가격의 기준이 되는 미국 거래소인 제미니, 비트스탬프, 지닥스, 힛빗, 크라켓도 주목해야 할 거래소다. 앞으로 암호화폐 시장의 가격 조정은 선물 가격을 통해 미국이 좌지우지할 수 있다. 앞으로 미국 쪽에서 ICO를 하거나 미국색이 짙은 코인이 나온다면 우리는 무조건 구매 모드에 나서야 한다.

시가총액을 보면서 코인 선호도를 보는 법

시가총액의 변화를 보면서 어떤 코인의 선호도가 높아졌는지, 어떤 코인의 주목도가 낮아졌는지 비교해 볼 수도 있다. 2017년 10월 11일에 내가 블로그에 올렸던 자료를 바탕으로 중국색으로 분류하는 코인의 선호도 변화를 살펴보겠다.

라이트코인

2017. 9. 3	시총 4,202,000,000	79.86달러	공급량 52,758,687
2017. 10. 11	시총 2,713,245,496	50.89달러	공급량 53,315,782

9월 규제 후 변화를 비교하기 위해 적어놓았던 9월 3일과 10월 11일의 시총(시가총액), 가격, 공급량이다. 공급량은 10월이 더 많은데도(채굴이 더 되었을 테고 코인 개수도 늘었을 것) 시총도 1.5배 정도, 가격도 1.5배 정도 내려갔다. 수량을 동일하게 해놓고 통계를 내면 실제로는 두 배에 육박하게 자본이 빠져나갔다는 걸 알 수 있다. 라이트코인이 얼마나 중국 선호도가 높았는지 보여주는 수치다.

비트코인캐시

2017. 9. 3	시총 9,689,220,122	585달러	공급량 16,567,771
2017. 10. 11	시총 5,319,308,965	319달러	공급량 16,679,813

역시 시간이 지나 채굴량이 늘어서 코인 개수가 늘었지만 시총과 코인 가격이 50% 가까이 빠졌다고 말할 수 있다.

이더리움클래식

2017. 9. 3	시총 1,870,344,022	19.66달러	공급량 95,147,730
2017. 10. 11	시총 1,115,634,932	11.58달러	공급량 96,334,876

역시 피해 규모가 앞서 두 코인과 거의 같은 수준이다. 비율이 거의 비슷하게 나왔다.

네오

2017. 9. 3	시총 1,576,931,862	31.54달러	공급량 50,000,000
2017. 10. 11	시총 1,506,700,000	30.13달러	공급량 50,000,000

네오는 발행량이 같고, 시총이나 가격이 방어가 잘 되었다. 이유는 아마도 상장 후 전고점을 찍고 내려온 것으로 보이는 시점이 대상승장 때와 맞물려서 거의 최저점에서 만난 듯하다.

퀀텀(큐텀)

2017. 9. 3	시총 946,519,320	16.04달러	공급량 59,000,000
2017. 10. 11	시총 723,163,000	12.26달러	공급량 48,635,900

퀀텀은 전고점을 찍고 내려올 때였고 역시 가격이 빠졌다. 다만 앞의 다른 코인보다는 방어를 한 것으로 보인다. 공급량은 이상하게 줄어들었는데, 이건 나중에 알아보니까 토큰에서 코인으로 스왑이 안 된 코인이 존재하다 보니까 당시 일시적으로 나타난 수치였던 것 같다(코인원에서 스왑을 지연).

10월 11일 당시 퀀텀과 네오는 국내 상장 코인이 아니라 비트렉스(미국)에서 이용 가능한 코인이었다. 당시 비트렉스 코인이 가격 방어가 되었다는 점은 시사하는 바가 크다. 국내 상장 코인과 중국·한국 동시 상장 코인만 피해를 크게 봤다는 결론이다. 빗섬이 중국 자본의 영향을 받았다는 건 공공연한 사실이었지만, 생각보다 빗섬의 중국 자본 잠식률은 훨씬 높았다는 판단이 서는 대목이다.

그렇다면 이제는 일본 자본 비율이 높은 거래소가 어디인가를 찾아야 한다. 그곳이라면 일본 코인이라 불리는 코인들이 상장될 때 상승 여력이 있을 것이다.

일본색 코인을 주의 깊게 살펴라

2017년 9월에 나는 일본을 방문했다. 암호화폐 생태계에 관심이 많은 나는 장기적으로 살아남을 암호화폐를 찾아다닌다. 전 세계 1,300개가 넘는 암호화폐가 있다고 하는데 과연 결국엔 몇 개의 암호화폐가 살아남을까? 당시에 나는 비트코인에 대한 여러 나라의 입장이 상당히 우호적으로 바뀐 것에 대해 관심을 가지고 있었고, 몇 가지 궁금증을 직접 확인해 보고 싶은 마음이 있었다.

일본의 금융대기업, 미국의 월가, 유럽에서는 독일과 영국의 자금, 이 세 곳은 앞으로도 확실하게 주목해야 할 곳이다. 일본이 뉴스에 등장하기 시작하고 이슈화하고 있다는 것은 이미 준비를 끝냈고 고속도로를 깔아주는 작업을 하는 것이라고 봐도 무방하다. 법적 제도로 보호장치를 만들어주고 시장을 클린화한 다음에는 거래소 설립에 필요한 비트코인의 매집 현상이 있었다. 비트코인 보유량을 늘리고 비트코인 가격을 올린 다음에는 이것을 기반으로 여러 가지 금융상품을 만들려고 할 것이다.

새로운 산업으로 가는 길목에는 항상 버블과 투기 현상이 나타나기 마련이다. 세계 경제가 다시 한 번 도약할 수 있는 4차 산업혁명으로 가는 첫 번째 버블로 나는 비트코인이 선택되었다고 생각한다. 그리고 일본의 제도 정비와 암호화폐 시장 육성은 그 시발점이 될 것이다.

결국 일본의 비트코인 사용은 우리나라에도 영향을 줄 것이고, 비트코인 가격에도 영향을 줄 것이라 생각한다.

앞으로의 판세

미국과 일본으로 판이 넘어간 암호화폐 시장의 2018년 판세는 그동안 우리가 전혀 보지 못했던 양상으로 흘러갈 것이다. 이제부터 개인투자자가 임해야 하는 자세는 무엇일까. 이것이 바로 내가 그동안 경험하고 공부했던 것들을 책으로 옮겨야겠다고 결심한 이유다. 미국과 일본이 중국 코인을 밟아버리는 동안 한국의 개인투자자들만 죽어나갔다.

한국인들이 많이 보유하고 있는 코인 중에는 중국색 코인들이 있다. 퀀텀도 그중 하나인데, 중국 규제로 인한 대하락장에서 피해가 있었지만 장기투자 관점에서 보면 크게 걱정할 것은 없어 보인다. 기술적으로 환상적인 비전을 가지고 있어서 단타(단기투자)에만 집중하는 사람이 아니라면 괜찮다(실제로 나중에 4배 뛰었다).

나는 중국의 신용등급 하향조정을 대북 문제에 따른 보복조치로 읽지 않는다. 암호화폐 시장에서 미국과 일본이 선점하려고 힘을 쓴 것으로 해석한다. 그러나 미국과 일본이 중국을 현재 암호화폐 시장에서 고립시키려 해도 의미가 없다. 전 세계 달러 보유량 1위가 중국이다. 미국이 암호화폐 전쟁에서 제일선에 나오지 못하는 이유이기도 하다. 그래서 우선은 일본이 앞장을 선 모습이다.

암호화폐 시장은 이제 더욱 확장되면서 상생하는 모습을 보일 수도 있다. 파이가 한정되어 있으면 서로의 몫을 빼앗아와야 자기 몫이 커지지만, 큰 그림을 그린다면 그것이 아니다. 비트코인의 선물거래 상장은 그 신호탄일 수도 있다. 파이 싸움으로 서로를 갉아먹을 것이 아니라 우선은 외부에서 이 시장 자체에 관심을 가질 수 있도록, 새로운 자금의 유입을 최우선으로 삼고 있는 것이 아닐까. 비트코인캐시가 처음에는 비트코인의 대항마로 나온 듯 보였지만, 지금의 양상을 보면 비트코인은 '금'으로, 비트코인캐시는 '캐시(cash, 현금)'로 자리를 잡아가는 것처럼 말이다.

중국색 코인은 중국이 어떤 조치를 취하느냐에 따라 상황이 갈라질 것이다. 빨리 자국 코인들을 성장시키려면 중국도 빠르게 안정을 찾아갈 것이라고 나는 예상한다. 그때까지 우리 개인투자자들은 미국과 일본 자금이 들어간 코인들 쪽으로 투자 방향을 잡아야 하겠지만(롱포지션을 선호하는 엔화, 달러 자금이 들어온 이상 쉽게 무너지지 않는다), 계속해서 국제 정세와 시장 상황을 주시하면서 개미들을 털어먹기 위한 세력에 휘둘리지 않도록 공부, 또 공부해야 할 것이다.

잠깐 이건 알아야죠!

투자 전에 알아둬야 할 사이트

암호화폐 시가총액 보기

https://coinmarketcap.com/

https://coinmarketcap.com/currencies/volume/24-hour/

시세와 차트 한번에 보는곳

https://cryptowat.ch/

폴로닉스 주소

https://poloniex.com/

세계 1위 미국 거래소. 기축통화는 비트코인이며, 비트코인으로 다른 알트코인들을 구매할 수 있다. 폴로닉스 거래를 하고 싶으면 한국 거래소에서 비트코인이나 이더리움을 구매해서 폴로닉스 거래소로 보내면 된다. 구글 OTP 보안 설정을 꼭 할 것!

비트코인 거래량 나오는 곳

https://www.coinhills.com/ko/market/exchange/

암호화폐 뉴스 나오는 곳

http://www.coindesk.com/

http://www.newsbtc.com/

https://www.ethnews.com/

http://www.cnbc.com/tech-transformers/

김프 · 역프 확인 사이트 : 달러, 원화 다 나온다

https://www.reddit.com/r/ethereum/

http://luka7.net/

비트코인 블록 해시율, 거래, 주소 검색 사이트

https://blockchain.info/

암호화폐 채굴 커뮤니티

https://www.ddengle.com/

ICO 코인 정보 확인 사이트

https://www.smithandcrown.com/

이더리움 비탈릭 부테린 트위터

https://twitter.com/VitalikButerin

ICO 코인 일정 확인 사이트

https://www.coinschedule.com/

ICO 코인 수익률 확인 사이트

https://icostats.com/vs-eth

암호화폐, 주식 관련 모든 차트를 볼 수 있는 사이트

https://kr.tradingview.com/

미국 비트코인 포럼

https://bitcointalk.org/

코인 이동량

https://blockchain.info/ko/home

비트코인은 기축이다

●

암호화폐 거래를 할 때 비트코인은 어느 거래소나 있지만, 알트코인은 거래소마다 다 갖추고 있는 것이 아니다. 그렇다 보니 알트코인을 거래하면서 해외 거래소를 이용하는 경우도 많은데, 이때 이런저런 궁금증이 생길 수가 있다. 많은 분들이 나에게 질문을 하는데 그중 하나를 이야기해 보려고 한다.

Q. 폴로닉스(미국 거래소)에서 알트코인 하나를 샀다 치고 다시 팔면 비트코인BTC으로 돈을 받잖아요. 알트코인 시세가 올라서 팔았는데 비트코인 시세도 올라버리면 이윤이 더 올라가는 건가요? 비트코인 가격이 더 떨어져야 이윤이 더 오르는 건가요? 아니면 상관없는 건가요? 돈 단위가 비트코인으로 돼버리니까 계산하기가 힘들어요.

정답은 비트코인 시세가 같이 오르면 이윤이 더 올라간다는 것이다. 대신 비트코인 가격이 내려가면서 비트코인 대비 시세도 내려가기 때문에 그만큼 더블로 내려간다. 폴로닉스의 알트코인들은 하이리스크 하이 리턴high risk high return이다. 가격이 하향일 때는 두 배로 잃고 상승할 때는 두 배로 번다.

이건 꼭 알아둬야 할 상식이다. 비트코인이 기축통화이기 때문에 생기는 일인데 폴로닉스뿐 아니라 비트렉스처럼 비트코인을 기준으로 삼는 곳은 모두 같다.

/

부의 편중이 심화되고 있다

비트코인은 돈을 만드는 데서 나오는 이득을 모두가 나눠가질 수 있도록 설계됐다. 비트코인 시스템을 관리하는 데 참여한 사람 모두가 비트코인을 만들 수 있기 때문이다. 비트코인을 만든 사토시 나카모토는 P2P 방식으로 사용자 모두가 돈을 발행하고 관리하는 분권화된 화폐 시스템을 만들고자 했다.

개인투자자들에게 암호화폐는 이제 '부의 재분배'가 이루어지는 마지막 기회라고 인식되고 있다. 그러나 실제로 부의 분배가 평등하게 이뤄지고 있는 건 아니다. 결과적으로는 오히려 기존 경제 시스템보다 더 부의 쏠림 현상이 심하다.

경제 웹진 《비즈니스 인사이더》는 전체 비트코인 사용자 100만

명 가운데 900여 명이 전체 비트코인의 절반을 갖고 있다고 보도한 바 있다. 시티그룹 통화분석가 스티븐 잉글랜더의 조사에 따르면 상위 0.1%가 비트코인의 50%를 갖고 있으며, 상위 1%는 80%를 갖고 있는 것으로 밝혀졌다. 2008년 서브프라임 모기지론 사태가 터지자 뉴욕 월스트리트에는 '1대 99'(1%의 가진 자와 99%의 못 가진 자라는 의미)라는 피켓을 든 사람들이 시위를 벌이기도 했다. 당시 미국에서 상위 1%가 차지하는 수입은 19.3%였다.

통계를 내보면 비트코인의 84%는 잠겨 있고 16%의 물량만 거래가 되는 것으로 분석된다. 전 세계에서 1천 명이 비트코인의 40%를 들고 있는데 이 사람들은 아마도 7원 정도 가격일 때부터 사모은 사람들로 짐작된다.

그러나 화폐는 중앙통제가 이루어지지 않으면 국가들이 인정할 수 없다는 것이 문제다. 그래서 비트코인의 창시자들이 생각해 낸 것이 바로 몸집 부풀리기와 금본위제의 모방인 것으로 생각된다. 이들은 짐작컨대 현 세계에서도 세계 경제를 좌지우지할 수 있는 힘이 있는 단체일 것이다. 그런 이유에서 비트코인은 생명 연장을 위해서라도 우상향을 계속할 것이라고 판단된다.

아이러니하게도 비트코인이 망할 수 없는 이유 중 하나는 국가 권력을 넘어서는 최고의 기득권자들이 만들어낸 코인이기 때문에 그들이 원하는 방향으로 비트코인의 위치를 가져갈 수 있다는 것이다. 그리고 한 가지 더 예상해 볼 수 있는 것은 비트코인은 사실상 코인이면서 경전과 같다는 것이다.

한 가지 더 얘기하면 비트코인 창시자인 사토시 나카모토中本의 이름을 풀이하면 '기원(근본)의 중앙으로 들어가다'라는 뜻이 된다. 암호화폐의 마지막 블록이 채굴되어 그 마지막 블록의 암호를 풀어낸다면, 아마 예언서 내지는 종교적인 관점의 그 무엇이 숨겨져 있지 않을까 생각한다.

그래서 나는 비트코인이 수많은 도전을 받겠지만 그렇다 해도 우상향할 것이라고 판단하며 틈만 나면 사람들에게 1만 원이라도 비트코인을 구매하라고 이야기하고 있다.

비트코인 비율 대비 투자법

비트코인 얘기를 하는 김에 나만의 독특한 투자법 한 가지를 알려드리려고 한다. 시가총액 탑 10위권에 있는 코인이라면 나는 비트코인 대비 비율을 매일 기록해 놓는다. A코인이라는 게 있다고 봤을 때 평소엔 8배였다가 어느 날 18배로 멀어졌다면 매수 시점이 왔다는 징조로 본다. 반드시 다시 8배 비율을 회복할 것으로 보면 틀린 적이 거의 없었다. 2017년 12월 말 시점으로 말하면, 지금까지는 그래왔다.

빗섬 내 알트코인들은 시가총액 1조 원 이상인 것들이기 때문에 일정 궤도에 들어선 코인이라고 볼 수 있다. 또 탑 20위 안에 있는 코인들이라면 비트코인이 오르면 그 가격을 따라가는 현상이 유독

강하다. 미리 얘기해 두지만 이 방법은 탑 20위 코인들에 한해서 유효하다.

2017. 12. 3 오후 9:30

시총 3,480억 달러(약상승) 비트코인 지분율 56.2%

비트코인 13,190,000원 이더리움 545,000 대시 904,200

라이트 117,100 이더리움클래식 34,200 리플 291

비트코인캐시 1,787,000 모네로 233,700 제트캐시 385,400

퀀텀 15,170 비트코인골드 375,100원

비트코인 대 이더리움 24배 비트코인 대 대시 14.5

비트코인 대 라이트 112 비트코인 대 이더리움클래식 387

비트코인 대 비트코인캐시 7.3 비트코인 대 비트코인골드 35.1

비트코인 대 퀀텀 869.4배

2017. 12. 4 오후 2:00

시총 3,450억 달러(약하락) 비트코인 지분율 56.1%

비트코인 13,450,000원 이더리움 543,000 대시 893,000

라이트 117,000 이더리움클래식 34,260 리플 290

비트코인캐시 1,790,000 모네로 232,000 제트캐시 383,000

퀀텀 15,000 비트코인골드골드 373,000원

비트코인 대 이더리움 24.7배 비트코인 대 대시 15.1

비트코인 대 라이트 115 비트코인 대 이더리움클래식 392.6

비트코인 대 리플 46,379 비트코인 대 비트코인캐시 7.5

비트코인 대 모네로 60 비트코인 대 제트캐시 35.1

비트코인 대 퀀텀 896.6 비트코인 대 비트코인골드 36.5배

2017. 12. 5 새벽 1:45

시총 3,480억 달러(376조 원) 비트코인 지분율 55.8%

달러 1,083원

비트코인 13,860,000원 이더리움 553,000 대시 893,000

라이트 121,000 이더리움클래식 34,100 리플 289

비트코인캐시 1,800,000 모네로 249,000

제트캐시 381,000 퀀텀 15,560원

비트코인 대 이더리움 25배 비트코인 대 대시 15.5

비트코인 대 라이트 114.5 비트코인 대 이더리움클래식 406.4

비트코인 대 리플 47,958 비트코인 대 비트코인캐시 7.7

비트코인 대 모네로 55.6 비트코인 대 제트캐시 36.3

비트코인 대 퀀텀 890배

2017. 12. 5 오후 11시

시총 3,540억 달러(383조원) 비트코인 지분율 56.3%

비트코인 14,250,000원 이더리움 549,000 대시 904,000

라이트 123,000 이더리움클래식 34,300 리플 289

비트코인캐시 1,810,000	모네로 272,000	제트캐시 383,000
퀀텀 15,640	비트코인골드 362,000원	
비트코인 대 이더리움 25.9배	비트코인 대 대시 15.7	
비트코인 대 라이트 115.8	비트코인 대 이더리움클래식 415	
비트코인 대 리플 49,307.9배	비트코인 대 비트코인캐시 7.87	
비트코인 대 모네로 52.39	비트코인 대 제트캐시 37.2	
비트코인 대 퀀텀 911.3	비트코인 대 비트코인골드 39배	

2017. 12. 7 오후 12:48

시총 3,940억 달러	비트코인 지분율 61.1%	
달러 1,092원(약상승)	금 시세 199,650원(약하락)	
비트코인 18,370,000원	이더리움 559,000	대시 890,000
라이트 126,000	이더리움클래식 33,800	리플 287
비트코인캐시 1,760,000	모네로 329,000	제트캐시 403,000
퀀텀 14,910	비트코인골드 331,000원	
비트코인 대 이더리움 32.8배	비트코인 대 대시 20.6	
비트코인 대 라이트 145.7	비트코인 대 이더리움클래식 543.4	
비트코인 대 리플 64,006	비트코인 대 비트코인캐시 10.44	
비트코인 대 모네로 55.8	비트코인 대 제트캐시 45.5	
비트코인 대 퀀텀 1240.8	비트코인 대 비트코인골드 55.5배	

기록을 보면 6월의 중국 자본 후퇴 후 일본 자금이 득세할 때와

거의 완전히 일치하는 상황이었다. 비트코인 지분율은 60%를 넘긴 적이 없다가 12월 7일 처음으로 60%를 넘어가면서 비트코인으로 자본이 쏠리는 상황을 감지할 수 있다. 이때 김프(김치 프리미엄의 줄임말. 한국만 가격이 높게 형성되는 현상)만 심하지 않다면 투자 적기로 판단한다.

비트코인의 선물거래 상장 이후부터는 '비트코인은 항상 전체 시장의 60%대 이하를 차지한다'는 원칙이 바뀔 가능성도 있지만, 알아둬서 나쁠 건 없다(2018년 1월 초 실제 40%까지 떨어지고 미국 자본으로 인해 알트코인들이 상승했다).

/

비트코인을 기축으로 사용하는 거래소

우리나라 거래소 빗섬, 코인원, 코빗, 코인네스트 등은 원화를 기축으로 한다. 반면 해외 거래소는 비트코인BTC 기축이 많다. '거의'라고 해도 이상할 건 없다. 이들이 거래소를 차리려면 원화 거래소보다 한 가지 더 필요한 것이 있다. 바로 일정량의 비트코인을 가지고 있어야 한다.

원화 거래소가 나쁘다는 것은 아니다. 빗섬은 원화 거래소이지만 엄청난 거래량을 가지고 있다. 그러나 거래소가 보유하고 있는 비트코인이나 자본이 많을수록 더 안정적이라고 볼 수 있다. 그러면 비트코인 기축은 투자에 어떤 영향을 미칠까?

예를 한번 들어보자. 비트코인이 620만 원 하던 시절에 CKT팀 한 명이 에이다ADA 코인을 구입했다.[1] 가격은 1ADA=0.000005BTC. 약 620만 원어치 샀다. 그리고 시간이 지나서 중국에서 공산당대회가 끝나고 시장이 팽창하기 시작한다. 에이다는 11월 1일 폭락을 했다. 0.00000475에서 0.00000347로 약 27% 하락했다. 구매했던 0.000005와 비교해 보면 30% 하락이다. 11월 25일까지 에이다는 0.00000360까지밖에 회복을 못한다.

하지만 어차피 장기투자로 생각했기 때문에 존버(버티기) 모드였는데, 11월 26일부터 폭등을 한다. 12월 4일 기준으로 0.00001158. 구매 당시 대비 사토시로 약 200% 정도 상승했다.

무심코 한화로 계산해 봤는데 잔고가 무려 1,300만 원 정도 됐다. 이것이 바로 비트코인 기축 거래일 때 알아야 할 점이다.

다음 기록을 보자.

ADA	BTC 갯수	한화 구입액	한화 가격
구매 당시	0.000005	620만원	31원
11/1	0.00000347	780만원	27원
구매 당시 대비 사토시 30% 하락, 한화 10% 하락			
11/25	0.0000036	990만원	36원
구매 당시 대비 사토시 28% 하락, 한화 16% 상승(?)			
12/4	0.00001158	1,350만원	156원
구매 당시 대비 사토시 약 200% 상승, 한화 약 500% 상승			

표기가 사토시로 되어 있으면 비트코인 가격에 영향을 받기 때문에 덜 하락하고, 더 상승하며, 하락했는데도 불구하고 현금화했을 때 이익이 나는 현상이 발생한다. 그러니까 해외 거래소를 이용할 때는 코인 구매단가를 한화로도 알아둬야 손절인지 익절인지 확인이 된다. 사토시는 올랐는데 비트코인 가격이 내려서 손절이 되는 상황도 발생한다.

업비트는 다행히 투자수익률을 환산해 주기 때문에 보기 편한 점도 있다. 그러면 암호화폐를 사고팔 때 비트코인과 원화 중 어느 쪽으로 사고파는 것이 더 유리할까? 사실 정답은 없지만, 나는 비트코인으로 사고파는 쪽을 추천하고 싶다.

2017년 9월 하락장 이후 시장이 안정권에 들어섰을 무렵부터 비트코인 가격은 하락 시에는 약하락, 상승 시에는 더 많이 상승하는 모습을 보이고 있다. 그리고 비트코인이 하락하면 다른 대부분의 알트코인도 상승세가 주춤하거나 같이 하락하는 모습이다. 다른 알트코인들은 모조리 놔두고 비트코인 혼자만 올라가는 모습도 종종 포착됐다.

비트코인은 하락장에서는 덜 하락하고 꾸준한 우상향을 하기 때문에 보유하고 있는 것이 정답이다. 더불어 현재 메이저 거래소들이 거의 비트코인을 기축으로 사용하고 있기 때문에 거래량은 증가할 수밖에 없다. 원화 거래자는 비트코인을 살 때 또 한 번 수수료를 내야 하는 단점도 있다. 반면 비트코인을 가지고 있으면 비트코인이 복제될 때마다 코인이 늘어난다는 장점도 있다.

현재 비트코인을 기축으로 쓰는 업비트는 예측이지만 국내 오픈 두 달 만에 빗썸을 제치고 전 세계 1, 2위를 다투는 거래소로 성장했다. 다만 업비트는 거래소 자료 제공을 하지 않았고 비트렉스가 업비트 거래량을 흡수한 것으로 보인다(원화 거래는 파악되지 않는다).

잠깐! 한 번 더 체크해 봐요!

업비트에서의 원화 · 비트 · 이더 · 달러 거래 2

많은 분들이 헷갈려 하는 부분이라 간단히 설명하고 넘어갑니다. 초보 분들을 위해 최대한 쉽게 설명합니다. 아는 분들은 그냥 넘어가시고 모르는 분들만 확인하시기 바랍니다. 업비트에는 총 4개의 마켓이 각기 따로 존재합니다.

원화 마켓, 비트 마켓, 이더 마켓, USDT(테더)마켓. 이렇게 기축이 4개이며 각각 다른 매수자와 매도자가 있습니다. 서로 아무런 관련이 없는 4개의 개별 마켓입니다. 간단히 말해서 같은 시장 안에 다른 가게라고 보면 됩니다. 그래서 각 마켓별로 원화 환산금액이 다른 겁니다.

다음은 리플을 예로 들어보겠습니다. 리플이 현재 이 4개 마켓에서 모두 거래되니 예시에 적당한 코인입니다.

같은 시간대에 동시에 창을 열어놓고 캡처한 것입니다. 동시간대 리플 1코인의 원화 환산금이 다음과 같습니다.

거래소가 달라서 1코인의 가격이 다르듯이 업비트 내의 마켓도 이와 같이 가격이 다릅니다. 다음은 각각 이 네 마켓이 어떻게 다르게 매매되는지 확인해 봅니다.

동시간에 캡처한 리플의 1시간봉 모습입니다. 각각 다른 마켓이기에 봉의 움직임도 각기 다릅니다. 이중 원화 마켓과 이더 마켓은 업비트의 단독 움직임이고 비트 마켓과 USDT 마켓은 비트렉스와 연동된 움직임입니다.

한마디로 원화 마켓과 이더 마켓은 업비트에서 거래하는 코인만 적용시킨 것이고, 비트 마켓과 USDT 마켓은 업비트와 비트렉스의 거래를 모두 합산한 것입니다. 다음은 합산한 것임을 증명하는 자료입니다.

앞의 그림은 리플의 업비트와 비트렉스의 1시간봉입니다.

비트 마켓은 비트 마켓대로 같은 봉의 움직임을, USDT 마켓은 USDT 마켓대로 같은 봉의 움직임을 볼 수 있습니다. 거래소는 다르지만 서로 체결된 내용을 합산해서 보여주는 것입니다.

서로 전송상의 시간 문제로 순서가 조금 다르긴 하지만, 서로 체결량이 같은 것으로 보아 업비트와 비트렉스의 합산은 맞는 말입니다. 이 부분은 많은 분들이 이미 알고 있지만 모르는 분들도 아직 많습니다. 자료를 보고 확인하십시오. 알고 계신 분들은 그냥 넘어가셔도 좋습니다.

그럼 다음은 우리가 가장 궁금한 내용입니다. 업비트 이용 시 원화와 비트, 이중 무엇을 기축으로 해서 알트코인을 구입할 것인가? 천천히 짚어보겠습니다.

다음은 제가 예전부터 구입한 에이다[ADA]의 숫자입니다(개인 보유의 물량 공개는 안 하기에 숫자를 임의대로 넣었습니다).

ADA 매수 123,456,789ADA 123KRW

ADA 매수 123,456,789ADA 0.123BTC

보면 아시겠지만, 저는 에이다를 원화로도 구입하고 비트로도 구입해서 현재 보유 중입니다(왜 각기 다른 기축을 이용해서 구입했는지는 아래에 설명합니다). 다음은 현재 제가 보유한 에이다의 평가금액입니다(아래 숫자도 편집함).

에이다 보유수량 편집

여기에서 이상한 부분이 있습니다. 각기 4개의 마켓이 존재하고 그중 2개의 마켓인 원화 마켓과 비트 마켓에서 각각 구입한 코인의 평가는 같이 합산되어서 적용된다는 겁니다.

우리가 알고 있는 상식대로라면 원화로 구입한 에이다는 원화로 평가되어야 하고, 비트로 구입한 에이다는 비트로 평가되어야 하는데 그렇지가 않습니다.

그리고 판매 시에도 상식과 다릅니다. 원화 마켓을 이용해서 산 코인도 비트 마켓에서 판매가 가능하고, 비트 마켓을 이용해서 산 코인도 원화 마켓에서 판매가 가능합니다.

어떤 마켓을 이용해서 구입하든 판매할 때는 4개의 마켓 중 어느 한 곳을 선택해서 판매할 수 있습니다. 단, 구입한 알트가 4개의 마켓에 다 상장된 경우여야 하겠죠. 리플의 경우 4개의 마켓에 모두 상장되었으니 원화로 산 비트를 원화, 비트, 이더, USDT로 모두 판매할 수 있었습니다.

그럼 제가 매도를 한번 해보겠습니다.

원화 마켓에서 매도

매수
매도
거래내역
주문가능
123,456,789 ADA
매도수량(ADA)
123,456,789
가능
매도가격(KRW)
582
주문총액
123,456,789,000 KRW
최소주문금액: 50000 KRW
수수료: 0.05%
초기화
매도

비트 마켓에서 매도

원화 마켓과 비트 마켓에의 판매가격이 다름

저의 모든 에이다(원화 마켓에서 구입한 수량 + 비트 마켓에서 구입한 수량)를 원화 마켓과 비트 마켓에서 전량 판매할 수 있었습니다.

다시 한 번 설명드리면, 비트로 산 코인도 팔 때는 원화로 판매할 수 있고, 원화로 산 코인도 팔 때는 비트로 팔 수 있다는 겁니다. 다만 주문 총액에서의 원화[KRW] 평가금액이 다릅니다. 여기서는 에이다에 대한 원화 평가금액이 원화 마켓에서 더 높습니다(앞의 그림 박스 부분).

그럼 결론을 내리겠습니다.

원화 마켓이나 비트 마켓이나 어떤 마켓을 이용해도 상관은 없습니다. 구매 시에는 가격이 싼 마켓을 이용하고, 판매 시에는 가격이 비싼 마켓을 이용하면 됩니다. 다만 수수료 부분이 다르므로 비교를 해봐야 합니다.

원화로 구매하거나 판매할 때는 한 번의 수수료를 내면 되지만, 구입 시 비트를 걸쳐서 알트를 구입하거나 판매 시 비트로 팔아서 다시 원화로 판매할 경우에는 두 번의 수수료를 내야 하는 것을 기억하기 바랍니다.

매수 시

① 원화 마켓 구입대금 + 수수료

② 비트 구입비 + 비트 구입 수수료+ 알트 구입비 + 알트 구입 수수료

①번과 ②번 비교 후 거래대금이 낮은 것으로 선택

매도 시

① 원화 마켓 판매대금 + 수수료

② 알트에서 비트로 판매비 + 알트 판매 수수료+ 비트에서 원화로 판매비 + 비트 판매 수수료

①번과 ②번 비교 후 거래대금이 높은 것으로 선택

업비트의 거래구조는 지금껏 우리가 알던 것과는 다른 방식입니다. 기존에는 원화로 구입한 알트는 원화로만 판매되었고, 비트로 구입한 알트는 비트로만 판매되었지만, 독특한 거래구조인 탓에 많은 분들이 혼돈하는 듯합니다.

업비트가 아닌 다른 거래소를 이용 시 비트로만 구입하고 판매를 한다면 다음과 같은 평가가 나옵니다.

비트로 구입한 알트는

알트 상승 + 비트 상승 = 더블 상승

알트 하락 + 비트 하락 = 더블 하락

알트 상승 + 비트 하락 = 상승분 – 하락분(이중 상승이 더 크면 상승, 하락이 더 크면 하락)

알트 하락 + 비트 상승 = 상승분 – 하락분(이중 상승이 더 크면 상승, 하락이 더 크면 하락)

알트 횡보 + 비트 상승 = 비트 상승분 적용

알트 상승 + 비트 횡보 = 알트 상승분 적용

알트 상승분과 비트 하락분이 같을 때에는 평가금 변화 없음

알트 하락분과 비트 상승분이 같을 때에는 평가금 변화 없음

하지만 업비트는 간단하게 말해서 4개 마켓 중 내가 구입할 알트가 가장 저렴한 마켓을 이용해서 구입하고(수수료 계산 필수), 판매할 알트의 가장 비싼 마켓을 이용해서 판매하면 됩니다(수수료 계산 필수).

그럼 계산기 두드리면서 꼼꼼하게 매매에 임하길 바랍니다.

최대한 쉽게 설명을 드린다고 드렸는데 이해가 되셨는지 모르겠습니다.

이해가 안 가는 분들은 여러 번 읽으시길 바랍니다.

모르겠으면 그냥 사서 1년 후에 보세요.

[정리] CKT팀 레드로즈

비트코인의
복제 또는 분열

비트코인은 오픈소스이기 때문에 복제가 가능하다. 그래서 하드포크Hardfork라는 것이 이루어졌는데, 이것은 세포분열이라고 생각하면 쉽다. 일명 '새끼 코인'을 만들어낼 수 있는 것이다.

비트코인은 가치 저장이라는 측면에서 의미가 있는 코인이다. 반면 몇 가지 단점을 가지고 있는데, 결제 속도가 느려서 사용이 많아지면 상당히 오래 기다려야 할 때가 있다. 전송 수수료도 비싸진다. 비트코인은 '탈중앙'이라서 채굴자들이 거래를 기록해 주는 분산원장 구조이다. 비트코인을 사용하는 모든 사용자에게 똑같은 내용이 담긴 거래 원장이 나뉘어 있는 구조인데, 결제 속도가 느리다는 것은 거래를 기록하는 속도(트랜젝션)가 느리다는 뜻이다. 이 문제를 해결하고 나온 것이 비트코인캐시다.

비트코인캐시는 비트코인 기반의 코인으로 순식간에 상장과 동시에 시가총액 5, 6위를 유지하다가 2위까지 올라갔고 2017년 12월 현재 3위 정도로 안착하는 성공을 거두었다.

/

5만 원 지폐가 있지만 1만 원 지폐도 필요하다

비트코인은 처음부터 2,100만 개를 채굴할 수 있도록 프로그래밍되었는데, 2017년 말 약 1,650만 개가 채굴되었다. 비트코인의 가치는 2009년 10월 5일 1비트코인을 기준으로 0.0008달러(약 0.9원)에서 출발하였다. 그 후 7년 만인 2017년 5월 25일 89만 원까지 폭등하여 기초가격 대비 무려 533만 배나 상승하는 기염을 토했다. 그 후 급등락 조정을 이어가던 비트코인은 6월 9일 1비트코인에 약 300만 원에 거래되었고, 11월 26일 처음으로 1천만 원을 돌파했다.

비트코인은 이제 '디지털 금'이라고 표현되고 있다. 금을 기축으로 하는 금본위제를 폐지하고 달러를 기축으로 하는 신용화폐 제도에 문제가 많이 발생하자 금본위제로 회귀해야 하나 생각하는 사람도 있었을 것이다. 그러나 기본적으로 금은 매장량에 한계가 있고 전 세계의 통화량은 늘어났기 때문에 금본위제로는 돌아갈 수가 없다. 이것을 보완하는 방법으로서 '디지털 금'의 정체성을 가지고 있는 비트코인이 주목받았을 것이다. 2,100만 개로 발행량에 제한이 있지만 오픈 소스라서 복제가 가능하다는 것이 바로 금과는 다른 점이다.

내 생각엔 2,100만 개로 희소성을 부여하면서도 지금 통용되는 화폐를 아우를 수 있도록 처음부터 쪼갤 수 있게 설계한 것 같다. 1억 원짜리 수표가 있으면 1,000만 원짜리, 100만 원짜리, 50만 원짜리, 10만 원짜리, 5만 원짜리, 1만 원짜리, 5,000원짜리 지폐도 생기도록 설계를 했다고 본다. 사토시가 8개로 쪼개져 있는 것은 그 의미가 아닐까. 비트코인이 100만 달러가 되면 그 밑은 10만 달러 또 그 밑은 1만 달러, 그런 식으로 화폐 발행이 될 수 있다는 것이다. 아직까지 아무도 그런 식의 주장을 하는 사람은 없지만 공부를 계속하다 보니 처음부터 그렇게 설계했을 가능성에 대한 생각을 지울 수가 없다.

또 금은 누가 많이 보관하고 있는지 정확한 통계를 낼 수 없지만, 비트코인은 화폐 발행을 정확한 수치로 표현해 낼 수 있기 때문에 비트코인이 금본위제를 대체할 수 있다고 생각하는 사람이 많다. 달러도 제로금리를 시작한 이후부터 구매력을 잃었고 가치가 떨어졌다. 전 세계적으로 대체자산인 비트코인으로의 이동은 시작된 지 이미 오래다.

비트코인의 세포분열이 가능한 것은 디지털 화폐이기 때문이다. 비트코인이 1,600만 개가 있으면 쪼개진 비트코인캐시도 1,600만 개가 만들어져 무료 지급되는 형태로 되어 있다. 비트코인을 갖고 있으면 하드포크된 비트코인캐시를 그냥 주는 것이다. 비트코인골드가 하드포크됐다면 역시 그것도 그냥 준다.

첫 번째 분열, 비트코인캐시

중국의 우지한은 채굴계의 워렌 버핏 같은 사람이다. 비트코인의 채굴은 처음에는 일반 컴퓨터로도 가능했지만 점점 난이도가 높아졌는데, 우지한은 성능 좋은 ASIC 채굴기라는 것을 만들어서 기업형 채굴을 하기 시작했고, 동시에 이 채굴기를 팔기도 했다.

비트코인 개발자들은 비트코인의 느린 결제 속도를 해결하기 위해 비트코인 거래를 외부에서 처리하는 방식을 도입하기로 했는데, 우지한을 포함한 채굴업자들이 여기에 반대해 2017년 8월 하드포크를 실시한 것이 바로 비트코인캐시다. 기존의 블록체인 체계에서 문제점을 개선하고 새로운 방식의 블록체인으로 변경한 셈인데, 발행량도 역시 2,100만 개로 같다.

처음 비트코인캐시가 나왔을 때는 비트코인의 대항마로서 대척관계에 있는 것처럼 보이기도 했다. 그러나 결국은 양쪽이 윈윈하는 것으로 결론을 냈다고 본다. 비트코인은 '금'의 자리로 보내고 비트코인캐시는 지불수단으로, 즉 '캐시(cash, 현금)'로 자리매김한 것이다. 채굴장도 하지만 ASIC 채굴기를 판매하는 우지한은 결제를 비트코인캐시로만 받는다. 우지한은 알리바바와 함께 중국 정부가 밀어주는 기업가로 보이는데, 자신의 채굴기로 채굴할 수 있는 코인이 가격 상승을 해야 채굴기가 많이 팔릴 것이기 때문에 비트코인캐시의 가격에 영향을 주고 있는 것으로 짐작된다. 우지한이 만들어낸 중국 코인이기 때문에 한때 비트코인캐시를 중국 기축통화로 사용하려고 한다는 찌라시가 돈 적도 있다.

두 번째 분열, 비트코인골드

2017년 10월, 또 한 번의 하드포크로 비트코인골드BTG가 탄생한다. 비트코인골드는 홍콩의 비트코인 채굴업체 라이트닝에이식스LightningASIC가 주도하는 것으로 기존 채굴 방식에서 벗어나 그래픽 카드로 개인의 채굴이 가능하도록 한 것이 특징이다. 만일 비트코인골드를 지원하는 거래소에서 비트코인을 가지고 있었다면 동일한 양의 비트코인골드를 무상으로 지급받았을 것이다(에어드롭).

비트코인을 2017년 7월 말부터 구매해서 11월까지 보유하고 있었다고 해보자. 당신의 지갑에 있는 자산의 가치는 '비트코인 가격 + 비트코인캐시 가격 + 비트코인골드 가격'이다. 이것이 바로 비트코인을 들고 있으면 벌어지는 일이다.

암호화폐 시장의 실제 지배율을 볼 때 비트코인 가격만 본다면 그것은 허수다. 어차피 비트코인은 하나를 사면 1+1+1을 주는 코인인 것이다. 비트코인이 쪼개지면 비트코인은 힘을 잃을까? 그럴지도 모르겠다. 그러나 내 생각에는 비트코인의 정통성을 등에 업고 채굴의 막바지라는 희소성을 안고 다시 우상향한다는 것이다.

비트코인골드도 결국은 비트코인 가문의 힘을 빌어 시가총액을 잠식해 10위권에 올랐다. 이것은 자본가들의 논리이고 이런 일들의 반복으로 인해 비트코인은 계속 상승할 것이다.

/

비트코인골드, 러시아 거래소 상장

비트코인골드를 가장 먼저 상장한 곳은 러시아 거래소 요빗yobit이다. 한국 거래소 유빗youbit과는 다르니까 헷갈리면 안 된다. 요빗이 거래를 시작하면서 비트코인골드는 100만 원 상당의 가격을 형성했다.

러시아는 자국 코인을 만든다고 발표를 했기 때문에 이제는 비트코인이 크게 힘을 쓰지 못한다. 이것은 푸틴이 이더리움의 창시자 비탈릭을 만난 후부터 급격하게 진행되었을 것이고, 비탈릭과 연관이 있거나 조언해 준 코인 쪽으로 방향을 잡았을 것으로 생각된다. 따라서 러시아는 비트코인을 내보낼 시기를 보다가 비트코인골드를 지급받은 후로 선택을 한 것으로 보인다. 비트코인을 좀 더 고점에서 처리하기 위한 전략일 것이다.

이런 이유로 당시 비트코인은 잠시 가격이 하락하는 모습을 보였다. 그러나 러시아 쪽 역시 비트코인 보유 물량을 정확히 알 수 없기 때문에 그에 따른 눈치 싸움은 치열했을 것이다. 게다가 비트코인 가격이 출렁이면 저점에서 받으려고 대기 중인 수요는 많기 때문에 가격 조정은 잠시 있을지라도 점진적으로는 우상향이 되고 만다.

나는 비트코인을 메인으로 가지고 있으면서 알트코인도 역시 사모으는데, 이걸 아는 까페 회원들이 "비트코인골드 매수하셨어요?" 라고 묻곤 했다(2017년 12월 말 시점의 이야기다). 대답은 "노[No]"다. 이유는 비트코인골드를 비관적으로 보기 때문이 아니다. 구매 시점에 관한 문제다. 여기에 대해서는 3장에서 본격적으로 이야기하겠다.

비트코인골드 이후로도 11월에 비트코인다이아[BCD]가 하드포크되었고, 비트코인갓(12월 25일, 크리스마스 선물이란다)의 하드포크가 예고되었다.

이더리움 기반 코인과 다크 코인

러시아 출신 캐나다인으로 1994년생인 비탈릭 부테린은 컴퓨터에 빠져 있는 청소년이자 해커였던 시절에 암호화폐에 관심을 가지게 되었고, 비트코인을 보면서 좀 더 나은 암호화폐를 만들고자 이더리움을 개발했다고 한다.

비트코인과 이더리움의 차이점은 적용 범위에 있다고 볼 수 있다. 비트코인이 화폐라면 이더리움은 다양한 애플리케이션의 확장까지 고려한 것이다. 《테크크런치》가 공식 홈페이지에 올린 표현에 의하면 이더리움은 '프로그램을 할 수 있는 컨트랙트 그리고 돈'programmable contracts and money이다.

일반적으로 블록체인은 보안성이 매우 뛰어나다고 알려져 있지만, 블록체인 관련 서비스는 실제로 몇 차례 대규모 해킹을 당한 적이 있다. 그중 가장 큰 사건이 이더리움에게 큰 시련을 안긴 'The DAO 해킹 사건'이다.

DAO란 탈중앙화된 분산자율조직을 말하는데, 스마트 컨트랙트를 기반으로 하는 이더리움의 지향점을 실제로 구동시키기 위한 것으로, 중앙 주체가 없이 참여자들이 모여 제안과 투표를 통해 자율적으로 의사결정을 하고 운용되는 조직이다. 참여자들은 DAO 토큰을 구매해서 DAO 펀드에 투자한다. 일종의 크라우드 펀딩 같은 기업운영 플랫폼인 셈이다.

그리고 The DAO는 DAPP(스마트 컨트랙트로 구현한 애플리케이션) 서비스인데, 여기에는 DAO 토큰의 구매를 위해 지불했던 이더리움을 환불받는 기능이 있었다. 그런데 일정 시간이 지나야 반환 요청이 처리되는 결함을 해커들이 파고든 것이다. 결국 이더리움 총 발행량의 15% 이상이 해커의 손에 들어가고 시가총액 2조 원을 넘어 상승하던 이더리움은 시가총액 절반 이하로 급락하고 만다.

그 해결방안으로 이더리움 재단은 압도적인 지지를 받고 하드포크를 단행한다. 기존의 것에서 업그레이드를 하는 소프트포크에 비해 하드포크는 블록체인을 업그레이드하면서 원본을 떼어내 독립시키는 방식이다. 이 과정에서 반발하여 기존의 것을 그대로 사용하겠다고 나온 것이 이더리움클래식[ETC]이다.

이더리움은 신 체제, 이더리움클래식은 구 체제

여기서 헷갈릴 수 있는 것이 있다. 비트코인이 하드포크되고 새롭게 탄생한 것이 비트코인캐시, 비트코인골드인 것과 달리, 이더리움 하드포크 과정에서 새롭게 탄생한 것은 이더리움이다. 이더리움클래식은 하드포크에 반발해서 이전의 블록을 그대로 사용하고 있는 코인이다. 하드포크의 감행으로 폐기되었어야 할 이전의 블록체인이 다시 활성화된 것이기 때문에 이 얘기를 처음 들은 사람이라면 의아해할 수 있다.

개인투자자 입장에서는 순수하게 기술적인 면만 볼 수 없는 것이 바로 이런 이유에서다. 힘의 논리로 변화하는 시장 상황은 개인투자자에게 큰 손해를 끼칠 수도 있기 때문이다. 이더리움클래식은 한마디로 중국색 코인이다. 중국 시장이 크게 흔들릴 때마다 가장 많이 등락하는 코인이며, 중국 내에서 보유물량이 가장 많은 코인이기도 하다.

이더리움은 2017년 12월 23일 현재 시가총액 2위의 코인이다. 가장 안정적으로 오르고 있는 알트코인이지만, 가장 치명적인 약점이 무제한으로 채굴된다는 점이었다. 희소성이 약해서 가격 경쟁에서 밀린다는 점을 보완하기 위해서 이더리움 측은 발행량 9,800만개를 넘긴 이후로, 채굴로 코인을 얻는 POW[Proof of work](작업증명) 방식에서 이자 지급 개념인 POS[Proof of stake](자산증명) 방식으로 전환한다고 발표했다. '많이 기여할수록 많이 받는다'는 개념에서 '많이 가지고 있을수록 많이 받는다'는 개념으로 전환하는 것이다. 이로써 '기술코인의 원조', '기술코인의 넘버원'이라는 타이틀을 다시 한 번 밀어볼 수 있는 입장이 되었다.

한편 이더리움클래식도 12월 13일 하드포크 일정을 발표하면서 발행량을 무제한에서 2억 3천만 개로 한정시키고 보상을 500만 블록마다 20%씩 감소시킨다는 내용을 공표했다. 희소성의 가치를 부여해 가격 상승을 노리는 것이다.

네오, 이더리움 기반의 중국 첫 ICO 코인

네오NEO는 앤트코인이라는 이름으로 나왔다가 개명한 코인이다. 이더리움 기반으로 중국에서 ICO를 했던 코인으로 처음에 600% 성장을 이루면서 주목받았던 코인이다.

《테크크런치》는 네오를 '중국 시장의 이더리움'이라고 표현하기도 했다. 중국색이 짙은 탓에 네오는 9월 중국발 악재에 가장 큰 영향을 받았지만, 한때 시가총액 5위까지 갔던 코인이다. 2017년 12월 23일 현재 시가총액 14위의 코인이다.

네오는 이름을 개명한 뒤에 8배 상승한 전력이 있고, 또 네오를 보유하면 하루에 1,000개당 0.5가스GAS를 배당금으로 지급한다는 것 때문에 가격이 급격하게 상승한 바 있다.

네오의 창립자 다홍페이[dahongfei]는 중국 온체인[ONCHAIN] 사의 CEO이며, 온체인사는 블록체인에 대해 중국 국가 표준을 승인받은 최초의 기업 중 하나이다. 네오의 총 발행량은 1억만 개로, 일단은 여러 조건을 두루 갖춘 코인으로 미래 전망까지 좋다고 할 수 있다.

다만 흔히 말하는 중국색 코인으로 네오, 퀀텀, 라이트코인은 전부 같은 궤도를 그린다. 중국 코인이라는 특성상 중국 시장이 문을 닫으면 가장 큰 피해를 본다. 네오블록체인회사는 중국 규제로 제일 먼저 해외로 이전한 1호 회사인데, 한동안 회복을 못했으니 억울할 따름일 것이다. 그러나 중국이 암호화폐 시장에서 발을 뺀 것이 아니기 때문에 한국 상장 이슈가 있다거나 하면 가장 먼저 주목을 받을 코인임에는 틀림없다. 별면 페이지에 네오는 왜 한국 상장을 하지 못했는지를 다룬 짤막 콩트가 있으니 재미로 즐겨주기 바란다.

빗섬 내 다크 코인 3종

빗섬 내 코인 중에서 '다크 코인'이라 불리는 대시, 모네로, 제트캐시 3개를 살펴보려고 한다. 《테크크런치》의 표현을 한번 옮겨적어 본다.

대시[DASH]: 개인정보 보호에 중점을 맞춘 비트코인의 클론

모네로[XMR]: 개인정보 보호적인 다지털 캐시

제트캐시ZEC: 개인정보 보호적인 디지털 캐시

대시는 무기 거래에 결제수단으로 쓰이는 코인이라고 이야기되고 있고, 모네로는 마약 거래에 결제수단으로 쓰인다고 알려진 코인이다. 제트캐시(지캐시라고도 한다)를 포함한 이 3개의 코인은 익명성이 보장된 거래 추적이 불가능한 코인이다. 왜 '다크 코인'이라고 부르는지 이제 짐작했을 것이다.

한편 약간 특이한 점을 보자면 우리나라 전체 암호화폐 시장 코인 중 다크 코인 비율은 3%도 안 되는데, 빗섬에서의 비중은 30%다.

/

다크 코인을 시장 논리로 풀어보면

나는 다크 코인에 대한 정의를 조금 다르게 내린다. 코인은 원래 그 자체가 모두 다크한 성격이 있다. 비트코인도 해커들의 입금 수단으로 쓰이기도 하고, 마약 거래의 신종 결제 수단으로 쓰이기도 한다. 결국 어느 정도의 다크성(익명성)은 모두 존재한다. 다음 기록을 보자.

2017. 11. 17. 1:16

시가총액 6위 대시

발행량 769만 개 비트코인 대비 비율 18.08배

시총 32억 달러

시가총액 8위 모네로

발행량 1,535만 개 비트코인 대비 비율 61.63배

시총 18억 8,000만 달러

시가총액 16위 지캐시

발행량 263만 개 비트코인 대비 비율 45.04배

시총 7억 8,500만 달러

이미 암호화폐 거래를 하고 있는 사람이라면 다크 코인을 보면서 다른 코인들과 뭔가 다른 점이 있다는 것을 느낄지 모르겠다. 장점이야 모두가 익명성이 있다는 것이고, 대시는 마스터 노드 기능, 제트캐시는 비트코인과의 연동 등 기술적인 부분은 얼마든지 차별점이 있다. 그러나 나는 항상 경제적인 측면과 시장 논리로 해석하는 입장이다 보니 다른 이야기를 하려고 한다.

공통점을 살펴보면, 시가총액 20위 안에 있는 어느 코인보다도 채굴량이 현저하게 낮다는 점이다. 이것은 시장 논리에서 엄청난 가치를 부여받는다. 희귀성과 익명성이라는 장점으로 인해 암호화폐 시장이 커지면 커질수록 가치를 부여받을 확률이 높다고 본다. 이것은 기술적인 측면에서의 가치 판단보다 클 것이라고 생각한다. 더불어 대외 정세가 불안할 때마다 다크 코인의 상승을 부추길 수 있다는 점을 주목하기 바란다.

대시는 채굴 방식에다가 전자지갑에 이자를 넣어주는 방식이 복합되어 있기 때문에 채굴하여 물량을 시장에 내놓지 않고 보유하다

가 가격 상승이 올 때 시장에 푸는 현상이 자주 나타난다. 제트캐시를 제외하면 희소성도 가장 크다. 가격적 매력이 있을 때 구매해 놓으면 장기투자 종목으로 손색이 없다. 무기 거래량이 느는 시점을 매매 타이밍으로 본다.

대시와 제트캐시는 같은 선상에 놓고 구매를 판단하고, 모네로는 아프리카나 남미 쪽 정세 불안 등의 상승 요인을 기다려야 하기 때문에 좀 지루할 수 있다.

세계 정세와 다크 코인의 상관관계

다크 코인은 대외정세, 국가간의 상관관계를 봐야 한다. 북한이 계속 도발을 하면 암호화폐 시장을 키우는 촉매제가 된다. IS 테러 등 국제 정세가 불안할 때도 성장세를 보인다.

대시는 2017년 8월 이후 엄청난 상승률을 기록했는데, 이때의 꾸준한 상승률은 대시가 유일하다. 9월의 중국발 하락장도 유일하게 버텨낸 코인이 대시이고 이후로도 꾸준한 우상향이다. 그런데 이때는 북한이 핵 문제로 가장 시끄러웠던 때와 같은 시기다. 북한의 핵무기 위협이 바로 대시와 비트코인의 가격 상승을 계속해서 부추기는 소스로 상용되고 있다는 점을 여기서 처음으로 포착할 수 있었다. 대시는 테러나 전쟁과 궤도를 같이 한다. 처음부터 국가간의 무기 거래에서 대금결제로 쓰일 수 있도록 맞춰져서 탄생한 코인이라고 생각된다.

그동안 대시가 무기거래에 사용된다는 점은 루머만 있었을 뿐이고, 한동안은 전쟁 뉴스가 나와도 큰 변화가 없는 경우도 있었다. 그러나 2017년 11월 이후 코인 시장이 실물 경제에서 인정받는 분위기로 흐른 뒤부터는 전쟁 뉴스가 나올 때마다 가격이 올라서 이제는 이 부분에 대해 이견이 없어졌다.

우리나라에도 범죄자들이 비트코인으로 자금세탁을 하고 있다는 의혹을 충분히 품어볼 수 있다. 각 도시마다 비트코인 거래소라는 것이 등장했는데 본 사람도 있을 것이다. 이게 과연 거래소인 걸까? 처음에는 불법적인 일로 벌어들인 비트코인을 현금화하기 위해서 거래소를 찾았겠지만, 이제는 암호화폐 시장이 커지면서 거래소에서 개인 지갑간 이동으로 쉽게 불법자금을 서로 교환하는 장소로 쓰이고 있을지 모른다. 자금이 이동하면서 완전한 익명성이 부여되고, 사설 거래소에서는 개인간 환전을 해주고 수수료를 많이 받을 수 있다. 암호화폐는 사실 우리 곁에 훅 들어와 있는 것이다.

이젠 알아차렸을 것이다. 암호화폐 시장의 투자에서 대외정세, 정치, 경제, 사회, 역사를 알지 못한 채 남들보다 앞서나갈 수는 없다.

잠깐! 웃자고 하는 얘기

모나리자는 어떻게 세계 1위 방송국에 섭외되었나

개인정보 보호를 위해 익명을 사용합니다.

2017년 11월 현재 '모나리자'라는 배우의 한국 TV 출연 상황입니다. 당시 모나리자는 출연자 리스트에 없었습니다. 왜냐하면 C급 배우였기 때문입니다. 시청률을 높이려면 A급을 섭외해야죠. 모자리자는 그렇게 주목받는 배우도 아니었습니다. 어둠의 배우로는 이미 대씨라는 배우도 있고, 네옹, 큐통, 오미제고, 아이오팅이라는 배우들이 캐스팅 대기 상태였습니다. 이유는 당시 오미제고, 네옹 등은 시청률 폭등으로 몸값을 엄청나게 끌어올렸고, 해외 1위 공중파에서 시청률 탑 5 안에 있었습니다. 그리하여 국내 공중파 빅1의 캐스팅 1순위였죠.

그러나 네옹, 큐통, 오미제고, 아이오팅은 세계 빅1 공중파에서 출연이 고사되었습니다. 왜냐하면 대북 정세, 중국 사드보복 문제로 정치적으로 대치 관계인데, 제 아무리 세계 최고의 방송국이라 해도 국가의 뜻을 반하고 중국 배우 큐통, 네옹 같은 중국 배우를 출연시킨다는 것은 상상할 수 없었기 때문입니다. 우리나라는 아직 분단국가이지 않습니까. 그런데다가 오미제고는 일본 배우입니다. 반일 감정 등 여러 가지 요소가 있는데, 공중파에서 출연을 시킬 수가 없습니다.

무엇보다 우선 왜 저 배우들이 유망했는가 알아보겠습니다. 해외 방송업체도 시청률 없이는 의미가 없으니까요. 시청률 1, 2, 3위라면 당연히 수익률을 계산해 보고 구미가 당길 수밖에 없습니다. 공중파 TV 드라마에서 특A급 배우가 나오는 게 시청률이 좋을까요, 아니면 C급 배우가 나오는 게 시청률이 좋을까요? 그런 관계로 중국 배우, 일본 배우들과 많은 이야기가 오가고 출연이 확실시되었던 것입니다.

그러나 아시다시피 전부 출연 불발되었습니다. 그러면 방송국은 발등에 불이 떨어졌죠. 드라마는 해야 되는데 주인공이 없으니까요. 이때 발 빠르게 움직인 것이 모나리자라는 배우였죠. 자, 생각을 해보자구요. 세계 1위 방송국에 출연을 한다면? 본인이 엔터테인먼트 업체 사장이라면 어떤 식으로든, 무슨 짓을 해서라도(돈 거래나 내부거래 등의 옵션 조건을 걸든) 출연시키려고 하지 않을까요? 출연만 시킨다면 엔터테인먼트 업체는 모나리자라는 배우를 세계 탑으로 만들 수 있습니다. 이렇게 발 빠르게 움직인 모나리자와 엔터테인먼트 업체 사장은 결국 세계 1위 시청률 업체 간판 드라마에 주인공으로 낙점이 되었습니다.

그리하여 이 엔터테인먼트 업체는 세계 16위에서 8위까지 오르게 됩니다. 하지만 4부작 연속방송을 했음에도 불구하고 결국 시청률은 곤두박칠

치고 말았죠. 이것이 바로 세계 유명 배우 네옹, 큐통의 국내 방송 출연 불발 스토리입니다.

그리고 큐통은 다행히 중국이 아니라 싱가포르라는 이중 국적을 내세워 국내 2등 방송국에 기습 드라마 출연을 합니다. 그러나 이 또한 불방이 되죠. 이유는 안테나(계좌 개설) 미설치로 시청자 확보를 하지 못한 탓입니다. 역시 큐통 배우도 최악의 시청률을 기록하고 존버 중입니다.

이 이야기는 국내로 오지 못한 1급 배우들의 뒷이야기입니다. 혹시나 다른 뜻으로 받아들이는 분은 없길 바랍니다.

시가총액 1조 원이 넘는 빗섬의 코인들

빗섬 내 12개 코인들(2017년 12월 23일 기준)은 시가총액 1조 원 이상의 코인들이라서 알트코인에 투자할 생각이 있다면 반드시 알아둬야 하는 코인들이다. 앞서 비트코인과 함께 비트코인캐시, 비트코인골드를 설명했고, 이더리움과 이더리움클래식, 네오를 설명했다. 다크 코인으로 대시, 모네로, 제트캐시도 소개했다. 여기서는 리플, 라이트코인, 퀀텀, 이오스에 대해서 집중 조명해 보겠다.

코인 4종 정리

첫째, 리플은 이더리움과 함께 한국인들이 가장 좋아하는 코인이 됐다. 거래량을 늘리는 것도, 가격 펌핑도 모두 한국인들이 만들어냈다. 그렇다 보니 한동안 '리플은 위험하다', '고층아파트와 같아서 한번 올라가면 못 내려온다'는 이미지가 사람들의 뇌리에 박혀 있었다.

리플은 분산원장 방식이 아니라 '리플랩스'라는 운영 주체가 발행하고 유통시키는데, 한번에 1,000억 개가 발행된 상태다. 금융 송금 시스템을 위해서 탄생한 것으로, 내 강의를 들으러 오는 분 중에 은행원이 많은 이유는 바로 이 리플 때문이다. 은행원들은 대량해고 가능성을 감지하면서 암호화폐 투자에 참여하고 있다.

둘째, 라이트코인은 중국의 비트메인이 판매하는 ASIC 채굴기로 채굴하는 코인이다. 비트코인 대비 4배 빠른 전송 속도를 표방하고 나왔다. 개발자인 찰리 리는 비트코인을 처음 만들었을 때부터 코어 진영 소속이고 비트코인에 있어서 가장 큰 영향력을 행사하는 거래소인 코인베이스 창립 멤버다. 가격 방어가 좋지만, 단점으로 가격 상승이 잘 안 된다는 특징이 있다. 미국 거래소 코인베이스에서 유일하게 달러로 살 수 있는 3개 코인(비트코인, 이더리움, 라이트코인) 중 하나다.

셋째, 퀀텀은 큐텀이라고도 부르는데, 대표적인 중국색 코인이다. 중국 코인은 비트코인 대신 비트코인캐시, 이더리움 대신 네오, 라이트코인 대신 퀀텀으로 대비되는 이미지다. 퀀텀의 가격이 상승하면 이더리움클래식이 따라잡으려고 뒤따라 상승한다는 법칙이 있다.

퀀텀은 산업 전반에 이용되는 것으로 댑DAPP을 만들 수 있는 기술

기반이다. 비트코인과 이더리움의 장점만을 결합한 기술 집약 코인으로, 얼마 전 가격이 폭등한 '메디블록'은 병원, 의료기기 쪽으로 사용하고 있다.

넷째, 이오스는 2017년 12월 18일 현재 아직 ICO 중인 특이한 토큰인데, 한때 비트렉스에서 상장 폐지되었다가 빗섬에 상장되었다. 이것은 중국 자본 비율이 높다는 것을 의미한다. 후원자는 이소래로 알려져 있다. 이오스 개발자는 스팀STEEM 코인을 만든 댄 라리머라는 사람이다.

이오스는 좀 특이한 것이 ICO 가격이 현 시장가보다 비쌀 때도 있다. ICO는 2018년 6월까지인데, 이더리움으로 투자 모집을 한다. 이더리움의 투자 500만~900만 개가 이오스 ICO에 들어갈 전망이라서 이오스를 통해 비트코인에 이어 이더리움까지 지배하려는 움직임이 아닌가 하는 생각을 해봤다.

기술적인 부분에서 투명하지 못한 상태여서 개발자 팀원조차 공개하지 않고 있고 "댄 라이머가 하니까 돈을 모아 달라"는 식의 비이상적인 모금 형식을 보이고 있다. 댄 라이머는 스팀 가격을 담합하고 펌핑해서 개인투자자에게 덤핑으로 넘기고 있는 모습이 포착된 전례가 있어서 우려가 되는 면이 있다.

그러나 이오스에 대한 코인베이스의 우호적인 견해와 이소래, 댄 라리머가 참여한다는 화제성이 있고, 2018년 6월 ICO가 끝나면 임시 발행 상태의 토큰을 진짜 코인으로 바꾸는 메인넷 일정 등으로 인해 투자자에게 매력적인 코인이 될 수 있다.

/

다른 관점, 금은 복본위제

금은 어떻게 돈이 되었을까? 반짝거리고 예쁜데, 흔하지 않으니까 다들 갖고 싶었을 것이다. 그러다가 금 주인은 쌀이 필요해서 금과 쌀을 교환하게 된다. 이렇게 물물교환을 하면서 돈이란 개념이 생긴다. 무언가를 살 수 있는, 또는 교환할 수 있는 모든 것은 돈이 될 수 있지만, 희소성이 있고 유통기한 없고 보관이 쉬워야 한다. 금화는 휴대가 편리했기 때문에 대표적인 돈으로 자리매김한다.

화폐 이야기는 1장에서 얘기한 대로다. 시장에 금이 많이 풀렸지만 물가상승으로 필요한 금은 더 많아진다. 그러다 보니 휴대하기도 힘들고 보관도 점점 어려워진다. 그래서 금 보관소가 생겨난다. 보관소 주인은 금을 보관해 주고 대신 보관증을 써주는데, 나중에는 사람들이 보관증만으로 매매를 하기 시작한다. 이것이 '화폐'의 탄생이다. 그리고 금 보관증을 화폐로 만든 것이 금본위제다.

이렇게 돈과 화폐는 다르다. 우리가 살고 있는 현대는 금본위제가 아니라 신용화폐 제도로 운영되고 있다. 가장 힘이 세다는 나라의 신용을 '금'으로 치고, 그 나라 화폐를 숫자화한 '보관증'을 기축통화로 삼고 있다. 신용은 가치로 나타낼 수 없기 때문에, 보관증이 많이 나왔다 적게 나왔다 해도 맞는지 틀린지 알 수가 없다. 쉽게 말하면, 돈의 가치가 기축통화 발행국에 의해 변동되고 있다는 말이다. 이것이 경제 버블을 만들고 지금까지 우리가 시장경제의 위기에 처해 있는 이유다.

특히 일본의 어떤 기업은 '화폐'를 꽤 많이 벌었지만, 화폐의 변동성에 의해 큰 타격을 입었다. 아마도 금본위제였다면 많이 벌어놨던 화폐는 보관된 금으로 교환할 수 있었고, 금은 어딜 가나 가치 있는 것이었으니까 타격을 입을 염려는 없었을 것이다.

누군가는 꽤 오랜 시간 동안 안정감 있게 시장을 유지시킨 금본위제를 그리워하는 의견도 내보이겠지만, 지금 금본위제로 돌아가면 나라간의 화폐가치 조정과 임금 조정 등 부작용이 만만찮다. 거기다 중국이 금 보유량이 가장 많아서 중국이 최대 강국으로 부상하는 걸 원치 않는 사람들 때문에 어느샌가 비트코인이 수면 위로 떠오른 것이다.

암호를 푸는 프로그램을 가동하여 비트코인을 얻는데, 그것을 마이닝mining(채굴)이라고 한다. 채굴량은 한정되어 있는데, 2,100만 개의 채굴이 모두 끝나면 채굴이 더 되게 하거나 채굴이 안 되게 하는 등 조건이 변할 수 있지만, 한 사람의 결정이 아닌 여러 단체의 합의로 이루어진다. 비트코인은 휴대와 보관이 큰 문제가 되지 않고, 현물 화폐와 교환이 가능하다.

여러모로 비트코인은 금과 비슷한 면이 꽤 있다. 그리고 비트코인은 채굴기와 컴퓨터 그리고 전기만 있으면 어느 나라에서나 어느 사람이나 획득이 가능하고, 직접 보관해도 큰 무리가 없기 때문에 보관소와 보관증 같은 건 필요없다. 즉, 돈(금)인 동시에 화폐다. 거기다 멀리 있는 사람과의 교환까지 더해져서 금보다 좋은 점이 더 많다.

이런 비트코인의 특징들을 봤을 때 어쩌면 개발자는 현재 금본위제로 돌아갔을 때 생기는 부작용과 한계점을 보완할 수 있는 '새로운 금'을 창조해 낸 것이 아닐까 싶다. 거래소를 통해 거래되는 비트코인의 가치가 각국의 화폐로 매겨지다가 어느 순간 프리미엄과 가격 변동이 적어지는 순간이 온다면, 그때야말로 본격적인 새로운 화폐 제도가 시작되는 게 아닐까 상상해 볼 수 있다.

한 가지 아쉬운 점은, 이미 비트코인의 80% 이상이 한 세력에 의해 보유되고 있다는 것이다. 그러나 최대 보유세력도 이미 추적이 어렵도록 여러 곳으로 나눠놓는 등 비트코인의 가치가 올라가는 데 방해되지 않으려고 노력하는 중이라고 해석된다. 그것은 그들 역시 비트코인을 금으로 만들고 싶기 때문이 아닐까.

다만 비트코인의 수량이 모든 시장의 화폐를 커버할 수 없으니까 그 다음 수단으로 하드포크를 이용해 모자란 화폐의 양을 채우려는 시도가 일어난 것으로 본다. 바로 금은 복본위제의 부활이다. 금본위제가 아닌 복본위제複本位制(두 가지 이상의 금속을 본위 화폐로 하는 제도)의 부활이라면 여러 가지가 시도될 것이다. 이 부분을 생각하면 알트코인에 관심을 가지지 않을 수가 없다. 내가 개인투자자들에게 부를 축적하는 방법을 강의하기 시작한 것도 이 대목에 이유가 있다.

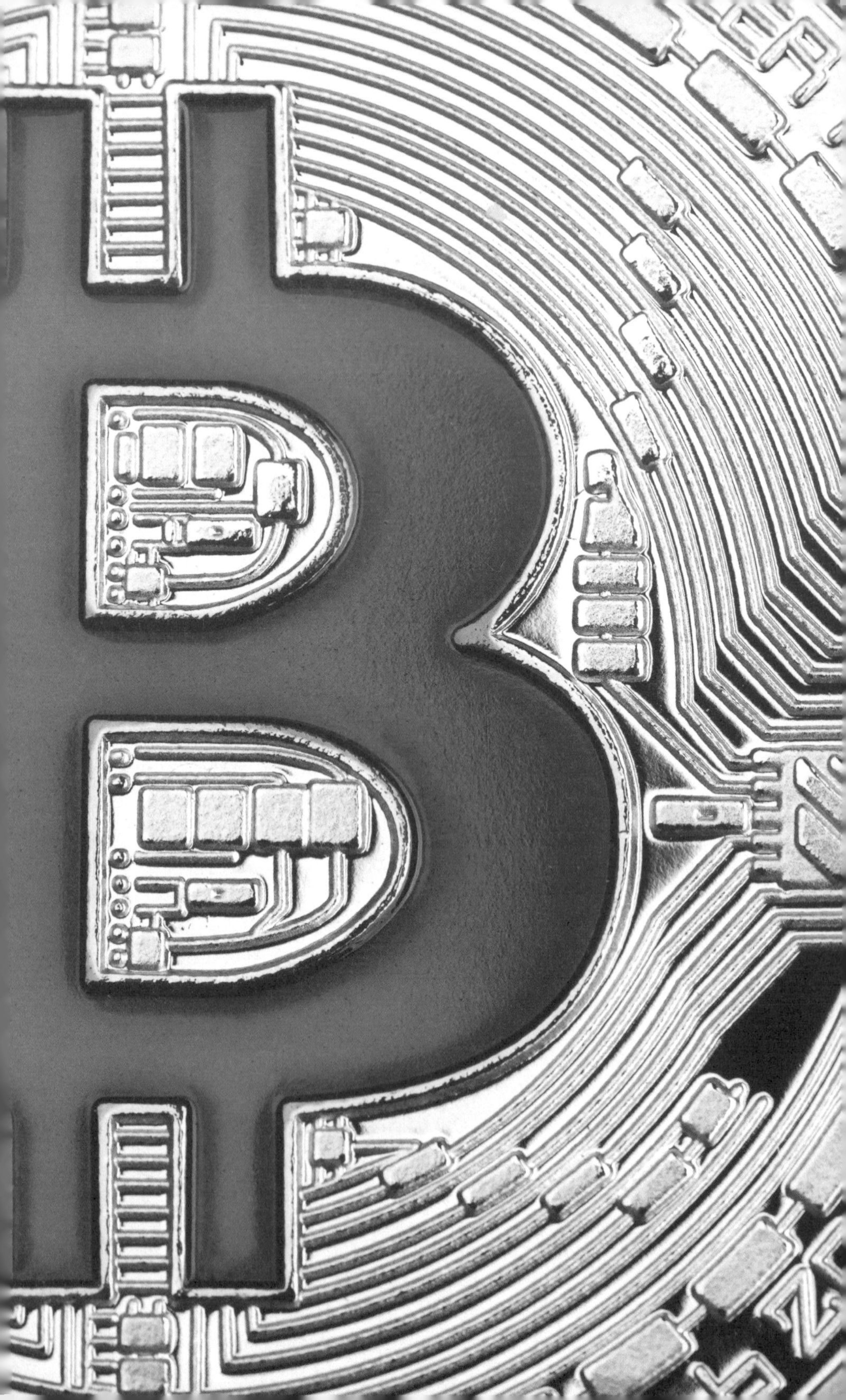

3장

코인 거래를 위한 실전 투자법

CRYPTOCURRENCY

나만의 투자 원칙을 세워라

달러를 기축으로 하는 지금의 현물화폐는 수명을 다해가고 있다. 비트코인은 그것을 대체할 화폐로 등장했지만 아직은 현물 시장을 모두 커버하기에는 시가총액이 많이 모자란 상태다. 지금까지 비트코인 가격 추이가 우상향해 온 것처럼 나는 비트코인이 궁극적으로는 1억 원을 돌파할 것으로 본다. 1억 원이 되어도 2,100만 개니까 전 세계 화폐의 10% 정도 수렴하지 않을까 싶다.

2017년 8월만 해도 비트코인 가격이 500만 원을 넘어설까 궁금하다며 너무 비싸서 못사겠다는 사람이 많았는데, 2017년 11월 1,000만 원을 넘고 12월 2,000만 원 고점을 뚫었다. 암호화폐 시장의 가능성을 깨닫고 투자에 뛰어들겠다고 결심한 사람이라면 이제부터 정신 바짝 차리고 시장 동향과 국제 정세와 암호화폐 기술에 대해 잘 알아들을 수 있도록 공부를 해야 한다. 좋다더라는 남의 말에 휩쓸려 '투기'하다가 자기자본이 털리더라도 그 책임은 온전히 자신의 몫일 뿐이다.

내가 권장하고 싶은 것은 3가지 관점의 투자를 병행하는 것이다. 첫째, 미래를 위한 장기투자가 최우선 원칙이다. 둘째는 위험을 줄여주는 분산투자다. 셋째, 수익을 극대화시키는 핫hot한 알트코인을 찾아내는 것이다.

장기투자는 최우선 원칙이다

안전 투자를 위해서는 비트코인과 비트코인 복제 코인들을 포트폴리오 상단에 놓고 나머지 웬만하면 시가총액 10위 안에 있는 코인들에 투자하기를 권한다. 아직까지 투자자의 봄날은 1, 2년 남았을 것으로 본다.

장기투자의 주 종목은 안전자산으로 비트코인에 70% 정도를 돌려놓기 바란다. 나머지 30% 정도는 10배, 100배를 노려볼 수 있는 투자를 해도 좋다. 아직 1, 2년 동안은 알트코인들도 성장률이 100%는 물론 1000%도 가능하니까 ICO 참여도 좋고 높은 투자수익률이 예상되는 알트코인을 구매해 보는 것도 좋은 방법이다.

그렇지 않고 나는 큰돈을 벌기 위해 100배, 200배짜리만 노려서 몰빵을 하겠다고 해버리면, 나중에 비트코인이 1억 원이 됐을 때는 너무 비싸서 살 수가 없다. 지금 코인 시장은 마치 예전의 강남 땅 투기 현장과도 같은 양상을 보이고 있다. 다만, 다른 점이 있다면 강남 땅은 쪼개서 살 수 없지만 비트코인은 쪼개서 살 수 있다는 점이다. 0.0001비트코인부터 살 수 있기 때문에 1만 원만 있어도 투자는 가능하다. 내가 쪼개서라도 비트코인을 갖고 있으라고 자꾸 권하는 이유는 서민들도 부담 없이 투자가 가능하기 때문이다. 그러면 비트코인캐시 같은 복제 코인이 나왔을 때 하나를 갖고 있지 않더라도 쪼개진 만큼이라도 준다. 100분의 1만 갖고 있어도 100분의 1만큼 무상으로 주기 때문에 비트코인은 미래에 언젠가 나올 복제 코인들의 가치까지 수렴하고 있는 것이다.

처음에는 복제 코인들에 거품이 껴서 100만 원, 200만 원이 될 수 없다고 하는 사람들도 있었지만, 결국엔 2017년 12월 25일 기준 비트코인캐시는 시가총액 3위, 비트코인골드는 시가총액 11위가 되었다. 비트코인을 갖고 있으면 내 자산이 불어난다는 것이 이미 사람들의 인식에 확고히 자리잡았다. 그것 때문인지 상위 3%의 사람이 비트코인의 84%를 보유하고 있는 상황이다. 앞으로 이런 부의 쏠림은 더욱 커질 가능성이 크다.

코인 거래에 동참하기 위해서는 우선 거래소에 회원 가입을 하고 계좌를 만든 다음 투자금을 준비해 둔다. 그 다음은 어느 코인을 구매할 것인지를 정해야 하고, 어느 가격에 구매할 것인지 고려해야 한다.

일단 코인 시장은 장기적으로 우상향이다. 우리나라에서 거래량

1위 거래소인 빗섬의 코인들은 모두 시가총액이 1조 원 이상인 우상향 코인이라 차트 분석은 자세히 알지 못해도 큰 지장은 없다. 저점에서 그때그때 매수 타이밍을 잡으면 된다. 내가 이 책에서 설명하는 투자법도 차트를 분석하는 기술적 트레이딩이 아니다. 어떤 분은 나의 강의를 듣고 '인문학으로 이해하는 암호화폐 투자 분석'을 한다는 평을 하기도 했다.

적어도 3개월은 기다려라

"내가 사기만 하면 떨어지고 내가 팔기만 하면 올라간다"는 사람이 있다. 초보라면 단타성 트레이딩은 절대 하지 마라.

많은 사람들이 어떤 코인이든 어느 정도 올라가는 모습을 지켜보면서 고민하다가 진입한다. 그런데 그렇게 하면 이미 타이밍이 맞지 않는다. 매수했다가 가격이 떨어지면 불안해서 매도하고, 그러고 나면 가격이 다시 올라간다. 공부를 하지 않으면 코인에 대한 확신이 없고 왜 가격이 올라가는지 모르기 때문에 정확한 판단을 할 수가 없다.

그러나 어차피 비트코인이든 다른 코인이든 고점에 매수했다 하더라도 들고 있으면 결국엔 언젠간 오른다. 지금까지는 코인 투자에 매도는 없다고 봐도 틀리지 않다. 하락장도 오긴 하지만 대체로 3개월 안에는 다시 가격을 회복하기 때문에 시선을 멀리 두고 투자해야 한다. 다만 실제로는 하락장일 때 그걸 견딜 수 있는 멘털을 가지고 있느냐 하는 문제가 있다. 2017년 2월, 3월만 해도 이더리움의 가격은 1만 원대였다. 2017년 12월 이더리움의 가격은 100만 원을 오르내린다. 꼬마빌딩을 사모으듯이 구매하고 당분간 잊어버려도 좋다.

환율거래의 하루 시장 규모는 최소 3천조 원에서 최대 7천조 원이다. 달러, 엔화, 위안화의 유통기한이 다 하고 환율 시장이 점차 암호화폐로 몰려든다고 생각해 보라. 단타성 투자로 적게 먹고 크게 손해 보는 길로 굳이 가겠다고 해도 내가 말릴 방법은 없다.

후회하지 않는 나만의 구매법

나는 상승장에서는 절대 확신할 만한 근거가 없으면 구매하지 않는다. 그래서 며칠 동안 구매 내역이 없을 때도 있다. 투자를 쉬는 것도 좋은 투자법이다.

그러나 하락장이 오면 그날 시세를 보고 구매 구간을 설정한다. 원하는 구매금액의 오차 범위 3% 안에서만 구매를 진행하며 가격을 보자마자 바로 들어가지 않는다. 오늘 만약 비트코인이 내가 생각한 적정가 범위 안에 들어왔다면 1차로 투자금의 20%를 구매한다. 예를 들어 1차 490만 원에 샀다면 2차로 460만 원에 30%, 3차로 410만 원에 20%를 구매한다. 그리고 나머지 30%는 현금 보유를 유지한다.

평소에 코인들의 적정 매수단가를 정해놓고 거기에 해당하는 투자금도 항상 준비해 놓는다. 그 금액은 비상시가 아닌 이상 절대 그 코인에만 사용한다.

투자자 입장에서 어느 코인이 당장 나에게 이익을 가져올 것인가 판단하려면 평소에 공부를 철저히 해둬야 한다. 앞으로 국가 발행 코인이 나타나거나 대기업 자본이 들어오면 알트코인 중에는 살아남지 못하는 것이 있을지 모른다. 화폐는 기본적으로 쓰이지 않으면 사장되는 것이다. 커피숍에서 아메리카노를 주문하고 짐바브웨 달러 1억짜리를 내밀면 '얜 뭐니?' 하는 시선이 바로 날아올 것이다. 주식이 하루아침에 휴짓조각이 될 수 있듯이 갑자기 어느 날 100만 원짜리 코인이 1,000원으로 추락해 버릴 수 있다. 벤처 버블 때처럼 한번에 거품이 꺼질 것을 대비해 우리들이 해야 할 일은 힘의 논리에서 살아남을 코인들을 알아보고 구매하는 것이다. 성장할 수 있는 코인들을 구매해 자산을 증식하는 것이다.

/

하락장이 왔을 때 코인 개수를 늘려라

당신이 언제 투자를 시작했든 하락장은 반드시 온다. 그리고 하락장에서 버티기('존버한다'고 말한다)를 하면 반드시 수익을 얻는다. 한화로 환산된 나의 자산금액만 확인하지 말고 코인 개수가 늘어나는지를 확인해야 한다. 차트를 보면서 동향을 반드시 살펴야 한다. 코인 개수만 까먹지 않으면 반드시 돈을 벌 것이다.

우선 비트코인은 반드시 가지고 있어야 한다. 다른 알트코인을 구매하려면 그 코인이 상장되어 있는 거래소에 계좌를 하나 더 만들어야 하는데, 전 세계에서 대부분의 거래소가 비트코인을 기축으로 사용한다. 한국에서만 가격이 높게 형성되는 김치 프리미엄('김프'라고 줄여 말한다)를 감안해서 미국 거래소 비트렉스나 홍콩 거래소 비트파이넥스에서 비트코인을 보유하고 있으면 된다.

예를 들어 이오스EOS를 구매하고 싶은데 우리나라에서는 15,000원인데 비트렉스에서는 6달러다. 그럼 어디서 사야 할까? 당연히 비트렉스에서 사야 된다. 이오스를 구매하려면 비트코인으로 지불해야 하니까 우리나라 거래소에 있는 비트코인을 비트렉스로 보낸다. 그런데 김프가 30%인 바람에 전송이 며칠씩 걸리고 수수료도 붙는다. 그러면 소용이 없다(2018년 1월 현재 바이낸스, 비트렉스에서 상폐되었다). 다시 말하지만 암호화폐 투자를 시작했다면 비트렉스나 비트파이넥스에서 비트코인을 보유하고 있어야 한다(물론 역프리미엄일 때는 코인을 보내놓는 투자전략도 필요하다).

위험을 줄여주는 분산투자

분산투자는 리스크를 줄이기 위해 여러 코인을 분할 매수하는 것을 말한다. 2017년 8월까지만 해도 분산투자는 큰 의미가 없었다. 그때까지는 비트코인이 떨어지면 모든 코인이 떨어지고, 비트코인이 오르면 모든 코인들이 조금씩이라도 오르는 양상이었다. 이런 시장에서는 분산투자가 큰 의미는 없다.

그런데 이후로는 양상이 조금씩 달라지기 시작했다. 비트코인 혼자 무한정 오르기도 하고, 4개 코인은 상승했으나 3개 코인은 하락하는 모습이 포착되기도 했다. 분산투자는 이제 반드시 적용해야 할 원칙이 되었다. 특히 방향성이 완전히 다른 코인이 있다. 이더리움과 비트코인캐시가 그렇고, 라이트코인과 비트코인캐시도 점점 다른 양상을 보이고 있다.

코인 거래에서 위험이라 하면 대표적으로 가격이 떨어져서 손절하는(손해 보고 파는) 상황이다. 장기투자로 가져간다면 상장 폐지(상폐) 외에는 위험이 없겠지만 기회비용을 잃게 되는 측면은 있다. 그리고 주식처럼 매도가 끝나고 현금화해야만 수익 실현이라고 볼 수도 있지만, 실제 화폐로서 쓰일 것을 감안한다면 현금화하지 않고 사모으면서 기다리다가 추후에 부동산 거래를 할 때 쓴다든지, 냉장고를 바꿀 때 쓸 거다 생각하는 것도 가능하다.

그동안 내가 사모은 비트코인과 알트코인들은 5억 원의 가치 상승을 가져다주었다. 내가 현금화했던 경우는 두 번 있었다. 한 번은 290만 원에 매수한 4비트코인을 500만 원일 때 팔았다. 또 한 번은 비트코인캐시를 매도했다. 당시 비트코인을 갖고 있어서 하드포크된 비트코인캐시를 받았는데, 한 거래소당 하나씩 주는 것이 원칙이었다. 그런데 그때 사람들이 몰랐던 것이 있다. 그저 개인별로 비트코인을 갖고 있다는 것을 증명하기만 하면 비트코인캐시를 지급하는 것이었는데, 스냅샷 찍는 타이밍이 거래소마다 달랐다. 한 거래소에서 4비트코인을 보유하고 있었는데 스냅샷이 끝나고 다른 거래소로 보낸 뒤에 그곳에서 비트코인캐시 4개를 또 받았다. 당시에 스냅샷 시간이 서로 달라서 가능했던 일이다. 그렇게 3군데에서 12개 받은 것을 보유하고 있다가 상승장에서 100만 원에 매도했다. 그렇게 1,200만 원을 현금화했다.

운이 작용하는 단타법

고수가 아니라면 단타성 트레이딩은 하지 말라고 했지만, 그래도 말을 듣지 않는 분은 분명히 있을 것이다. 그래서 최소한의 안전장치로 단타(단기투자) 기법 한 가지를 알려드리려고 한다.

우선 핸드폰 사용은 추천하지 않는다. 컴퓨터에 거래소 매수매도 창 두 개를 열어서 양쪽에 놓는다. 예를 들어 오늘 가격 변동이 리플XRP이 심한 것이 포착됐다. 그런데 지금 가격대는 1,250원이다. 여기서 더 내려오면 사고 싶다. 이럴 때 최대한 보수적으로 1,232원에 걸어본다. 가격 변동이 심하니까 노려봄직하다. 그리고 하나는 최대한 공격적으로 1,245원 지점에 매수를 걸어놓는다. 일명 분할매수를 하는 것이다.

이럴 때 먼저 1,245원이 걸리고 운좋게 1,232원이 매수된 다음에 뛰는 경우가 종종 있다. 이때 리플이 1,240원에 자리를 잡아버리면 평균단가로 이득을 보는 경우가 나온다. 매수도 분할매수, 매도도 분할매도다.

그러면 매도할 때를 생각해 보자. 1,260원에 팔고 싶은데 안 올라온다. 그런데 지금 안 팔면 떨어질 것 같다면, 1,259원에 하나 걸고 로또 사는 셈 치고 1,270원에 하나 걸어놓는다. 1,259원은 금방 체결될 것이고 널뛰기 장에서 운좋게 1,270원으로 한 번 가주고 쭉 밑으로 흐를 때가 있다. 이때 운좋게 걸려서 팔아치우는 기술이다.

이렇게 창을 두 개 쓰는 연습을 꼭 해보기 바란다. 그런데 장기투자라면 이런 기술은 필요가 없다. 그저 돈 있을 때마다 적금 들듯이 하나씩 사모으는 재미는 아는 사람만 안다. 이것이 진정한 타짜의 기술이다. 변칙적인 기술은 보기엔 화려하지만 절대적 승리의 기술은 아니다. 기본기가 있는 기술은 화려하지는 않지만 확실히 승리를 안겨다주는 기술이다.

/

심리게임에서 이기는 투자원칙

트레이딩에 있어서 가장 중요한 것은 무엇일까? 차트도 아니요, 호재나 악재도 아니요, 바로 심리다. 자신의 심리적인 부분을 컨트롤하지 못하면 수익을 낸다 해도 그것은 곧 무너져내릴 허상이다. 나의 경우에는 항상 염두에 둬야 할 투자원칙으로 다음 6가지를 주의하고 있다.

첫째, 포지션을 잡는다. 거래에 운용하고 하는 투자금을 장기, 단기로 나누어서 포지션을 먼저 잡는다. 나는 장기투자에 70%를 배정하지만 비율은 개인마다 다르게 할 수 있다. 자신이 정한 목표와 원칙에 따라 50%로 정하거나 또 다르게 조정하면 된다. 장기투자에 들어갈 때는 코인의 가치와 발전가능성을 충분히 분석해 보고, 이미 어느 정도 오른 코인이라면 가격 조정이 올 때를 매수 시점으로 잡는다. 만약 오르지 않은 코인이라면 전체 차트에서 저점이라고 평가되는 지점에 진입하면 된다.

단기투자를 할 때에는 나머지 투자금액에서 40% 40% 나누어서 하기를 권한다. 진입한 지점에서 패닉셀(급락할 때 개인투자자들이 당황해서 매도하는 상황)이 올 경우, 평균단가를 낮추어 손해 없이 나올 수가 있고, 다른 코인이 상승하는 상황에 대응할 수 있다. 단기투자를 들어갈 때에는 진입하고자 하는 코인의 지점이 어디인지 먼저 파악을 한다. 가격이 오르고 있다고 쫓아가지 말고, 한 템포 쉬었다가 조정이 들어가는 지점에서 매수를 하는 것이 현명하다. 추격 매수를 하는 사람은 조정이 오면 곧 손절한다. 꼭대기에 절대 진입하지 말라는 것이다.

둘째, 목표 계획을 잡는다. 장기투자를 할 때에도 목표수익률을 정하고, 단기투자를 할 때에도 목표수익률을 정한다. 트레이딩에 있어서 중요한 것은 꾸준한 수익이지, 하루아침에 얻는 일확천금이 아니다. 갑자기 얻은 일확천금은 허상이 될 가능성이 상당히 높다. 로또에 당첨됐다는 사람들이 정상적인 생활을 영위하지 못하는 것과 같은 맥락이다. 데이 트레이딩에 있어서 가장 이상적인 수익률은 3%다.

셋째, 선동글인지, 정보글인지 내가 선택한다. 가끔 커뮤니티 게시판을 보면 선동꾼을 욕하기도 하고, 정보글을 욕하기도 한다. 자신의 이해관계에 따라 댓글의 성격이 달라지기도 한다. 그렇지만 선동글이 때로는 정보글이 될 수도 있으며, 정보글이 때로는 선동글이 될 수도 있다. 다른 사람들이 올리는 글은, 그냥 흘려듣고 본인이 분석하는 데에 참고만 한다. 왈가왈부할 시간에 공부나 더한다.

넷째, 손해본 원금에 집착하지 않는다. -50% 손해가 났다면, 반드시 +50%가 될 수 있는 시장 흐름이 온다. 원금에 집착하면, 마인드 컨트롤에서 패배한다.

다섯째, 트레이딩 시간 외에는 일상을 충실히 보낸다. 트레이딩은 조용한 곳, 집중할 수 있는 곳에서만 한다. 그리고 트레이딩 시간 외에는 일상으로 돌아간다. 워렌 버핏도 주식투자에서 강조했던 원칙이다.

여섯째, 공부하고 또 공부하라. 자본의 흐름을 보여주는 것이 차트다. 사람들의 거래 흔적이 남아 있는 것이 차트다. 가격과 거래량을 함께 체크한다. 기본적인 것들은 책을 사든, 동영상 강의를 보든 돈을 들여서라도 배워라. 손실을 방어할 수 있다.

잠깐 이건 알아두세요!

초보 투자자를 위한 매수 방법

일단 처음 코인 시장을 들어오면 빗썸 코인을 먼저 보게 된다. 그런데 빗썸에는 있지만 업비트에는 없는 코인은 이오스밖에 없다. 나는 빗썸에 있는 코인은 업비트와 중첩되어도 빗썸에서 구매한다. 평시장에는 업비트가 프리미엄이 붙지만 탄력받아서 상승장으로 갈 때는 빗썸 시세가 먼저 가기 때문이다. 그래서 빗썸이 단 1%라도 상승 구간일 때는 나에게 더 수익을 준다.

반면에 빗썸에 없는 코인을 구매할 때 업비트를 사용한다. 자, 그러면 업비트에 있는 코인 구매를 설명한다.

업비트에 처음 가입했다면 어떤 코인이 좋은지 모른다. 초보일 경우 이럴 때 접하게 되는 것이 카페 내 정보로 올라온 코인일 것이다. 이 중에서 5가지로 구매 목록을 추린다. 에이다, 리피오, 리플, 큐텀, 이더리움, 비트코인캐시 등으로 추렸다고 치자.

이럴 때 어떤 식으로 구매를 하느냐에 따라 사자마자 오르느냐 하락하느냐가 결정된다. 만약 사자마자 하락하면 대부분의 초보 가입자들은 손절을 해버리고 만다. 물론 처음부터 차트를 보고 분석을 잘할 수는 없을 것이다. 이럴 때 쉽게 할 수 있는 투자법이 어제 대비 무조건 하락한 코인만 구매하는 것이다.

우선 1만 원씩만 5가지 관심 코인을 구매한다. 그런 후 내 보유 코인을 지켜보면 신나게 올랐다 내렸다 할 것이다. 만약 내가 50만 원을 가지고 코인 시장에 참여한다고 했을 때 각 시드머니의 배분은 일정 비율로 10만 원으로 해본다. 일단 1만 원은 각 코인을 구매했기 때문에 각 9만 원이라는 투자금이 남는다.

그때부터 1시간 이상가량을 본인이 구매한 코인이 하락할 경우 비율을 나눠서 1만 원씩 9번도 좋고 3만 원씩 세 번도 좋고 하락일 경우만 구매를 한다. 그런 이후 시드머니를 다 소진한다면 거의 대부분 상승 국면으로 돌아서 있을 것이다. 왜냐하면 카페에서 소개된 코인 정도면 미래의 시장 가치성이나 시가총액 순위 또는 호재 일정들이 남아 있는 코인들이 당일 소개되는 경우가 많기 때문이다.

그럼 1차 구매를 했는데 상승할 경우는 어떻게 할까? 이럴 경우는 한 번만 더 구매를 한다. 1만 원이든 3만 원이든 구매 가격은 본인이 스스로 정하면 된다. 그리고 나머지 시드머니의 경우는 하락장을 대비해 현금 보유로 남겨둔다. 이런 식으로 구매하는 경우 대부분 전체 하락장이 아니고서는 손해 보고 시작하는 경우는 드물다.

예를 들어 내가 2018년 1월 5일 현재 SNT 구매를 이런 식으로 들어갔다. 1.42% 상승이다. 물론 다시 하락 추세로 돌아선다면 바로 재구매를 할 것이다. 몇% 하락일 때 구매를 진행할 것인가 하면 1시간 동안 체크하고 가장 하락이 컸던 구간쯤에 예약매수를 걸어두면 된다.

이런 식으로 아직은 본인이 어떤 코인이 좋은지 모른다면 카페나 커뮤니티에 집중적으로 소개되거나 입소문이 난 코인을 구매한다. 이때 반드시 분할매수하고 하락 지점에서만 구매를 하고 상승이 완연하다는 판단일 때는 한 번 정도만 더 구매를 진행한다.

이렇게 하면 초보들이 첫 투자의 감을 잡는 데도 좋을 것이다. 시장이 보이고 수익률이 좋은 사람은 몰빵도 하는데 삼가시길 바란다. 나도 몰빵은 안 한다.

그런데 장기투자에서의 전환은 어떻게 할까. 자신이 구매를 진행할 때 정한 수익률에 다다랐고 매도를 원한다면 전체 물량 중 80%만 매도한다. 나머지 물량은 장기투자로 전환하며 이 물량이 하락 추세에 접어들면 처음 설명한 것과 같이 시드머니를 배분하여 추가매수를 한다. 그러면서 장기투자 코인을 늘려가는 전략으로 투자를 진행한다.

비트코인을 보면
알트코인이 보인다

코인 거래소는 24시간 연중무휴이기 때문에 암호화폐 시장은 현물 화폐보다 훨씬 시간이 빠르게 흐른다. 자고 있을 때는 대처가 안 된다는 점 때문인지 그동안 암호화폐 시장은 주식 시장보다 단기투자가 많다는 특징을 보이기도 했다. 24시간 장이라는 점에 대비하기 위해서 나는 원하는 금액까지 오르면 자동으로 매도가 되도록 예약 매도를 걸어놓곤 했다. 최소한의 안전장치를 하는 것이다.

이제부터 시장의 변화를 가장 손쉽게 체크할 수 있는 몇 가지 방법을 소개하려고 한다. 나만의 독특한 방법이지만 많은 분들이 유용하게 쓰고 있다.

비트코인 지분율을 확인하라

기본적으로 암호화폐 시장에서 비트코인이 오르면 알트코인도 오르고, 비트코인이 내리면 알트코인은 두 배 이상 금액이 내린다. 알트코인 투자자들은 비트코인이 올라가도 결국엔 손해를 보는 경우도 있다. 물론 장기투자 관점에서 저점에서 매수했다면 상관없다.

국내 1위 거래소 빗섬은 시가총액 1조 원 이상의 코인들 12개만 거래되고 있기 때문에 전체 시가총액 중 비트코인이 차지하는 비율을 계산해 보면 시장에 들어와 있는 자금의 성격을 파악할 수 있다. 2017년 말 현재 지금까지의 데이터로 봤을 때 중국 자금이 국내에 가장 활발하다고 판단했을 때의 비트코인 지분율BTC Dominance은 48~52%였다. 일본 자금이 득세할 때는 61%까지 갔다. 일본인들의 '비트코인 사랑'을 감안하면 수치가 올라가는 것은 자연스럽다. 자금이 섞여 있을 때는 보통 55% 정도라고 본다. 이것보다 비정상적으로 낮아지면 위험한 장이라고 판단했다. 그러나 비트코인 선물거래 상장 후에는 미국, 일본, 중국 자금이 섞이면서 연말 연초에 비트코인 지분율이 33%까지 내려가기도 했다.

/

비트코인 지분율을 바라보는 다른 시각

비트코인은 세그윗2x(업그레이드)에 관한 이슈가 있다. 비트코인은 트랜잭션(전송 속도) 문제가 있다 보니까 약 1MB의 용량인 블록의 거래장부에서 약 60%의 용량을 차지하는 서명을 분리하여 용량을 더 확보하자는 세그윗Segwit을 주장하는 부류가 생겨났다. 세그윗2x는 서명을 다른 곳에 저장하는 것이 아니라 아예 블록 한도를 2MB로 늘리자는 주장이다.

이런 이슈가 있을 때 가격이 상승하기도 하는데, 비트코인을 만약 2017년 7월에 구매해서 12월까지 보유하고 있었다면 비트코인의 가격은 '비트코인+비트코인캐시+비트코인골드'의 합계 가격일 것이다. 이것을 진짜 비트코인의 비율이라고 보기도 한다. 비트코인 패밀리를 합해서 비트코인 지배율을 따지는 것이다.

비트코인은 구매하면 1+1+1이 되는 코인이기 때문에 힘을 잃을 가능성은 거의 없다. 비트코인의 정통성을 등에 업고 하드포크로 분열된 코인이 하나 더 생길 때마다 시가총액을 차지하고 시장의 지배를 늘려가고 있다. 시장을 판단할 때 개미투자자의 논리로 생각하면 비트코인과 비트코인캐시는 싸우는 형국이지만, 자본가의 시선으로 빙의해서 보면 조금 다르게 보인다. 이미 상위 3%가 84%의 비트코인 물량을 보유하고 있다는 걸 기억하기 바란다.

비트코인의 보유자들은 현실 화폐에서도 돈의 권력을 휘두르는

자들일 것이다. 비트코인에는 채굴의 한계가 있다. 그러면 비트코인의 채굴이 끝나는 시점에 그들이 원하는 것은 어떤 모양새일까? 시장 지배율 50%를 원할까, 아니면 그 이상을 원할까? 2017년 초에 비트코인의 시장 지배율은 80%가 넘어갔다.

아무리 비트코인이 대장주라고 해도 모든 화폐를 커버할 수는 없다. 그러면 어떤 일들을 벌일 수 있을까? 바로 세포분열이다. 비트코인만 보유하고 있으면 자동으로 분열을 해서 또 다시 시가총액을 잠식해 들어가 시가총액 탑 10위권으로 들어갈 확률이 엄청나다. 비트코인이 분열됐다고 해서 가격이 하락한 적은 없다. 오히려 더욱 우상향한다. 분열되어 나온 코인도 금수저 집안의 세력을 등에 업고 시가총액을 금세 늘려 시장을 지배한다.

그리고 2018년은 비트코인 탄생 10주년이 된다. 세계 경제는 버블의 역사로 성장해 왔다. 3차 산업혁명, 4차 산업혁명은 3차 경제 버블, 4차 경제 버블이다. 죽은 사람에게까지 대출을 해줄 때 과연 미국 정부는 모르고 있었을까?

코인은 무엇일까? 기술일까? 화폐일까? 지금 우리가 쓰고 있는 지폐는 종이인가? 돈인가? 인쇄활자의 발명도 당시로서는 인터넷에 버금가는 혁명이었다. 우리가 쓰는 종이돈은 화폐의 가치를 위조 방지 인쇄기술 안에 담은 것이다. 게다가 돈은 점점 쓰이지 않고 있다. 한국은행 총재도 '동전 없는 사회'를 만들겠다는 이야기를 한 적이 있다. 동전 주조에 비용이 너무 많이 들어가기 때문이다. 우리가 주로 쓰는 돈은 그저 통장 위에 찍힌 '숫자'인데, 지금은 통장도 점점 사라지고 있다. 주로 인터넷뱅킹으로 무통장 거래를 하는 우리들에게 이미 돈은 은행 서버 안에 담겨 있는 그저 '숫자'다. 이제 화폐의 가치는 은행 서버 대신 다른 기술에 담기려 하고 있다. 기술은 어차피 다음 진보된 기술에 잡아먹히고 그 시간은 점점 짧아지고 있다.

전 세계 화폐 시장에 얼마의 돈이 유통되고 있을까. 로스차일드 가문은 5경 이상의 돈이 있다고 추정하는 글이 있다. 5경은 도대체 얼마일까. 1,000조의 50배 규모가 5경이다. 지금 암호화폐 시장의 시가총액은 2017년 12월 600조 원이 넘었다. 우리나라 1년 예산이 400조 원이다. 암호화폐 시장이 거대하다고 느끼겠지만, 현재의 화폐 가치를 수렴하기에는 턱없이 부족하다. 우리는 좋든 싫든 암호화폐를 사용해야 하는 시대를 맞았다. 뉴욕과 도쿄에서는 비트코인 ATM기를 이미 사용하고 있다. 현물 화폐에서 가장 돈이 많다는 두 나라가 말이다. 비트코인은 강남 부동산과 같다. 문제가 많다고 강남 부동산을 무너뜨리면 우리나라는 국가 부도 사태를 맞고 말 것이다.

서민들은 부의 편중을 깨고 싶어서 코인 거래에 뛰어들고, 러시아, 중국, 일본은 달러 패권에 휘둘리는 힘의 편중을 깨고 싶어서 코인 시장에서 전쟁을 벌이고 있다.

시장이 반응하는 시각을 파악하라

2017년 12월 CBOE(시카고옵션거래소)에서 비트코인 선물거래가 시작된 뒤 시장은 어떤 변화를 보였는지도 중요하다.

2017년 12월 15일 새벽, 빗섬의 기록을 보면 리플이 비트코인 이외의 모든 시가총액을 빨아들이는 모습이었다. 거의 모든 알트코인들이 하락하고 그 자금은 리플로 흘러들어간 것으로 보인다.

오전 9시 20분에는 빗섬 안의 거의 모든 코인이 동반 상승했다. 그리고 리플만 반응하지 않았다. 이 시간이 중요하다. 이후로도 자주 이 시간에 시장의 변화를 볼 수 있을 것이기 때문이다.

오전 9시 20분은 우리나라 출근 시간 이후이며, 같은 시각 중국과 홍콩은 8시 20분이다. 세 곳에서 모두 CBOE 개장 후 1시간 정도 있다가 반응을 보고 투자에 적극 참여하기 시작한 것으로 포착된다.

한국 시각 9시 20분에 변화가 나왔다는 것은 아시아권이 일어나는 시간에 장이 움직였다는 것을 의미한다. 앞으로 어떤 변화를 더 보일지 모르겠지만, 아직까지 알트코인은 아시아권이 움직인다는 전제하에 한국 시각으로 아침 7~10시 안에 1차로 방향성이 나온다는 얘기가 된다. 한국 시각으로 8시 30분 선물거래가 시작되고 매수이든 매도이든 미국을 주시하다가 방향을 정했다는 점에 주목해야 한다. 이전까지 주로 한국 시각 6~9시에 시장 변화가 나왔던 것과 대비된다.

이외에도 우리나라 퇴근 시간, 홍콩과 중국의 퇴근 시간을 고려해서 오후 5~11시, 서방권이 깨어나는 시간 등 두 차례 더 심도있게 분석하는 시간으로 체크해 두기 바란다.

/

거래소 순위로 보는 자금의 이동

다시 2017년 12월 15일 22시 22분 기록이다. 시가총액은 5,310억 달러, 비트코인 지분율 56.7%다.

시장에 들어와 있는 자본의 색깔과 성격을 분석해 보기 위해 거래소 순위를 살펴봤다. 일단 거래량에서 세계 1위 거래소 순위가 뒤바뀌어 있었다.

1위 비트파이넥스(홍콩)	2위 빗섬(한국, 중국)
3위 비트렉스(미국)	4위 비트플라이어(일본)
5위 폴로닉스(미국)	6위 바이낸스(홍콩)
7위 지닥스(미국)	7위 오케이엑스(홍콩)
8위 비트스탬프(미국)	9위 코인원(한국)
10위 코인체크(일본)	11위 후오비(홍콩)

이 중에서 중국 자본의 참여율이 높은 거래소의 순위를 정리해 보면 11개 중 비트파이넥스Bitfinex, 빗섬(중국색 코인이 반응한다), 바이낸스Binance, 오케이엑스OKEx, 후오비Huobi 등이다. 다섯 곳이 중국 자금이 뚜렷한 거래소다. 서방 자본은 폴로닉스Poloniex, 지닥스GDAX, 비트스탬프Bitstamp, 일본 자본은 비트플라이어, 코인체크Coincheck 등이다.

여기서 잠시 주목해야 하는 것이 비트렉스의 위치다. 비트렉스는 서방권 거래소 중에는 1위였던 곳이다. 한국 업비트와는 같은 자본인 것으로 봐야 할 것이다. 단순히 라이선스 계약으로 시스템만 가져온 것은 아닐 것이다. 아마도 업비트가 한국으로 들어오면서 자연스럽게 서방 자본도 같이 유입됐을 것으로 보인다. 업비트는 눈대중으로 봐도 코빗보다 거래자들의 거래량이 많아 보이는데, 집계가 누락됐거나 자료 공개가 되지 않는 것으로 보인다.

여기서 주의깊게 볼 것은 비트코인을 다량 거래하는 거래소의 순위가 높지 않다는 점, 중국색이 짙은 코인들이 상장되어 있는 거래소들이 순위가 높다는 점이다. 중국 자금은 대부분이 숏포지션을 형성하고 미국과 일본 자본은 롱포지션인 경우가 많다는 점 기억하기 바란다.

또 하나 눈여겨볼 것은 미국 거래소 지닥스와 비트스탬프다. 두 거래소는 CME(시카고 상품거래소)의 비트코인 가격을 결정하는 거래소 네 곳 중 두 곳이다. 추후에 신용평가회사 같은 기능을 할 가능성도 높다.

빗섬의 탑 12
코인 분석

화폐는 쓰인다는 것을 전제로 가치를 지닌다. 코인 투자를 결심했는데 화폐로 쓰일 것이라는 것에 확신이 약하다면, 기본적으로 시가총액 1조 원이 넘는 빗섬의 코인부터 시작해 보는 것도 좋다. 우리나라 사람들은 주 거래소를 빗섬으로 하는 사람이 많고, 빗섬의 코인들은 전 세계 1,300여 개 코인 중 상위권에 있는 코인들이기 때문에 이것들부터 차근차근 설명을 해보려고 한다.

비트코인은 반드시 보유하라

코인 거래를 시작했다면 비트코인BTC은 필수로 구매해야 한다. 일단 장기적으로 우상향하기 때문에 가장 안전한 투자다. 전 세계 어디든 비트코인은 통한다. 다만 전송 속도가 느려서 문제가 되고 있는데, 이 부분을 보완한 코인들이 생겨났다.

비트코인 외에도 수익률을 극대화하기 위해 다른 알트코인을 구매하거나 ICO(투자 유치)에 참여할 수도 있다. 이때 한화나 달러로 구매할 수 없는 경우가 훨씬 많으며, 다른 코인을 구매하기 위해서라도 비트코인은 꼭 보유해야 한다.

업그레이드를 반대하며 기존 방식을 따르는 BT1과 처리 용량을 2배로 늘려 업그레이드해야 한다는 BT2로 쪼개질 가능성이 있다 (세그윗 2x 일정).

이더리움은 ICO를 하려면 필수다

투자자 입장에서 볼 때 이더리움ETH이 가장 많이 쓰이고 있는 곳은 ICO다. ICO에 참여할 때 비트코인으로 받기도 하지만, 이더리움만 받는 곳도 있다. 이더리움의 블록체인을 기반으로 개발되는 코인들이 많이 생겼기 때문에, 이더리움을 중심으로 연관성 있는 코인들을 묶어서 분석해 보는 것도 투자에 도움이 될 것이다.

채굴 방식POW에서 이자지급 방식POS으로 바꾼 후 진통을 겪겠지만, 무제한 채굴에서 희소성을 부여받는 코인으로 전환된 것이므로 장기적으로는 호재라고 본다.

비트코인캐시는 현금이다

비트코인에 있어 가장 큰 영향력을 행사하는 거래소인 미국 코인베이스Coinbase는 웹진으로 《테크크런치》를 운영하는데, 여기서 비트코인을 '디지털 금digital gold'이라고 표현했다. 처음 비트코인캐시가 하드포크되어 나왔을 때 비트코인과 경쟁 구도를 보일 것으로 해석되곤 했지만, 그보다 비트코인은 '금'의 역할로 자리를 잡고 비트코인캐시BTH는 '현금cash'의 역할을 할 것으로 전망된다. 유럽을 비롯해서 전 세계에서 ATM기를 계속 설치하고 있다. 달러처럼 기축통화가 되기 위해서는 널리 사용되어야 하기 때문에 인프라 작업을 하고 있는 셈이다.

이 대목에서 세계 최대 채굴업체이자 기업형 채굴기인 ASIC 채굴기를 판매하는 비트메인의 우지한 대표를 주목해야 한다. ASIC 채굴기로는 비트코인, 비트코인캐시, 대시, 라이트코인을 채굴할 수 있다. 비트메인 소속인 앤트풀은 비트코인의 18~20% 정도를 채굴한다(해시율이라고 표현한다). 암호화폐가 P2P 거래가 되려면 채굴업자들이 계속해서 전송 과정에서 암호화를 해줘야 하는데, 이 속도에 문제가 생기면 거래는 안정적으로 진행되지 못한다. 그들은 비트코인과 비트코인캐시의 해시율을 조정하면서 가격을 조정하고 있는 것으로 보인다.

라이트코인, 비트코인보다 4배 빠르다[3]

라이트코인은 처음에 비트코인보다 전송 속도가 4배 빠른 코인으로 나와서 대체 코인으로 주목받았다. 비트코인이 10분 걸린다면 라이트코인은 2.5분이 걸린다. 사실 이것도 사용자 입장에서는 그다지 빠르다고 느끼지 못하겠지만 당시엔 기술적으로 어필했다.

미국 코인베이스는 아주 깐깐하고 보수적인 거래소로 통하는데 상장된 코인이 4개밖에 없다. 라이트코인은 그중 하나다. 냉정하게 분석하자면 모호한 코인이라, 훨씬 가격도 기술도 좋은 비트코인골드, 비트코인다이아 등 패밀리들이 하드포크되어 나오기 전에 가격적으로 올라야 했다.

2017년 12월 어느 날 코인베이스 창립멤버이자 라이트코인 창시자인 찰리 리와 비트메인 대표 우지한이 함께 찍은 사진이 한 장 공개되었다. 이후에 10만 원을 넘지 못하던 라이트코인은 40만 원 고점을 찍었고, 라이트코인을 채굴하는 ASIC 채굴기는 2018년 3월까지 판매가 마감되었다고 한다. 또 한참 후에는 찰리 리가 라이트코인을 전량 매도하였다는 뉴스도 전해졌다.

리플, 은행을 대신할 네트워크

리플XRP은 미국 발행 코인으로 지급결제로서 은행간의 대규모 송금을 위해 만든 코인이다. 탈중앙화는 암호화폐 블록체인의 특징이라고 이야기되는데, 리플은 발행하는 주체가 있어서 1,000억 개가 일괄 발행되었다. 발행량이 너무 많다는 점이 아쉬운 점으로 꼽히는데, 회사가 매달 10억 개씩만 시장에 내놓는 것으로 유통량을 조절한다고 밝혔다.

2013년부터 전 세계 수십개 은행들이 은행간 결제에 리플을 사용하기 시작했고, 2016년 일본이 합류했다. 한편 한국 정부의 규제 움직임 때문이었는지 우리은행, 신한은행은 리플로 하는 해외송금 사업계획을 철회했다. 그런데 리플 거래량의 60%가 한국이다. 아마존, 우버, 에어비앤비의 거래에 진출한다는 루머도 있다.

대시, 모네로, 제트캐시 3개의 익명성 코인

대시DASH, 모네로XMR, 제트캐시ZEC는 개인정보 보호에 중점을 둔 코인들로 일명 '다크 코인'으로 불리는 것들이다.

대시 역시 비트코인 패밀리인데 비트코인, 비트코인캐시에 이어 빗섬 내에서 세 번째로 금액이 높다(2017년 12월 기준). 브라질에서는

13,000개의 가맹점에서 실제 화폐로 이용될 것이라는 뉴스가 나왔다. 대시는 이전부터 무기거래에 쓰인다고 말이 돌던 코인이다. 반면에 모네로는 마약거래 사이트에서 쓰이는 코인으로 알려졌다.

제트캐시(빗썸 외 다른 거래소에서는 '지캐시'로도 표기한다)는 제로캐시로 불리다가 제트캐시[Zcash]로 이름을 확정했다. "비트코인이 http의 돈이라면, 제트캐시는 보안 전송 레이어다"라는 것이 그들 스스로를 소개하는 문구다.

비트코인골드, 또 다른 비트코인의 클론

ASIC 채굴기로 채굴되는 방식이 아닌 GPU 방식으로 채굴되는 코인으로 하드포크되었다. 개발업자와 대립해 채굴업자들(우지한)이 주도해서 탄생한 것이 비트코인캐시라면, 탈중앙화된 민주적인 채굴 인프라를 표방하고 나온 것이 비트코인골드[BTG]다. 이로써 채굴을 위한 GPU(그래픽카드)를 만드는 엔비디아, AMD 같은 미국 회사가 수혜를 입게 된다. 상장 첫날 150만 원 고점을 찍고 2017년 12월 말 30만 원대를 유지했다.

이더리움클래식, 하드포크에 반발한 중국 코인

전 세계 채굴자들의 순위는 1~10위가 중국인데, 그중 가장 주도적인 인물은 앞서 말한 우지한이다. 이더리움의 하드포크에 채굴업자들이 반발해 우지한이 주도해서 기존 방식을 유지하겠다며 분열돼 나온 것이 이더리움클래식ETC이다.

투자자들에게 팁을 드리면, 빗섬 안에서 경쟁 구도에 있는 코인을 보면 매수해야 할 종목이 보이기도 한다. 퀀텀QTUM과 이더리움클래식의 경우에는 하나가 뛰면 덩달아 뒤쫓는 모습을 보이는 경우가 있다. 시가총액이 비슷한 코인끼리는 격전을 벌이는 수가 많이 있는데, 11위였던 퀀텀이 10위로 올라서면 이더리움클래식이 뒤따라가서 다시 시가총액이나 가격을 뒤집는 재역전 현상이 벌어지곤 하는 것이다. 2017년까지의 경험칙으로는 법칙이라고 부를 수 있을 정도였는데, 아침에 퀀텀 가격이 뛰면 당장 가재도구를 팔아서라도 이더리움클래식을 매수하면 이익을 낼 수 있었다.

퀀텀, 로드맵대로라면 그레잇![4]

2018년 6월부터 2022년까지 퀀텀이 인공위성 72개를 쏜다는 뉴스가 나왔다. 개인이나 민간기업은 돈이 많다고 해도 인공위성을 가질 수는 없다. 첩보와 정보에 관한 것이기 때문에 국가만 가진다. 그런데 몇만 원짜리밖에 안 되는 코인이 인공위성 72개를 쏜다니까 찌라시겠거니 했는데 이게 마냥 루머는 아닌 모양이다. 72개를 쏘겠다는 것은 전 세계를 커버하겠다는 얘기로 들린다. 만약 해외여행으로 유럽을 간다 치면 데이터가 없으니까 미리 구글에서 지도를 다운받는데, 이런 식으로 코인을 쓸 수 있게 만들겠다는 것이다. 이러면 아프리카 오지라 해도 코인 거래를 할 수 있다.

비트코인과 이더리움의 장점만을 취한 코인으로 알려져 있는데, 개발자를 살펴보면 패트릭 다이Patrick Dai가 있다. 코인을 만들 때 개발진이 보통은 5~8명인데, 퀀텀은 개발진만 25명이다. 모두 알리페이, 위챗페이 출신들이다. 코인원 상장 시 거래가 안 돼서 폭락하고 중국 규제로 인해 막히는 등 우여곡절을 겪었지만, 인공위성을 쏘게 되면 이후 가치는 상상하기 힘들다. 부디 2018년 6월까지 장기투자로 남겨두기 바란다.

중국은 2021년 중국 공산당대회 창립 100주년을 맞이한다. 이때 모든 국민이 편안하고 안정된 사회, 1만 달러 이상의 수준 있는 사회를 만들겠다고 발표했다. 2049년 중화인민공화국 100주년 때는 미국을 넘어 세계 패권국가로 가겠다는 포부다. 그 구체적인 전략으로 잡은 사업이 스마트 시티인데, 여기에 들어가는 모든 것들이 퀀텀의 기술로 가능하다.

중국은 조폐공사와 중화인민은행 소속 200명의 사람으로 항저우시에 블록체인기술연구소를 설립한다고 밝혔는데, 퀀텀은 옆동네인

상하이에 회사가 있다.

/

이오스(EOS), 가스비 없는 이더리움

이오스는 2017년 12월 아직 토큰 상태에서 빗섬에 상장했다. 빗섬 역사상 토큰이 상장한 건 처음이다(테스트넷에 있는 토큰은 안정화를 거쳐 메인넷으로 옮기면 정식 코인으로 인정받는다). 2017년 12월 26일 현재 벌써 시가총액 6조 원이 넘었다. ICO는 2017년 7월에 시작해서 2018년 6월에 끝나며, 펀딩은 이더리움으로만 받는다.

개발자는 스팀Steem을 만든 다니엘 라리머(댄 라리머)다. 그리고 이더리움과 똑같이 스마트 컨트랙트 기술을 가지고 있는 플랫폼 코인이다. 이더리움의 블록체인을 쓸 때마다 이더리움 사용자는 수수료인 가스비를 내야 하는데, 이오스는 가스비를 댑DAPP(탈중앙화 애플리케이션)을 만드는 개발자가 낸다고 한다. 그러면 개발자들이 이오스 댑을 개발하겠냐 싶은데 개발자들이 사용료를 내기는 하지만 충분히 수익창출을 할 수 있도록 경쟁을 시키면 가능하다고 설명하고 있다. 디포스DPOS 방식이라고 하는데, 3초마다 1개 블록이 생성되고 블록 생성 권한을 지분이 더 많은 사람에게 위임하는 방식이다.

경험칙으로 본 빗섬 내 코인의 투자 원칙

① 경쟁구도를 보면 매수할 코인이 보인다

앞서 말했듯이 퀀텀이 뛰면 이더리움클래식이 뛴다. 시기적으로 조금씩 달라지긴 하겠지만, 2017년 9월까지는 대시가 가격이 올라가면 이더리움 가격이 올라가고 다시 대시가 추격하는 모습이 보였다. 엎치락뒤치락하다가 어느 순간부터 대시가 가격적으로 앞서가기 시작한 것이다.

원인을 생각해 보면 북한에서 계속 미사일 위협을 해대고 무기를 팔아야 하는 미국은 이것에 응하고 일본은 불안감에 안전자산으로 암호화폐에 관심을 보였던 영향이 클 것이다. 그동안 대시는 무기 관련 코인이라는 설이 있었는데 진짜 그렇게 쓰이기 시작했다는 얘기가 된다. 국제 정세 뉴스는 코인 투자에서 필수 체크사항이다. 역사적으로 경제는 반복된다는 것을 기억하라.

반면에 이더리움은 발행량이 너무 많다 보니까 희소성에 제동이 걸렸다. 대시, 모네로, 제트캐시가 무너지지 않는 이유도 희소성 때문이다. 희소성은 곧 가격 상승 요인이다.

② 주식화되고 있다

전쟁 관련 뉴스가 나오면 대시를 구매한다. 대마 관련 뉴스가 뜨면 모네로를 구매한다. 이것은 점점 코인이 주식화되고 있는 모습이다. 나 또한 2017년 4분기부터는 주식 차트까지 확인해야 하는 시간이 점점 늘고 있다. 주식에서 특정 산업이 발전한다고 하면 관련주를 사야 하듯이 코인도 2017년 말부터 같은 법칙이 적용되고 있다. 에너지 관련 뉴스가 있다면 에너지 관련 코인이 뜬다.

③ 상장 후 3개월 이후에 가격이 우상향한다

ICO에 참여한 것이 아니라면 상장하자마자 바로 뛰어들 필요는 없다. 왜냐하면 상장 후 3개월 동안 코인 가격은 안정화 단계를 거친다. 잠복기다. 모든 코인은 우상향하니까 장기투자한다고 생각하고 묻어두어도 상관없지만, 나의 경우에는 3개월간의 기회비용이 아깝기 때문에 굳이 처음부터 매수에 들어가지는 않는다. 최대한 상승 직전의 낮은 가격 끝자락에서 사는 게 유리하다. 앞서 2장에서 비트코인골드를 구매했는지 내게 물었던 질문에 답이 됐을 것이다.

패턴을 발견했어도 투자는 각자의 성향에 맞게 하면 된다. 기본적으로는 저점에서 조금씩 구매하는 것이 원칙이다. 투자금이 100만원이 있다면 10번씩 나눠서 산다고 생각하면 된다.

④ 오늘 제일 많이 떨어진 것들만 산다

거래소 창을 매일 보면서 가장 쉽게 할 수 있는 투자법은 낙폭이 제일 심한 것을 사는 것이다(연말은 예외적으로 적용하지 않는다). 각 코인별로 비트코인 대비 가격 배율을 적어준다. 만약 이더리움보다 비트코인 가격이 어제 9배, 그저께 10배, 그 전날 9배였는데, 오늘 갑자기 19배가 됐다면 이더리움 매수를 시작한다. 리플, 퀀텀 등도 마찬가지다.

⑤ 빗섬 코인들은 웬만해선 하루 30% 이상 뛰지 않는다

빗섬 창 기준으로 비트코인 외에는 등락 표시가 30%를 넘어간 적이 없다. 채굴업자 우지한이 해시율을 억지로 끌어올린다든가 하는 작전이 아니고서는 30% 올라가기 힘들다. 대상승장이 아니고서는 그 이상 뛴다면 절대 사면 안 된다. 추격매수는 곧 손절이다(연말은 예외로 한다).

가격이 오르는데 구매를 하고 싶다면 30% 올라갔다가 조정이 올 때를 노린다. 대부분 12~14%에서 조정이 내려오니까 그때 구매하면 다시 반등을 노려볼 수 있다.

빗섬에는 중국색이 짙은 코인이 많기 때문에 중국 자본이 많이 풀렸을 때 구매하면 상승률이 높다. 비트코인 지분율을 계산해 보면 보통 때는 55% 정도이지만, 중국 자본이 있을 때는 52%까지 떨어진다(연말에는 38%까지 하락). 중국 코인이라 불리는 종목은 ASIC 채굴기로 채굴하는 라이트코인, 대시, 비트코인캐시 등이다. 미국 자본이 많이 풀렸을 때는 거래소를 업비트로 옮겨가면 된다.

⑥ 수익실현의 법칙

내가 사둔 코인 중에 수익이 나고 있다면 수익실현은 도대체 언제 해야 하는 것일까? 특히 장기투자로 묻어둔 경우라면 처음부터 현금화할 매도 구간을 정해놓고 투자를 시작하는 것이 좋다. 퀀텀을 분석해 봤더니 정말로 인공위성을 쏠 것 같다고 판단해서 매수했다면 인공위성을 실제로 쏠 때까지 보유하는 식이다.

전망을 보고 장기투자를 했든 경제 논리를 보고 단기투자를 했든 매도를 할 때는 전량 팔아버리지 않는다. 하락장이라 자꾸 떨어질 것 같다는 얘기가 나오면 70%를 매도한다. 나머지 30%는 중장타로 가지고 간다. 이게 있어야 지속적으로 관심을 갖고 가격 추이를 계속 보게 된다. 나중에 매수 기회가 왔을 때 놓치지 않는 방법이다.

다만 장기투자로 남기는 분량은 개인마다 다를 수 있다. 내가 수익이 얼마나 났느냐에 따라 정하면 된다. 내가 수익이 30% 났으면 30% 남기고, 5% 났다면 5%를 남긴다. 물량을 남겨놓지 않고 다 빼버리면 나중에는 사고 싶을 때 높은 가격에 살 수밖에 없다. 잠시 현금화했다가 다시 들어갈 수도 있긴 하지만 저점을 못 잡을 수도 있다. 남들 2천 원에 산 걸 나 혼자 2만 원에 살 수는 없다.

⑦ 고점에 매수해서 빠져나오지 못할 때

빗섬 내 11개 코인(이오스는 토큰)은 기본적으로 장기투자 목적으로 나쁘지 않은 코인들이다. 2018년에 정부 규제가 있을 전망이고 그렇게 암호화폐가 제도권에 들어간다면 대기업이 뛰어들 수 있는 명분을 준다. 그래서 2018년은 지금까지와는 전혀 다른 투자 법칙으로 생각을 바꿔야 할 수도 있다. 웬만한 알트코인들은 나가떨어질 가능성도 있다. 지금은 사실 대기업이 들어오기 전의 골목상권과도 같은 모습일지 모른다. 그래도 빗섬 내 코인들은 기본적으로 시가총액 1조 원이 넘는 것들이기 때문에 안정적이라고 볼 수는 있다. 시가총액 1조 원 이상이면 쉽사리 세력이 없애거나 하기는 힘들기 때문이다.

코인 투자에 뛰어들었는데 알고 보니 내가 고점에 매수하는 바람에 점점 가격이 떨어지고 올라올 줄 모르더라, 하는 경험을 한 사람이 꽤 있을 것이다. 인터넷 용어로 '고점에 물렸다'는 표현을 쓴다. 리플과 퀀텀 때문에 '고층아파트'에서 한동안 탈출하지 못한 사람이 상당히 많다. 내가 코인을 샀는데 가격이 계속해서 떨어지기만 할 때 두 가지 패턴이 나온다. 불안감에 패닉에 빠져 내 돈이 다 없어질까 봐 얼른 팔아서 결국 손해 보고 마는 사람이 있다. 또 다른 부류는 기술과 개발진과 로드맵을 보고 장기투자 목적이니까 보유하면서 참고 기다리는 사람이다. 퀀텀을 17,400원에 샀는데 6,650원까지 떨어졌다면 누구나 불안해서 패닉에 빠질 것이다. 당연하다. 내 돈이 0원이 돼버릴 것 같은 불안감에 반이라도 건지자며 손절을 하고 만다.

그런데 내가 아무리 고점에서 샀어도 딱 3개월만 지나면 내가 산 고점이 저점이 되는 순간이 온다. 길게 봤을 때는 결국엔 우상향으로 가는 것이다. 암호화폐 시가총액이 2017년 초 90조 원이었던 것이 2017년 말 600조 원이 넘어간 것을 보면 알 수 있다. 2018년에는 웬만하면 기술주 중심으로, 전망 좋은 것을 보면서 장기투자로 방향 전환을 하시기 바란다. 예를 들어 비트코인캐시가 미친 듯이 뛰면 뛰는 이유가 있을 것이다. 나도 덩달아서 미친 듯이 공부하고 왜 뛰는지를 꼭 알고 매수하기 바란다. 그게 바로 수익을 극대화시키는 가장 좋은 방법이다.

재정거래,
손 안 대고 코 풀기?

내가 아는 외제차 딜러가 있다. 최근에 외제차를 사러 오는 사람이 급격히 늘어나서 물어봤더니 코인 거래를 해서 돈 벌어서 차 사러 왔다고 대답하는 사람이 많았다고 한다. 여기에는 전업으로 뛰어든 사람도 있겠지만, 우리 까페 회원들을 대상으로 통계를 내보면 본업이 있는 직장인들이 많다. 그런데 코인 거래를 해서 월급만큼을 더 벌거나 심지어 자기 연봉보다 더 많이 벌고 있는 사람도 있다 보니까 과열 현상도 보인다.

전 세계 70억 인구 중에 코인 거래에 참여하는 사람이 통계적으로 1%밖에 안 된다. 그런데 우리나라 사람들은 500만 명이 참여한다고 한다. 거래소에 있는 데이터를 집계했을 테니까 틀릴 리는 없는데 참여율이 다른 나라의 4배, 4%다. 그러니까 암호화폐 거래소들이 우리나라에 들어오려고 우르르 몰려들 수밖에 없다. 가격을 펌핑해주고 김치 프리미엄을 막 만들어준다. 미국에서 140만 원에 파는 코트를 한국에서 200만 원에 사는 셈이니 환장할 노릇이다.

나는 사람들에게 그냥 해외거래소를 이용하라고 말하곤 한다. 왜 굳이 비싼 데서 사야 하냔 말이다. 국민은행 통장을 갖고 있어도 우리은행 통장도 만들고 시티은행 통장도 만들 수 있듯이, 거래소는 여러 곳에 계좌를 만들어도 된다. 비트코인 외에는 전 세계 거래소가 모두 같은 코인을 거래하는 것은 아니니까 내가 관심을 둔 코인을 상장해 두고 있는 거래소 계좌는 추가로 당연히 만들어야 한다.

김치 프리미엄과 역프리미엄

일명 '김치 프리미엄'이라고 해서 해외 거래소의 시세보다 한국 시장에 유달리 가격이 더 높이 형성돼 있는 현상이 있다. 김프는 '김치 프리미엄'의 준말로, 김프가 많이 붙었을 때는 30% 이상도 붙는다. 역프는 반대로 해외거래소보다 시세가 낮은 경우를 말한다. 재정거래는 이러한 시세차익을 노리고 해외에서 코인을 사서 국내 거래소에서 팔아 차익을 남기는 것을 말한다.

해외거래소들이 진출 러시를 보이는 것은 김프를 이용해 시세차익을 볼 수 있는 이점도 작용하기 때문이다. 재정거래란 시세차익거래라고 이해해도 무방하다.

예를 들어 코인 가격이 낮은 짐바브웨에서 비트코인을 매수해서 달러로 환전한 다음에 한화로 바꾸는 식으로 현금화해서 차익을 얻을 수도 있다. 코인을 바꿔가며 매수매도를 안 해도 차익을 얻을 수 있는 것이다.

지인 중에 재정거래만으로 2천만 원 투자금으로 한 달에 월급처럼 300만 원을 버는 사람이 있다. 미국, 중국, 홍콩 거래소 하나씩 계좌를 열고, 유럽 쪽은 우크라이나 거래소 정도만 열어도 괜찮다. 예전에는 힘들었지만 지금은 국내에 모든 코인이 다 있기 때문에 가능하다. 가끔 듣도 보도 못한 이름의 코인을 들고 와서 분석해 달라고 하는 사람이 있긴 하지만, 웬만하면 거의 모든 코인의 거래가 가능하다.

단점이 있다면 스케줄이 들쭉날쭉 할 수 있다. 김프, 역프를 찾아야 되니까 가만히 앉아서 노는 건 물론 아니다. 그렇지만 회사에서 상사에게 스트레스 받는 것보다 그게 편하단다. 그렇다고 회사를 그만두란 얘기는 아니다. 장기투자를 하려면 종자돈을 계속 벌어줘야 한다. 게다가 2018년에는 위험한 상황이 올 가능성을 배제할 수 없다. 과열장이 오면 폭락장도 오는 법이다.

중국인에 의한 외화 반출

외국인들이 김프를 이용해서 우리나라 거래소에 계속 코인을 보내고 있기 때문에 김프는 여전히 심하다. 특히 중국인들이 한국 거래소로 코인을 보내서 매도한 다음에 원화로 바꾸고 대림동, 가리봉동 같은 곳에 가서 위안화를 환전해서 본국으로 보내버리는 일이 계속되고 있다. 이렇게 되면 위안화 반출이 되기 때문에 정부 차원에서도 우려스럽게 생각할 수밖에 없다. 김프 때문에라도 정부 규제는 어떤 식으로든 합리적인 방향으로 이루어져야 하는 것이 맞다.

김프가 심할 때는 빗섬과 업비트가 전송 속도가 느려지는 문제가 종종 생긴다. 서버 문제가 아니라 그저 거래량의 폭주로 인해 벌어지는 문제다. 국내 거래소로 계속 날아오는 코인들 때문에 '대기중'이 계속되는 것이다.

특히 업비트의 경우에는 바로 비트코인 전환이 되기 때문에 해외 거래소들이 업비트로 집중적으로 코인을 전송하는 사태가 일어나기도 한다. 비트코인을 기축으로 함께 쓰다 보니 원화로 환전하는 이중수수료가 들지 않기 때문이다.

문제는 이렇게 과부하가 걸리면 호재 일정이 있는 다른 코인들도 오르지 못하는 현상이 생긴다는 것이다. 김프가 있을 때 매도 처리를 하면, 매도 물량만 많고 매수 물량이 부족해서 가격이 우상향하지 못하고 꺾이고 또 조금 올라가다가 꺾여버리는 현상이 포착되곤 한다.

이럴 때는 김프가 줄어들 때까지 투자를 멈추고 신중하게 지켜보는 것이 안정적이라고 본다(다만 비트코인은 제외).

미국이 만들어내는 김프

2017년 12월 24일 기록이다. 시가총액은 588억 달러, 비트코인 지분율 43.7%다. 비트코인 가격은 빗섬 기준 1,918만 원이다. 하락장이 하루 만에 회복되면서도 김프가 빠지지 않았다. 도대체 이 자금이 어디서 왔는지 거래소 순위를 체크해 보았다.

1위 비트렉스	2위 비트파이넥스	3위 빗섬
4위 바이낸스	5위 비트플라이어	6위 지닥스(코인베이스)
7위 오케이엑스	8위 폴로닉스	9위 비트스탬프
10위 코인체크	11위 후오비	12위 크라켓

이 기록을 보면 미국 자본이 중국 자본보다 훨씬 큰 것으로 추정된다. 기업 자금이나 헤지펀드일 것이다. 중국 자본이 활발할 때 시가총액 200조 원이 안 됐는데, 2018년 1월 한화 800조 원이다. 미국과 일본 자본이 어느 정도가 될지 정확히 추산할 수는 없지만, 대략 계산해 봤을 때 300조 원 정도이지 않을까 싶다.

12위권에 미국 거래소 5개, 중국 거래소 5개, 일본 거래소 2개다. 일본은 비트코인 외의 거래는 많지 않지만, 비트코인 거래만으로 비트플라이어가 1위를 차지할 때도 있으니 정말 어마어마한 보유량일 것으로 추정된다.

특이 사항은 비트코인캐시 거래량이 빗섬이 단연 1위였지만 4, 5, 6위 거래소가 미국 거래소였던 점이다. 이 정도로 미국에서도 거래가 활발히 이루어진다면 중국의 우지한이 하드포크한 비트코인캐시를 미국 쪽에서도 인정하거나 가격적 상승에 관여할 수 있다는 결론이다(비트코인캐시의 우상향).

비트코인의 가격적 박스권 현상은 해외거래소에서도 선물거래소 상장의 위험성 때문에 비트코인의 매수에 적극적 대응을 하지 못한 모습인 것으로 풀이된다. 비트코인의 선물시장 차트는 계속 하락하고 있는 상황이다.

업비트가 오픈한 이후로 한국 내에서는 전쟁이 시작된 것으로 짐작된다. 빗섬 쪽은 중국 자금, 업비트 쪽은 미국과 일본 자금으로 양분화 현상이 가속되고 있다. 업비트는 비트코인을 기축으로 쓰기 때문에 미국과 일본 자금의 유입에 더욱 기름을 부은 격이다. 빗섬은 비트렉스에서 상장 폐지되었던 이오스를 상장했다.

미국 거래소에서는 자본 감시가 심하지만 한국 거래소는 규제가 없었기 때문에 미국의 엄청난 대규모 투기자본이 들어가 있는 것으로 짐작된다. 미국에서 세금 문제가 대두되면서 미국 자금의 접근이 비교적 쉬운 한국 거래소 업비트로 자금이 향하고 있다. 이런 상황에서 김프 20% 이상은 당연하지만, 자금 쏠림 현상이 너무 커서 김프 35~45% 상황이 연출된다면 투자금을 회수할 상황이다. 비트코인 지분율은 CME 상장 후 12월 말 43.6%로 한계치에 육박했고, 알트코인으로 자금이 몰리면서 2018년 1월에는 33.8%까지 밀렸다.

100배 성장하는 알트코인을 찾아라

코인 투자에서 수익률을 극대화시키려면 상승률이 높은 알트코인을 찾아야 한다. 그런데 그 수가 너무나 많기 때문에 공부할 것도 많다. 전 세계에 1,300여 개의 코인이 있다고 하는데, 우리나라 거래소 빗섬에는 2017년 12월 말 현재 12개가 상장돼 있고, 그밖에 유망한 코인을 찾기 위해서는 120개가량의 코인을 구비하고 있는 업비트를 봐야 한다. 여기에는 사라질 만한 코인도 있다고 보는 것이 맞을 것이다. 대신에 수익률이 어마어마하게 좋을 코인도 있을 것이다. 소각 이벤트, 상장 이벤트 등의 호재가 있을 때는 하루 만에 7, 8배가 뛸 수도 있다. 상장 이벤트에서 모나코인은 8배가 뛰었다. 유망한 코인을 발견했다면 그 코인이 상장돼 있는 거래소부터 알아둬야 한다.

/

주목받는 코인을 찾아내는 법

전 세계 코인이 1,300여 개가 있다는데 무엇부터 살펴볼 것인가. 요즘 크게 주목받고 있는 코인이 무엇인지 알아내는 방법으로 가장 쉬운 것은 거래소 순위 변화를 체크하는 것이다. 왕년에 1위였던 빗썸은 2017년 10월 이후로 2~4위 사이를 왔다 갔다 하는 모양새다. 그런데 왜 거래소들의 순위가 바뀌는 것일까? 바로 거래소마다 거래하는 코인이 다르기 때문이다. 이것은 세계적으로 선호하는 코인이 시시각각 바뀐다는 뜻이다. 거래소 순위를 체크하는 사이트는 1장을 참고하기 바란다.

주목받는 코인이 있다면 그 코인의 거래량이 많아질 것이고, 당연히 그 거래소가 주목을 받고 자금이 몰리면서 볼륨을 형성해 간다. 그러면 거래소 순위를 상승시키기 때문에, 우리는 그것을 보고 알아차린다.

만약에 일본 거래소 비트플라이어가 1위라면 비트코인이 지금 가장 주목받고 있다는 뜻이다. 비트플라이어는 3가지 코인밖에 없다. 비트코인, 비트코인캐시, 이더리움이다. 만약 비트파이넨스가 혜성처럼 등장해서 4, 5계단 정도 상승했다면 그곳에만 있는 거래량이 높은 코인이 무엇인지 찾으면 된다. 그 코인이 바로 핫하면서 오를 여력이 있는 새로운 강자가 되는 것이다. 게다가 힛빗이 함께 거래소 순위를 엄청나게 끌어올렸다면, 비트파이넨스와 힛빗에 겹치는 코인이 무엇인지 골라낸다. 만일 중국 거래소가 주춤하는 사이에 크라켓까지 거래소 순위에 올라왔다 하면 거기서 또 겹치는 코인이면서 볼륨 높은 코인, 최근 상장해서 주목을 끌고 있는 코인을 찾아내면 그것이 바로 미래성장 가치가 있는 코인이다.

아주 싸게 사서 묻어두는 ICO 참여하기

ICO 참여는 사실상 투자를 전문으로 하는 고수가 아니면 참여하기가 쉽지 않다. 이 책에서는 직장인, 일반투자자들이 쉽게 할 수 있는 방법들을 중점으로 하고 있기 때문에 소개 정도만 하고 넘어가려고 한다.

ICO(투자 유치)를 막 끝낸 종목은 아직 '토큰'이라고 부르는 상태에 있다. 안정화되면 코인으로 전환을 시켜준다. 토큰은 아직 기술적으로 불안정하고 가격대가 100원이나 1,000원 밑으로 가는 것도 많다.

우선은 공식적으로 발표되는 백서와 로드맵을 확인해야 하고 개발진을 살펴봐야 하는데, 여기서 말하는 기술은 개발자들이 말하는 기술일 뿐 구현될 수 있는 것인지에 대해서는 사실상 투자자들은 알 길이 없다. 따라서 후원하는 재단에 누가 있는지 확인하면 좋다. 여기서 중요하게 언급되는 인물들로는 이더리움을 만든 비탈릭 부테린, 채굴업체 비트메인의 우지한, 라이트코인을 만든 찰리 리, 메모

리딜러닷컴의 로저 버Roger Ver, 알리바바의 마윈, ICO 큰손 이소래, 중국 바이두 검색엔진을 만든 8BTC 회원들 등이 있다. 이 부분은 트레이딩에서도 역시 중요한 체크 사항이다.

각종 이벤트, 호재가 있는 코인

비트코인을 비롯해서 장기투자로 보유할 코인을 고른 후에는, 일정 비율의 투자금으로 단기투자할 종목들을 고르고 싶을 것이다. 그때그때 이벤트가 있는 경우에 노려볼 수 있다. 호재가 될 만한 특정 사건이 있을 때 '이벤트가 있다'고 표현하는데, 소각 이벤트, 하드포크, 상장 이벤트를 살펴보겠다.

① 소각 이벤트

예를 들어 100만 개 중에 50만 개를 개발자가 수거해서 시장에 남아 있는 코인을 반으로 줄어들게 하는 것이다. 이러면 희소성이 생겨서 가격적으로 높일 수가 있다. 아인스타이늄EMC2은 30배 뛰었던 적이 있다. 비트렉스의 트리거Trigger는 총기 관련 코인이라고 하는데, 소각 이벤트로 급등했던 전력이 있다. 이후 가격은 폭락하긴 했지만 이에 대한 기대감이 형성되다 보니까 아인스타이늄 코인 역시 소각 이벤트를 공지한 후 가격이 급등했던 것으로 보인다.

이럴 때는 소각 이벤트를 자꾸 미루면서 손실분을 메꾸려는 시도는 없는지, 장기투자로 보유할 가치가 충분히 있는 건지 등을 함께 분석할 것을 권한다.

② 하드포크, 업그레이드 이벤트

하드포크가 공지됐을 때는 실행 전 3~72시간 전에 최고점이 나오므로 그때 매도해서 수익을 실현할 수도 있다. 만약 업그레이드 공지사항이 떴다면 디데이D-day 일주일 전 매수해서 고점을 노려 70% 정도를 팔고 30% 정도를 장기투자 물량으로 남겨놓는다.

③ 상장 이벤트[5]

기술적 호재보다도 메이저 거래소 상장 소식은 호재 중에 가장 으뜸 호재라고 할 수 있다. 상장 후에는 가격이 2, 3배 뛰는 것은 기본이고, 외면받던 코인들도 당장 로열 패밀리로 등극된다. 1장에 있는 코인 시가총액 순위를 볼 수 있는 사이트(코인마켓캡)를 참고해서 대세 코인들을 상시 체크하다가 대량 매집이 있었는지 차트 분석을 해볼 수도 있다. 네오NEO는 투자자들 사이에 빗섬 상장 코인으로 끊임없이 유력시되던 코인인데, 빗섬이 금요일마다 상장 이벤트가 있다 보니까 한때 금요일마다 호재 없이도 상승했던 재밌는 에피소드가 있다.

여기서 상장 이벤트는 메이저 거래소에 상장될 때를 말하는 것이므로, 국가와 상관 없이 전 세계 순위를 보고 빗섬, 비트플라이어, 비트파이넥스, 바이낸스, 업비트 정도 살펴보면 된다. 투자자들 입에 오르내리는 찌라시 중에는 상장 루머가 가장 많은데, 흔히 '거래소 내부 정보'라고 해서 "거래소 사장 친구가 얘기해 줬는데", "거래소 관계자가 말해 줬는데"라는 식의 카더라 통신이 많다. 그동안 내가 들은 빗섬 사장 친구만 해도 몇십 명은 되는 것 같다. 제트캐시의 경우 빗섬 상장 예정 루머가 돌고 있던 와중에 각종 커뮤니티 게시판에 이 이야기가 퍼졌는데, 공신력 있는 정보방에서 '사실이 아니다'는 루머가 다시 돌면서 폭락한 적이 있다. 그리고 실제로 제트캐시는 빗섬에 상장되었다.

신규 코인의 상장 이벤트는 고위험 고소득이다. 2017년 리플은 '올해 안에 1달러를 목표로 한다'(당시 200~300원 정도)는 루머가 돌면서 상장 직후 900원을 기록하고 서버 다운 사태로 인해 다시 400원으로 폭락하는데 12월 초까지 회복하지 못하는 바람에 한때 비운의 코인이 되기도 했다(12월 말에는 실제 1달러를 넘어섰다). "힘들 때는 리플 900원에 물린 사람들을 기억해"라는 웃지 못할 말까지 나올 정도였다.

/

알트코인을 보는 2개의 시선, 기술과 화폐

이제부터 코인마켓캡 기준으로 탑100에 들어가는 코인들 중 몇 가지를 소개하려고 한다. CKT팀과 함께 엄선했다. 그런데 그전에 암호화폐를 어떤 시선으로 볼 것인가에 대한 이야기를 한 번 더 짚고 넘어가야겠다. 내가 코인을 무엇으로 보는지에 따라 코인 분석은 다른 방향으로 갈라질 수 있기 때문이다.

'4차 산업혁명'이라는 말이 정말 많이 들려오고 있다. 증기기관으로 인한 산업혁명, 전기로 인한 산업혁명, 인터넷의 등장으로 인한 산업혁명에 이어 우리는 기하급수적인 속도로 변화하는 시대에 놓여 있다. 사물인터넷IoT, 인공지능AI, 생명공학, 핀테크 등은 발전 속도가 상상을 초월한다. 4차 산업혁명은 이 모든 것들의 융복합이라고 할 수 있다.

완판 행진을 이어가고 있는 인공지능 스피커는 항상 전원이 켜져 있고 네트워크에 연결되어 있기 때문에 빅데이터를 수집하기에도 좋다. 중국에서는 3D 프린터로 집 한 채를 뚝딱 지어내고, 미국에는 집단지성을 활용해 3D 프린터로 자동차를 인쇄해 내는 로컬모터스라는 회사가 있다.

기존의 화폐는 4차 산업혁명에는 맞지 않는 화폐이며 변화할 수밖에 없는 숙명에 놓여 있다. 기존 화폐 시스템은 고비용 저효율이 특징이다. 국내에서 해외송금을 하면 환율을 적용하고 환전수수료를 떼야 한다. 송금에 걸리는 시간도 상당하다. 기존 은행은 중앙집중형 서버를 구축해서 보완관리에 막대한 비용을 투자해야 한다. 내가 전해들은 국내의 모 은행만 해도 연간 100억 원 이상의 서버 비용이 투입된다고 한다. 우리가 내 돈을 찾으면서도 수수료를 내야 하는 이유는 바로 그것 때문이다. 게다가 중앙서버는 해커들의 공격 대상이 되어 나의 개인 정보가 언제든 노출될 위험이 있다.

오늘날 돈은 실물이라기보다는 그냥 통장에 찍힌 '금액'이다. 아마 은행 금고를 열어봤자 전표만 잔뜩 쌓여 있는 모습일 것이다. 월급도 봉투로 받는 것이 아니라 월급 통장에 숫자로 찍히며 커피 한 잔을 마셔도 카드로 결제한다. 카카오뱅크는 카카오톡만 연결돼 있으면 쉽게 송금이 가능하게 해준다. 우리는 돈을 주고받기보다는 그저 '숫자'를 주고받는다.

암호화폐 코인은 저비용 고효율이다. 중앙집중형 서버 같은 건 필요 없고 전혀 다른 방식으로 거래된다. P2P 방식의 사용자간 직접 거래다. 기존 화폐는 A가 B로 돈을 송금할 경우 은행이라는 중개기관을 거쳐서 송금 처리가 된다. 예외도 있지만 이때 수수료가 부담된다. 그러나 암호화폐는 A가 B에게 송금할 때 다이렉트로 거래가 된다. 수수료도 거의 없으며, 송금시간도 짧다.

암호화폐 가치가 올라가는 것은 바로 블록체인 기술 때문이다. 블록체인은 쉽게 정리하면 공개 거래장부 시스템이다. 거래된 기록이 암호화되어 전 세계의 컴퓨터에 저장되어 거래내역이 소실되거나 분실될 위험이 없는 시스템이다. 처음에 비트코인의 가치는 제로였고 거래량도 몇 년간 거의 없었지만, 암호 전문가와 해커들 위주로 비트코인을 채굴하는 사람들이 점점 늘어났고 비트코인을 얻기 시작했다. 처음에는 암호를 푸는 난이도도 낮았기 때문에 노트북만 있어도 한 달에 몇천 개씩 캘 수 있는 수준이었다.

이제 암호화폐는 세상으로 깊숙이 들어와 있다. 전 세계에 ATM기가 설치되어 실제로 쓰이고 있다. '실제로 쓰인다'라는 것이 중요한 포인트다. 코인 투자를 할 때도 실제로 쓰이지 못할 기술이라면 투자를 접어야 한다. 진짜 쓰이게 될 기술인가 하는 점은 2018년을 보내면서 가장 중요한 판단 기준이 될 것이다. 종이에 저장되었던 '돈'의 가치는 은행 서버에 저장되었다가 이제 한층 진일보한 다른 기술로 옮겨 저장되고 있는 중이다.

미국 거래소 지닥스와 같은 계열사인 미디어 회사 《테크크런치》가 전 세계 1,300여 개 코인 중에 유망하다고 선정한 100개 코인 리스트가 있다. 3장 끝에 보면 코인의 정체성도 함께 나와 있으니까 앞으로 이 코인은 이렇게 쓰일 거구나, 핵심 기술은 이것이구나 확인하는 습관을 꼭 가지기 바란다.

바이텀, 네오 더키, 그리고 스마트 시티

2017년 12월 25일 크리스마스 선물로 비트코인갓GOD이 에어드롭을 한다는 발표가 났다. 에어드롭에 해당하는 코인은 비트코인, 이더리움, 네오, 퀀텀, 이더리움클래식, 바이텀, 메타버스 이티피였다. 이 일곱 개 코인을 가지고 있으면 비트코인갓을 준다는 얘기다. 앞에 다섯 개는 이미 유명한 코인들이라 이해가 가는데, 뒤에 두 개는 의아하다. 발표 당시 바이텀은 500원 정도, 메타버스 이티피는 2,300원 정도로 둘 다 토큰 상태였다.[6]

바이텀BTM의 개발진이 8BTC다. 미국 암호화폐 언론을 장악하는 그룹이 코인베이스라면, 《8BTC》는 중국의 코인베이스와 같다. 암화화폐 관련 뉴스는 모두 《8BTC》에서 나온다. 그만큼 중국에서는 굉장히 유명하다. 바이두 검색엔진을 만든 사람들이기도 한데, 8명의 개발진을 살펴보면 모두 알리페이 출신이다.

2012~2014년은 알리페이에 있어 상당히 중요한 시기인데 알리페이가 가장 폭발적으로 성장했을 때가 2013년이다. 중국에서는 신용카드가 제대로 사용되지 못했고, 현금지급기에서도 위조지폐가 나올 정도로 위조지폐가 많았다. 중국 돈의 20~30%가 위조지폐로 추정될 정도였다. 당국에서는 돈의 흐름을 파악할 수가 없고 세수 문제가 생기기 때문에 페이 산업을 키워줄 수밖에 없었다. 시진핑이 2013년에 공산당 서기가 되면서 기차표를 모두 알리페이를 쓰게 했다. 중국은 명절이 되면 기차를 타고 이동한다는 걸 생각해 보자. 일순간에 알리페이가 10년 적자를 만회하고 2013년에 급부상한다. 이때 관여한 사람들이 8BTC 팀이다.

바이텀과 동시에 ICO를 했던 코인으로 퀀텀이 있다. 퀀텀 CEO 패트릭 다이Patrick Dai가 바이텀의 기술 고문이다. 중국에서는 ICO를 할 때 8BTC가 만들었다는 이유만으로 신규 회원(유저)은 바이텀이 10배로 많았다고 한다(투자 총액은 퀀텀이 많았다). 2018년 중국 거래소가 한국에 들어오는데 이때 이오스와 함께 바이텀이 들어올 예정이다.

바이텀은 새로운 코인인데도 POS 방식이 아니라 채굴 코인이다. ASIC 채굴기로 채굴하는데, 거기에 인공지능AI를 붙여서 채굴한다고 한다. 중국 코인은 중국인들의 성향을 감안해서 그 뒷배경을 함께 봐야 하는데, 우지한, 마윈 등의 연결고리를 살펴보면 투자 수익률에 직접적인 도움이 된다. 거래소는 EXX, KEX 등이다.[7]

중국의 스마트 시티와 관련해서는 상용화가 높은 네오 더키The Key를 주목할 만하다. 중국 정부의 독점 허가를 받은 네오 기반의 신원증명 블록체인이다. 신원증명을 해내는 기술은 4차 산업혁명의 가장 큰 화두 중 하나이며 상당한 중요한 문제다. 거대기업들이 생체기술을 가지고 있는 기업들을 인수합병하는 것만 봐도 알 수 있다. 각종 홈페이지나 국가 공공기관의 신원증명 서비스로 인정받을 경우 산업 전방위적으로 사용이 가능해진다. 인터넷 홈페이지, 카드발급, 금융기관 등에 가입할 때 우리는 신원증명을 복잡하게 해야 하는 번거로움이 있다. 이 시스템은 4차 산업혁명 시대에는 시간도 많이 걸리고 비효율적인 시스템으로 상당히 번거롭다. 앞으로는 네오 더키처럼 빠르게 신원증명을 하고 가입 절차를 줄이는 것이 화두가 될 것이다. 이것은 결제 속도와도 연관되어 기업 생존에 영향을 줄 것이다. 중국의 국가 주도 코인이 나온다고 해도 서브 역할을 할 코인이 될 수 있다.

네오와 큐텀의 댑DAPP은 상당히 안정적인 성장세를 보인다는 점 역시 개인투자자들은 기억해야 할 것이다. 네오의 온체인은 알리바바가 투자한 기업이며, 네오 자체에서 더키에 투자를 했다는 것도 상당히 흥미롭다.

비트코인 패밀리는 계속 나온다[8]

2017년 12월 15일 중국 쪽에서 하드포크할 때 생긴 비트코인엑스BCX가 있다. 이 코인은 상장하자마자 530%가 떴다. 이건 뭐 로또보다 더 하다. 중국 사람들이 미친 듯이 투자한 이 코인은 영지식Zero knowledge Proof 증명이 특징이다. 쉽게 말하면 제트캐시처럼 암호화 기능이 있는 것이다. 예를 들어 내가 비밀번호를 말하지 않고도 상대에게 내가 비밀번호를 알고 있다는 것을 증명해 주는 것이다. 익명성의 신원보증인데 발행량은 2,100억 개로 많다. 그만큼 다크의 수요가 앞으로 폭발적으로 커질 모양이다. 코모도KMD가 익명성을 갖는 다크 코인으로 주목을 받은 것과 같은 맥락이다.

비트코인에코는 거래소에 상장되자마자 1만 배가 뛰었다. '에너지 블랙홀'이라는 말이 있을 정도로 중국에서는 에코를 달고 나왔으면 무조건 뜬다는 얘기가 있다. 한국인은 아직 살 수가 없는 상황이지만 잘 체크해 놓았다가 주의깊게 보길 바란다.

아이오타, 사물인터넷 소액 결제

코인마켓캡 기준 시가총액 7위권(2017년 12월 27일 현재)으로 가장 기술적 기본기가 충실한 코인이 아이오타MIOTA다. 수수료가 무료이고 사물인터넷에서 사용 가능한 무한 확장성을 특징으로 하고 있다.

이미 발행이 끝난 코인이라 엄청나게 많은 공급으로 인한 공급정체기, 가격 하락과 횡보, 사용처가 많아지면서 가격 급상승의 수순을 밟았다. 2017년 6월 비트파이넥스 상장과 비교하면 8배, 2015년 11월 ICO 당시와 비교하면 9,710배의 가격 상승이다. 현재 상장 거래소는 바이낸스, 비트파이넥스, 코인원, 오케이엑스가 있다.

아이오타가 정말 무서운 점은 핸드폰 기반으로 사용할 수 있는 솔루션이 개발되었다는 것이다. 블록체인 기술을 사용하지 않는 점도 특이사항인데, 자체적으로 개발한 '탱글tangle'이라는 시스템을 사용한다. 전송을 원하는 사람들이 직접 전송에 기여한다. 채굴자가 존재하지 않아 대형 채굴자들의 입김으로부터 자유롭고, 전송 수수료도 없다. 전송하려는 사람이 많으면 처리가 지연되는 블록체인과 다르게 탱글은 참여하는 사람이 많으면 전송 속도가 빨라진다.

사물인터넷IoT은 전자 부문에 없어서는 안 되는 기술이다. 2020년까지 500억 개의 장치들이 인터넷에 연결될 것으로 전망되고 있다. 냉장고에 어떤 물건이 없다는 걸 핸드폰으로 알려준다든가, 집에 필요한 물품들이 모자를 때 알려준다든가 하는 기술을 구현하는 기능이 사물인터넷이다. 인터넷으로 연결된 사물들이 데이터를 주고받아 스스로 분석하고 학습한 정보를 사용자에게 제공하거나 사용자가 이를 원격 조정할 수 있는 인공지능 기술이다. 이렇게 모인 데이터는 기존 기술로는 분석하기 힘들 정도로 방대해지는데, 이것을 우리는 '빅 데이터'라고 부른다.

페이는 우리나라에서 빅 데이터 수집이 가능한 산업인데, 카카오와 삼성이 불꽃 튀는 전쟁을 준비 중이다.

실생활에 어쩌면 우리가 가장 빠르게 사용하게 되고, 접근성 면에서는 이미 가장 근접해 있는 기술이 아이오타다. 계속해서 가격을 체크하고 저점에서 구매하면서 코인 수 늘리기에 집중해야 할 코인이다.

기프토와 트론, 중국의 엔터테인먼트 코인

기프토 코인은 중국에서 ICO가 1분 30초 만에 마감된 코인이다. 아프리카TV의 별풍선과 같은 1인미디어 크리에이터에게 주는 선물 아이템들을 블록체인으로 만든 것이다.

2017년 매출액이 약 1,500억 원이고 1억 건의 앱 다운에 2,000만 명의 회원을 가지고 있는, 이미 성공적으로 영위하고 있는 사업을 토큰화시키는 것이다. 암호화폐에서 가장 중요시 여기는 것이 '상용화'인데 이미 사용자가 명확하게 드러나 있기 때문에, 이 상용화가 엄청나게 빠를 수 있는 코인이다.

유투브, 인스타그램, 페이스북에서도 선물이 가능하도록 프로토콜화하겠다는 것도 중요 포인트다. 이 코인을 사용할 목적으로 컨텐츠를 제공하는 업체가 이미 다수의 한국 BJ를 스카우트했다는 뒷이야기도 전해진다. 중국 시장이 무대인 만큼 시장성도 문제 없는 것

같고, 로드맵대로 된다면 엔터테인먼트 시장의 초대박 코인 탄생도 가능할 것이다. 크리에이터는 자국어로 진행해도 실시간 자막을 통해 서비스한다고 하니 1인 미디어에 관심 있는 사람이라면 주목해 봄직하다.

트론TRX은 블록체인 기반의 엔터테인먼트 플랫폼이며, 지불, 개발, 신용거래 등의 기능을 제공한다고 되어 있다. 트론TRX의 대표인 저스틴 선Justin Sun은 북경대와 아이비리그 펜실베니아 주립대학을 졸업했고, 미국 《포브스》에서 선정한 '2017 중국과 아시아를 움직이는 30대 이하 30인'에 뽑혔다. 알리바바Alibaba의 회장 마윈Jack Ma의 제자로도 알려졌는데, 비트메인의 우지한과는 선후배 사이라고 한다.

2018년에 테스트넷(토큰 상태)에서 메인넷(코인으로 전환)으로 옮겨 런칭한다고 하는데, 한국에서 코인네스트가 상장했다. 코인네스트는 비트코인BTC과 비트코인캐시BCH 거래 시 발생하는 수수료의 110% 만큼 트론으로 돌려주는 이벤트도 실시한다고 밝혔다.

개발진 이력도 괜찮고 엔터테인먼트 관련 코인이면 전망도 괜찮다. 다만 공산국가인 중국에서는 제재 등의 여러 가지 변수가 있기 때문에 수시로 체크하면서 투자의 방향성을 잡아가야 하는 코인이다. 트론이 상승한 시점을 살펴보면, 기프토 코인이 1분 30초 만에 마감되자 그 수요가 연관성 있는 저렴한 코인으로 대거 몰린 것이 아닌가 생각된다. 트론은 엔터테이너를 후원하고 유료 아이템을 사는 데 쓰인다고 한다. 기프토 코인은 트론이라는 플랫폼의 하위 개념으로 이것이 인기를 얻자 함께 가격이 우상향한 것으로 해석된다.

/

에이다, 오미세고, 넴, 콤사, 일본 ICO 코인

한국 투자자들이 주로 '에이다'라고 부르는 카르다노[ADA]는 홍콩 개발회사 인풋아웃풋이 개발사이지만, 일본에서 ICO를 진행한 일본색 코인이다. 2017년 12월 말 현재 시가총액 101억 7천만 달러로 상승률 1,528%다.

오미세고[OMG]는 이더리움 기반으로 탈중앙화된 금융거래와 세계적인 결제 플랫폼을 지향한다. 오미세고 네트워크를 통해 저렴한 비용으로 지불, 송금, B2B 상거래 등을 할 수 있다는 설명이다. 지분증명[POS] 방식이고, 비탈릭 부테린이 기술 고문으로 참여했다고 한다.

콤사[COMSA]는 기업이 ICO를 통해 투자금을 유치할 수 있도록 기업 내 자산을 토큰화하는 기술이다. 일본 암호화폐 거래소를 운영하는 테크뷰로[Tech Bureau Japan]가 개발을 진행했다고 한다.

한국 투자자들이 주로 '넴[XEM]'이라고 부르는 코인의 정식 명칭은 '뉴 이코노미 무브먼트[New Economy Movement: NEM]'다. 거래소마다 표기법이 조금씩 다르기 때문에 다 알아둬야 한다. 자체 블록체인에 중요도 증명[POI] 알고리즘을 도입해 다중 서명 계정 등의 새로운 기술을 개발했다고 한다. 일본의 금융기관들이 다수 투자했다.

네오, 중국 최초의 오픈소스 블록체인

블록체인 기술로 중국 국가표준 인증을 받은 온체인의 CEO 다홍페이가 개발한 코인이다. 개명 전 이름 때문에 '개미코인'이라고도 불렸다. 스마트 컨트랙트 기능을 구현할 수 있고, 네오[NEO]와 네오가스[GAS]라는 두 가지 네이티브 토큰으로 구성돼 있다. 네오의 지분량에 비례해서 가스를 배당해 주는 시스템인데, 네오 1,000개당 하루 0.5가스가 생성된다.

총 발행량 1억 개 중 5천만 개는 ICO와 함께 발행되었고, 나머지는 채굴되는 방식이다.

카이버 네트워크, 비탈릭의 마지막 어드바이징

카이버 네트워크[KNC]는 쉽게 말해, 탈중앙화 P2P 거래소 같은 것이다. 토큰의 유동성을 극대화시키고, 보증금 없이 코인간의 환율을 설정해 주면 카이버 네트워크에서 유저들이 서로 토큰을 주고받고 거래할 수 있는 시스템이다.

원래 블록체인 기반의 코인들은 결국 탈중앙화를 지향하고 있는데, 중앙에서 관리 주체가 없이 분산원장과 무한한 신뢰를 바탕으로 이뤄진다는 것이 원칙이다. 그런데 우리가 코인과 토큰을 거래하는 모든 거래소들은 사실 굉장히 중앙집중식 방식이다. 심지어 수수료도 낸다. 이런 점을 개선한다는 코인이다.

오미세고와 함께 비탈릭 부테린이 마지막으로 어드바이저를 해주었던 코인으로 유명하다. 중국에서 ICO 투자를 금지시키는 바람에 불운을 겪었지만 국내에서 코인네스트에 상장했다.

/

파워렛저, 호주 정부가 지원하는 에너지 코인

전 세계적으로 문제가 되고 있는 에너지 문제를 해결하기 위해 에너지 경제에 개인을 포함시키는 방법을 모색한 결과로 등장한 코인이다. P2P 에너지 거래 시스템을 포함해 시장관리와 가격책정이 가능한 에너지 플랫폼을 지향한다. 파워렛저POW는 현재 호주 프리맨틀시에서 태양열 아파트를 건설하는 프로젝트를 진행 중이라고 한다. 신재생 에너지를 활용하고 투명하게 운용된다는 장점을 내세우고 있는 중이다.

/

심리전에서 이기는 알트코인 투자법

① 코인 개수를 늘려라

업비트에서는 돌아가면서 코인이 펌핑되는 모습을 볼 수 있다. 다시 말하지만 오른다고 따라 사지 말기 바란다. 적어도 개발자가 누군지, 이걸 후원해 주는 사람이 누군지, 기술은 뭔지 3가지는 확인하고 행동에 옮기기 바란다.

펌핌방 피해 사례가 자주 들리곤 하는데, 펌핑방에도 두 종류가 있다. 진짜 돈을 많이 내는 유료 펌핑방과 돈을 안 내도 되는 무료 펌핑방이다. 잘 생각해 보자. 진짜 정보는 유료 회원에게 줄 것이다. 100원에서 펌핑이 시작된다면 유료회원에게는 90원에 정보를 흘리고 무료회원에게는 130, 150원일 때 정보를 흘린다. 펌핑은 올라갔다 다시 내려올 것이고 결국엔 물릴 수밖에 없는 구조다.

그런데 내가 진짜 좋은 코인을 샀다면 펌핑으로 건드리든 말든 장기적으로 우상향하는 큰 그림만 보면 된다. 내가 코인 수만 지키고 있다면 얼마든지 이익을 보고 팔 수 있는데, 듣도 보지도 못한 코인이고 나도 잘 모르는 코인이라면 당연히 우상향에 대한 믿음도 없을 것이다. 가격이 조금만 떨어져도 심장이 벌렁거릴 것이다. 이런 상태라면 투자를 접어야 한다. 그런 사람은 절대 돈을 벌 수 없다.

만약 에이다ADA를 추천받았는데 30원에 구매했고 15원까지 떨어졌다 치자. 반토막이 났어도 그 코인의 개발자, 기술, 미래 비전을 본 사람이라면 절대 팔지 않을 테지만 실제로 이걸 들고 있을 사람은 얼마나 있을까. 에이다가 무슨 코인인지 모르고 그냥 지인이 추천하니까 들어간 사람이라면 불안함에 다 팔아버리고 말 것이다. 에이다가 실제로 쓰이는지 확인하기 위해서 일본까지 가서 ATM기를 확인하고 온 사람도 있다. 돈을 벌고 싶다면 그 정도 열정은 있어야 하지 않을까. 제발 코인 공부는 필수로 하시기를 바란다. 좋은 정보를 받았어도 공부를 안 하면 미래 전망을 믿을 수 없다.

심리적으로 극복하려면 거래소 창을 확인할 때 잔고는 쳐다보지 말고 코인 개수를 확인해라. 3개월 뒤 확인했는데 코인 개수가 안 떨어졌다면 돈을 버는 구조다. 우리는 세력과 같이 움직일 수 있는 시간도 능력도 안 된다. 옮겨다니면서 매수하지 말라. 그저 공부해서 좋은 코인을 찾고 저점에서 구매한 뒤 기다리는 것. 그것이 가장 좋은 투자법이다.

② 업종 대표주를 사라

언제 투자를 시작했든 하락장은 반드시 온다. 하락장에서 버티면 반드시 수익을 얻는다. 코인 개수를 늘릴 수 있으면 되는데, 이게 성공하려면 반드시 업종 대표주를 사야 한다. 비트코인은 대장주로서 반드시 가지고 있어야 한다. 김프가 빠지면 비트렉스에서 비트코인을 구매하라. 김프가 있을 때 다른 코인을 사고 싶은데 비트코인이 한국 거래소에 있으면 전송하느라 며칠이 걸릴 수 있다. 그런 일을 겪지 않으려면 비트코인을 반드시 비트렉스나 비트파이넥스에서 가지고 있어야 한다. 게다가 비트코인이 올라가지 않으면 다른 코인도 올라갈 수 없다.

부의 편중 현상과 자본 쏠림 현상도 심리전이다. 맛집이 잘돼서 밖에서 줄을 많이 서 있으면 나도 저곳에 가야 될 것 같은 생각이 드는 것과 같다. 강남 집값이 너무 비싸져서 더는 오르지 않을 것 같지만 천정부지로 오르는 것도 마찬가지다. 암호화폐 시장에서도 비트코인이 상승률, 회복률로는 최고치다. 중국 규제에 알트코인들이 폭락하는 동안 비트코인이 빨리 회복했던 것은 대표적인 예다.

강남 부자들이 강남 땅과 집을 사들이듯이 미국과 일본은 비트코인을 독식하는 경향을 보여주고 있다. 비트코인은 비싸다고 해서 외면해선 안 된다. 지금부터라도 1만 원, 2만 원어치씩 사모으는 것이 좋은 전략이다.

잠깐 이건 알아야죠!

《테크크런치》가 설명한 100개의 유망한 코인

1	비트코인	BTC	디지털 금(Digital gold)
2	이더리움	ETH	프로그램을 할 수 있는 컨트랙트 그리고 돈 (Programmable contracts and money)
3	비트코인캐시	BCH	비트코인의 클론(Bitcoin clone)
4	리플	XRP	기업지불/지급결제 네트워크 (Enterprise payment settlement network)
5	라이트코인	LTC	더 빠른 비트코인(Faster Bitcoin)
6	대시	DASH	개인보호 중점에 맞춘 비트코인의 클론 (Privacy-focused Bitcoin clone)
7	네오	NEO	중국 시장의 이더리움(Chinese-market Ethereum)
8	넴(뉴 이코노미 무브먼트)	XEM	배터리가 포함된 디지털 자산 (Batterise-included digital assets)
9	모네로	XMR	개인정보 보호적인 디지털 캐시(Private digital cash)

10	이더리움클래식	ETC	이더리움의 클론(Ethereum clone)
11	아이오타	MIOTA	사물인터넷 결제(Internet-of-things payments)
12	퀀텀(큐텀)	QTUM	비트코인에서의 이더리움 컨트랙트 (Ethereum contracts on Bitcoin)
13	오미세고	OMG	뱅킹, 송금, 그리고 교환 (Banking, remittance, and exchange)
14	제트캐시(지캐시)	ZEC	개인정보 보호적인 디지털 캐시(Private digital cash)
15	비트커넥트	BCC	매도프 같은 투자자금(Madoff-like investment fund)
16	리스크	LSK	자바스크립트에서의 탈중앙화된 응용 (Decentralized applications in JavaScript)
17	카르다노(에이다)	ADA	레이어 층이 깔린 화폐 그리고 컨트랙트 (Layered currency and contracts)
18	테더	USDT	가격=1미국달러(Price=1USD)
19	스텔라 루멘스	XLM	디지털 채권(Digital IOUs)
20	이오스	EOS	웹 어셈블리에서의 탈중앙화된 애플리케이션 (Decentralized applications on Webassembly)
21	에이치셰어	HSR	블록체인 스위치보드(Blockchain switchboard)
22	웨이브	WAVES	탈중앙화된 거래소 그리고 크라우드 펀딩 (Decentralized exchange and crowdfunding)
23	스트라티스	STRAT	C#에서의 탈중앙화된 애플리케이션 (Decentralized applications in C#)
24	코모도	KMD	탈중앙화된 초기 코인 제공(Decentralized ICOs)
25	이그	ARK	블록체인 스위치보드(Blockchain switchboard)
26	일렉트로눔	ETN	모네로의 클론(Monero clone)
27	바이트코인	BCN	개인정보 보호에 맞춘 암호화폐 (Privacy-focused cryptocurrency)

28	스팀	STEEM	돈으로 투표하는 레딧(Reddit with money voting)
29	아더	ARDR	블록체인을 스포닝하는 블록체인 (Blockchain for spawning blockchains)
30	바이낸스 코인	BNB	바이낸스 거래 수수료 페이(Pay Binance exchange fees)
31	오거	REP	탈중앙화된 예측시장(Decentralized prediction market)
32	표플러스	PPT	인보이스 거래 선물(Invoice trading futures)
33	디크리드	DCR	대안적인 거버넌스를 가진 비트코인 (Bitcoin with alternative governance)
34	텐엑스	PAY	암호화 신용카드(Cryptocurrency credit card)
35	메이드세이프 코인	MAID	렌트 디스크 스페이스(Rent disk space)
36	비트코인다크	BTCD	지코인 클론(Zcoin clone)
37	비트셰어	BTS	탈중앙화된 거래소(Decentralized exchange)
38	골렘	GNT	다른 사람의 컴퓨터를 빌려줌(Rent other people's computers)
39	피아이엑스	PIVX	통화팽창적인 대시의 클론(Inflationary Dash clone)
40	가스	GAS	네오에서의 수수료 페이(Pay fees on Neo)
41	트론	TRX	인-앱 구매(In-app-purchases)
42	버트코인	VTC	비트코인의 클론(Bitcoin clone)
43	모나코인	MONA	일본의 도지코인(Japanese Dogecoin)
44	팩텀	FCT	탈중앙화된 기록 보관(Decentralized record keeping)
45	베이식 어텐션	BAT	탈중앙화된 애드 네트워크(Dencentralized ad network)
46	솔트	SALT	암호화폐로 지원되는 대출(Cryptocurrency-backed loans)
47	카이버 네트워크	KNC	탈중앙화된 거래소(Decentralized exchange)
48	도지코인	DOGE	진지한 밈 비트코인의 클론(Serious meme bitcoin clone)
49	디직스다오	DGD	조직이 관리하는 토큰화된 골드 (Organisation manages tokenzied gold)
50	베리타섬	VERI	베이퍼웨어(Vaporware)

51	월튼	WTC	사물인터넷 블록체인(IoT Blockchain)
52	싱귤러디티비	SNGLS	탈중앙화된 넷플릭스(Decentralized Netflix)
53	바이텀	BTM	토큰으로서의 실물자산(Physical assets as tokens)
54	바이트볼 바이트	GBYTE	탈중앙화된 데이터베이스와 통화화폐 (Decentralized database and currency)
55	게임 크레딧	GAME	비디오게임 화폐통화(Video game currency)
56	메타버스 이티피	ETP	개인 신원이 덧붙여진 중국의 이더리움 (Chinese Ethereum plus identity)
57	지엑스셰어	GXS	탈중앙화된 중국 이퀴팩스(Decentralized Chinese Equifax)
58	시스코인	SYS	탈중앙화된 시장(Decentralized marketplace)
59	시아코인	SC	디스크 스페이스를 빌려줌(Rent disk space)
60	스테이터스	SNT	탈중앙화된 애플리케이션 브라우저 (Decentralized application browser)
61	옥스	ZRX	탈중앙화된 거래소(Decentralized exchange)
62	버지	XVG	개인정보 보호적인 도지코인(Privacy Dogecoin)
63	리케	LKK	디지털 자산거래소(Digital asset exchange)
64	씨빅	CVC	개인 신원과 인증 앱(Identity and Authentication App)
65	블록넷	BLOCK	탈중앙화된 교환(Decentralized exchange)
66	메탈	MTL	리워드 프로그램이 더해진 결제 (Payments with rewards program)
67	이코노미	ICN	디지털자산 투자자금(Digital asset investment funds)
68	애터니티	AE	탈중앙화된 앱Decentralized apps(prototype)
69	디지바이트	DGB	더 빠른 비트코인(Faster Bitcoin)
70	밴커	BNT	토큰 지수 자금(Token Index Funds)
71	리피오 크레딧	RCN	코-사인드 암호화폐 대출(Co-signed Cryptocurrency Loans)
72	에이티엠체인	ATM	광고 네트워크(Advertising network)

73	그노시스	GNO	탈중앙화된 예측시장 (Dencentralized prediction market)
74	비체인	VEN	공급체인 아이템 ID(Supply chain item IDs)
75	퓨라	PURA	암호화폐(Cryptocurrency)
76	파티클	PART	개인정보 보호적인 시장과 채팅(Privacy marketplace and chat)
77	쿠코인 셰어	KCS	이익을 나누는 거래 수수수료(Profit-sharing exchange fees)
78	비트컨스	BQX	암호화폐 투자를 위한 민트 (Mint for cryptocurrency investments)
79	펀페어	FUN	탈중앙화된 카지노(Decentralized casino)
80	체인링크	LINK	컨트랙트를 위한 엑스터널 데이터(External data for contracts)
81	파워렛저	POW	전기를 위한 에어비앤비(Airbnb for electricity)
82	엔엑스티	NXT	암호화폐 시장(Cryptocurrency and marketplace)
83	모나코	MCO	암호화폐 신용카드(Cryptocurrecy credit card)
84	크립토넥스	CNX	제로코인의 클론(Zerocoin clone)
85	앰캡	MCAP	채굴 투자 자금(Mining investment fund)
86	스토지	STORJ	디스크 스페이스를 빌려줌(Rent disk space)
87	젠케시	ZEN	개인정보 보호에 중점을 둔 비트코인의 클론 (Privacy-focused Bitcoin clone)
88	넥서스	NXS	비트코인의 클론(Bitcoin clone)
89	네블리오	NEBL	탈중앙화된 애플리케이션 플랫폼 (Decentralized application platform)
90	제우스실드	ZSC	탈중앙화된 보험(Decentralized insurance)
91	스트림 데이터코인	DATA	실시간 데이터 시장(Real-time data marketplace)
92	지코인	XZC	개인정보 보호적인 디지털 캐시(Private digital cash)
93	냅코인	NAV	개인정보 보호적인 거래가 더해진 비트코인 (Bitcoin with private transactions)

94	에드엑스	ADX	광고 거래소(Advertising exchange)
95	오픈 트레이딩	OTN	탈중앙화된 거래소(Decentralized exchange)
96	스마트 캐시	SMART	보상이 더해진 지코인(Zcoin clone with rewards)
97	비트딜	BDL	비트코인의 클론(Bitcoin clone)
98	루프링	LRG	탈중앙화된 거래소(Decentralized exchange)
99	에지리스	EDG	탈중앙화된 카지노(Decentralized casino)
100	페어코인	FALR	저축하는 사람을 장려하여 리워드해 주는 비트 (Bitcoin that rewards savers)

[정리] CKT팀 망고

결국 투자는 심리 게임이다

2017년《포브스》선정 세계 부자 순위 4위인 워렌 버핏은 세계적인 주식투자자다. 가치투자를 강조하는 그를 사람들은 '오마하의 현인賢人'이라고 부른다. 그가 한 말 중에 "부자는 끈기로 무장한 사람"이라는 이야기가 있다. 조급해하지 말고 스스로 판단해서 투자할 것이며, 끊임없이 공부하면서 욕심을 부리지 말라고 말하는 그는 컴퓨터를 끄고 밖에 나가 일상생활을 하라고 말하기도 했다.

2017년까지 암호화폐 시장은 성장을 거듭해 왔으며 2017년 말 2018년 초 한국 땅에는 미국, 중국, 일본 각국의 거래소가 뛰어들어 과열장을 만들어냈다. 급한 듯이 ICO(투자유치)는 줄줄이 이어졌으며, 다른 나라 거래소보다 한국 거래소만 유난히 가격이 높이 책정되는 '프리미엄' 현상이 두드러졌다. 그 비율은 내가 보기에 위험할 정도였다. 그동안 직장인들에게 좋은 부수입을 안겨다주었던 코인 투자가 개인투자자들을 위험한 상황으로 내몰 수도 있는 상태였다. 그저 치열한 공부를 하고 있어서 강의를 하고 있는 것일 뿐 그다지 대단할 것도 없는 내가 책을 쓰겠다고 결심한 것은 '개미들과 함께'라는 나의 모토 때문이었다. 2018년 코인 시장은 완전히 다른 투자 패턴으로 바뀌야 할지도 모른다. 워렌 버핏은 이런 말을 했다. "시장은 예측이 아니라 대응이다."

초보가 흔히 겪을 수 있는 패턴

그저 '돈 번다더라'는 이야기만 믿고 코인 투자에 뛰어든 사람이라면 다음 패턴을 거칠 수 있다.

처음에는 운이 좋아 수익을 얻는 경우가 있다. 예를 들어 이더리움을 20만 원에 구입하고 40만 원에 팔아서 2배 수익을 얻는다. 정말 기분이 째지는 그 순간이 바로 문제의 씨앗이다. '코인 거래 별거 아니네'라고 생각하면서 그때부터 감으로 매매를 하기 시작한다. 커뮤니티 게시판 글에 휘둘리는 걸 감지하지 못하고 몰빵 투자를 한다. 그 다음은 가격 하락을 겪고, 겨우 초기 투자금을 건지는 선에서 손절하고 만다.

그런데 정신 못 차리고 2차로 또 몰빵을 한다. 그 결과 대폭락 사태를 만나면 초기 투자금을 깎아먹는 선에서 손절하고 만다. 일이고 뛰고 다 때려치우고 도망치고 싶은 심정으로 괴로워하는데, 가격이 다시 상승한다. 이때부터는 공포감과 욕심이 서로 싸우고 자신이 손절했던 가격보다 훨씬 올라 있는 모습을 망연자실 바라본다.

이때가 중요하다. 문제가 무엇이었는지 궁금해해야 한다. 공부를 시작하고 욕심과 공포감을 다스릴 수 있어야 한다. 분할매수, 분할매도의 중요성을 깨닫고 단타에 마음 조리느라 괴로운 것보다 장기투자가 훨씬 쉬운 방법이라는 것을 깨달아야 한다. 큰손인지 세력인지 모를 집단들이 시장을 흔들어도 절대로 흔들리지 않을 나만의 투자 기준을 만들어야 한다.

/

그들을 세력이라 부른다

사실 세력이 누군지는 잘 모른다. 조직이나 집단일 가능성도 있을 것이다. 한껏 끌어올린 뒤 개미들이 뒤늦게 올라타면 재미를 보고 떠나는 대형 거래자들을 우리는 세력이라고 부른다.

코인의 가격은 언뜻 보면 시장 논리인 수요와 공급에 의해서 결정되는 것처럼 보이지만, 마냥 그렇지도 않다. 그들은 미리 답을 정해 놓고 문제를 만드는 자들이다. 코인 시장에서는 모두가 "예스"라고 말할 때 "노"라고 말하는 용기 따위는 필요없다. 그들의 흐름에 편승해서 수익을 내야만 하는 것이 개미의 운명이다.[9]

그들의 수익실현 방식은 주식에도 있었으며 지금도 여전하며 아마 10년 후에도 여전할 것이다. 개미들이 별 반응을 하지 않을 때는 절묘하게도 포털 사이트에 '직장인들 가상화폐 투자 30% 넘는다', '평균 566만원 투자'와 같은 뉴스가 상위에 뜨기도 한다. 이게 무슨 관계가 있는 건지는 나도 모른다. 그저 우리는 늘 높은 가격에 사서 낮은 가격에 파는 손절매를 하면서 그들의 먹잇감이 되는 것을 경계할 뿐이다. 1차, 2차, 3차로 그들은 추격매수를 유도하며, 장기투자를 위해 버티는 개미를 흔들고, 신규 개미들을 끌어들인다. 욕심과 공포는 우리를 패닉에 빠지게 한다. 모두가 알고 있지만 또 매번 당한다.

방법은 오로지 추격매수 금지, 과한 욕심 금지, 미친 듯이 공부하기, 세력보다 끝까지 남아 버티기, 익절 구간을 정하고 흔들림 없이 매도하기, 이 다섯 가지뿐이다.

/

멘털이 견딜 수 있는가

코인을 매수한 후 팔지 않고 들고 있으면 어차피 수익률은 오른다. 그러나 일반 투자자들은 믿음이 없어서 불안해하다가 호재가 오기 전에 매도하고 만다. 보통 가격이 반토막이 나면 패닉 상태가 온다. 만약 10만 원짜리 코인을 샀는데 5만 원으로 떨어진다면 코인을 제대로 공부하는 사람들은 오히려 더 산다. 매수 타이밍이다. 7만5천 원만 돼도 본전이고 8만 원부터는 수익이 올라가는 것이다.

다만 몰빵은 금지다. 내가 갖고 있는 돈이 100만 원 있으면 처음엔 30만 원만 사고 떨어질 때마다 또 산다. 2017년 비트코인캐시는 140만 원을 가다가 8월 1일 30만 원으로 떨어졌다. 공부가 안 돼 있어서 왜 오르는지 왜 떨어지는지 모르는 사람은 이럴 때 패닉이 온다. 그렇지만 보유하고 있었던 사람이라면 60만 원으로 오르다가 결국엔 280만 원으로 가는 경험을 해봤을 것이다. 두 배의 수익이다. 대시는 30만 원대에서 20만 원으로 내렸다가 80만 원으로 다시 올랐다. 들고만 있으면 우상향했다.

그런데 문제는 투자자들은 멘털이 약해 못 가지고 있는다는 것이다. 하락장을 견디지 못하는 이유는 두 가지다. 심리적인 불안감, 그리고 투자한 돈이 장기투자로 묻어둘 수 없는 돈인 경우다. 월급 받아서 생활비로 써야 하는 걸 잠깐 코인 시장에 묻어놨다면 견디지 못하는 게 당연할 것이다.

나는 강연할 때 대출받아서 코인을 사라고 농담을 던진다. 이자낼 만큼만 1년 뒤 코인을 팔라고도 한다. 하지만 솔직히 대출받아서 하면 안 된다. 견디지 못할 멘털이라면 하지 않아야 한다. 그러나 그런 말을 농담으로 던지는 이유는 2017년까지는 대출을 받아서라도 했어야 할 정도로 시장 규모가 커가는 중이었기 때문이다. 시장이 폭발적으로 클 때까지 차트는 어차피 우상향이다. 단지 내가 심리적으로 힘들 뿐이지 지금까지는 들고 있으면 수익을 냈다.

문제는 2018년이 시작되는 지금부터다. 각국의 규제가 시작되고 국가 발행 코인이 나올 전망이기 때문이다. 양상은 달라질 것이다.

국가 발행 코인이 나오게 되면 현재의 코인들은 위험한 순간이 올 수도 있다. 위험하다는 것은 상용화가 안 될 수도 있다는 의미다. 지금의 알트코인들은 상용화가 될 것을 전제로 믿고 가는 것이기 때문에 가격이 오르지만, 국가 발행 코인이 나오면 그중에는 도태되는 것도 있을 수 있다. 그래서 틈만 나면 나는 계속 반복해서 비트코인으로 바꿔라, 비트코인을 사라는 얘기를 하는 것이다. 사용을 안 해 버리면 끝이기 때문이다.

암호화폐는 주식과 같은 개념이 아니다. 안 쓰이면 그만이다. 지금은 그저 쓰인다는 믿음으로 매수매도하는 것이기 때문에 사실 '투기'라고 불러도 할 말은 없다. 하지만 기술은 4차 산업혁명을 향해 가고 있고, 우리는 지금 그 한가운데에 있다.

미래학자 레이 커즈와일은 기술은 기하급수적 진보를 거치고 2045년 싱귤래러티(인공지능이 인간의 지능을 넘어서는 포인트)가 온다고 예견했다. 그러나 2045년까지 기다리지 않더라도 2020년대에 이미 컴퓨터 집적도는 인간의 뇌를 넘어선다고 한다. 인공지능AI이 튜링 테스트(기계가 생각하고 있는지 판정하는 테스트)에 합격한다고 해서 '프리 싱귤래러티Pre-singularity'라고 부르는 사람도 있다.

세상은 이미 무서운 속도로 바뀌어가고 있다. 암호화폐를 공부하다 보면 개발진들은 이미 미래 사회 구현의 판을 짜고 있는 것 같다는 생각이 저절로 든다. 암호화폐는 누군가에게는 엄청난 수익을 가져다주는 투자처임과 동시에 누군가에게는 자신이 구현하고 싶은 사회의 미래 모습이다. 거래 목적이 투기이든 투자이든 우리는 공부하고 또 공부해야 한다. 대량해고와 사회적 혼란이 우리를 뒤덮기 전에 살길을 마련하고 미리 가서 준비해야 한다.

사람이 성향이라는 게 있어서 자신에게 맞지 않는 투자법으로 투자를 하다 보면 너무 힘들게 느껴질 수가 있다. 사실 투자에는 이런 방법도 있고 저런 방법도 있다. 워렌 버핏도 "컴퓨터를 끄고 나가서 일상생활을 하라"고 말하지 않았던가. 코인 때문에 인생을 바꾸는 건 절대 반대다. 어느 순간 내가 불행하게 느껴지고 다른 게 안 보인다면, 투자 스타일이 잘못된 건 아닌지 점검해 보기 바란다.

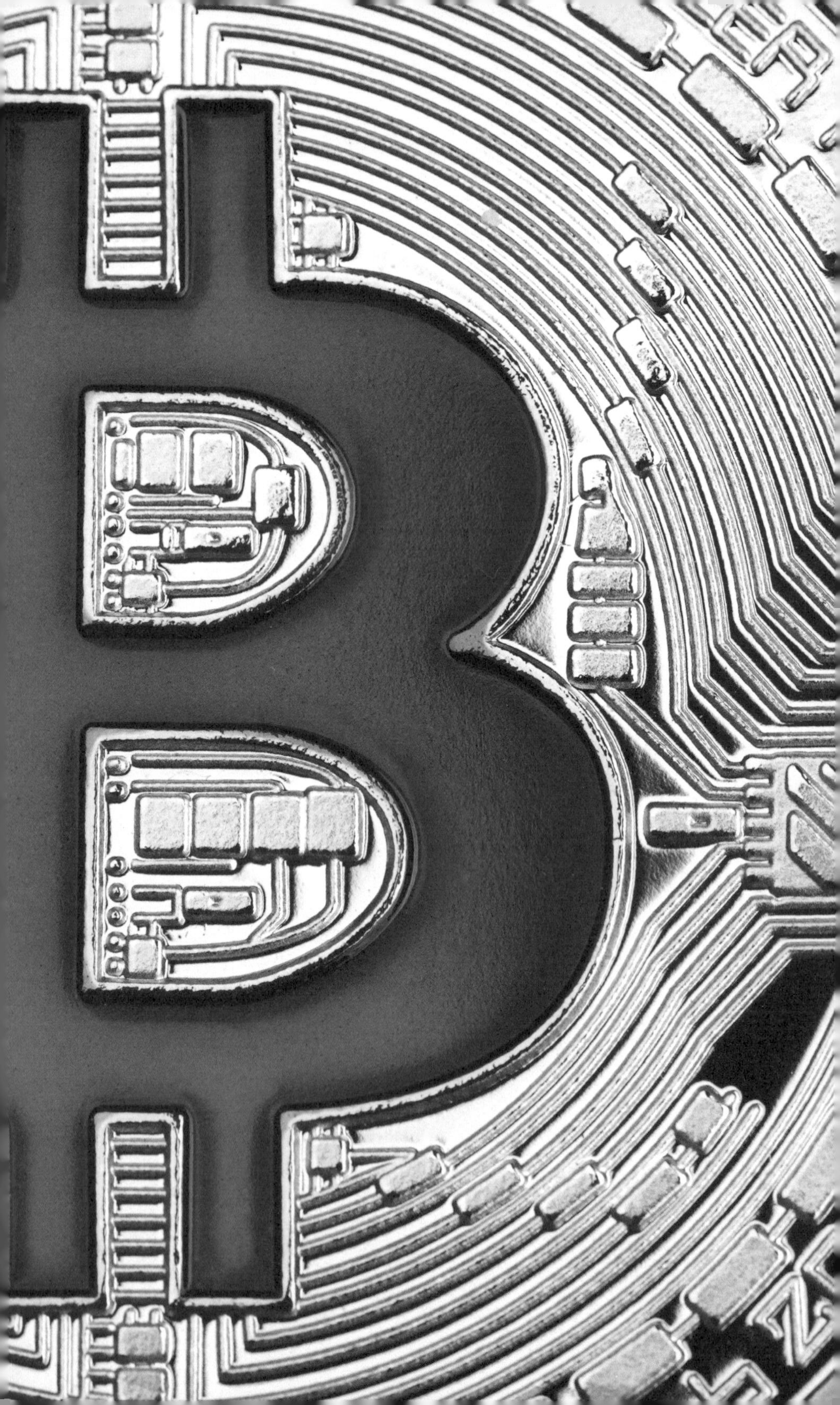

4장

암호화폐 뉴스 보는 법

CRYPTOCURRENCY

뉴스 한 줄에도 돈 버는 정보가 있다

나에게 높은 수익률을 안겨다주는 코인을 귀신같이 찾아내기 위해서는 공부, 또 공부밖에 없다. 뉴스 한 줄을 보더라도 공부가 돼 있는 사람은 해석이 다르다. 뒤에 있는 이면까지 볼 수 있는 안목이 생기고 인사이트insight가 달라지기 때문이다. 나와 CKT 팀이 분석하는 내용들은 마치 예언처럼 들린다는 평을 듣기도 하는데, 사실 그 근거는 특별할 게 없는 정보들이다. 똑같은 뉴스를 보고 똑같은 정보를 가지고 이야기하는데 보는 시각이 조금 다를 뿐이다.

일본, "알리페이에 대적할 코인을 만들겠다"

뉴스를 보는 시선을 점검해 보기 위해서 예를 하나 들어보겠다.

일본의 《니혼게이자이 신문》에서 일본금융감독원장이 나와서 이렇게 말했다. "알리페이에 대적할 만한 디지털 코인을 만들겠다." 그런데 이 뉴스를 보고 사람들은 뭘 떠올릴까. 알리페이는 플랫폼일 뿐이다. 그런데 왜 일본의 금융감독원장은 결제수단인 알리페이를 언급하면서 화폐인 코인을 만들겠다고 했을까. 그렇다면 우리는 페이 산업에 대해서 알아야 하고, 알리페이란 회사에 대해서 알아야 한다.

세계 3대 페이 회사는 미국 페이팔, 중국 알리페이, 인도 페이티엠Paytm이다. 알리페이는 사용자가 10억 명 정도 된다. 위챗페이(중국)도 8억 명 정도다. 물론 겹치는 건 있을 수 있다. 중국 인구가 2017년 기준 13억 8천만 명(CIA 기준)인데, 인도 인구는 12억 8천만 명(CIA 기준)이다. 중국과 별 차이가 안 난다. 엄청나게 따라왔다. 이걸 보고 알아야 할 것이 있다.

2013년 시진핑이 중국 당서기가 되기 전까지는 1가구 1자녀 운동을 했다. 산하 제한을 했더니 인도가 미친 듯이 쫓아오는 것이 보였다. 인구가 곧 힘이라는 걸 깨달은 시진핑이 2013년에 가장 먼저 한 정책 중 하나가 산하정책을 없애는 것이었다. 우리나라도 북한이랑 통일을 하면 안 좋네 어쩌네 말들이 많지만 모르는 소리다. 일본처럼 국가 인구가 1억 명은 넘어야 뭘 해볼 수 있다. 통일은 우리 경제에 호재다.

그런데 알리페이가 회원 수 2억 2천만 명인 인도 페이티엠과 손잡았다. 지금 인도는 노점에서도 페이티엠 결제가 가능하다. 인도 나렌드라 모디 총리는 2016년 11월 이른바 '검은 돈'을 근절하기 위해 고액권 사용을 중지하는 화폐개혁을 단행했다. 은행 계좌를 가진 인도 국민은 절반에 불과하고, 상거래의 98%가 현금으로 이뤄지는 상황에서, 국내총생산GDP의 20~30%에 달하는 것으로 추정되는 지하경제를 양성화하고 세수를 확대하기 위한 것이었다. 이후 모바일 결제 시장 선도업체 페이티엠Paytm이 급부상하는데, 페이티엠의 모회사는 인도 전자상거래 업체 '원97커뮤니케이션즈'이고, 이 회사의 최대주주는 마윈馬雲 회장이 이끄는 알리바바의 금융 계열사인 앤트파이낸셜이다.

알리페이는 인도네시아, 필리핀에서도 현지 기업과 손잡는 방식으로 전 세계를 장악하고 있다. 한국에서는 카카오페이에 투자했다. 만약 알리페이가 모바일 결제 서비스에 코인을 넣어서 지급하게 한다면 어떻게 될까. 전 세계의 엄청난 인구가 아무런 거부감 없이 코인 사용에 동참하게 되는 것이다.

미국 페이팔은 회원 수가 1억 9천만 명이 조금 넘는다. 페이스북이 18억 명이다. 한국에도 삼성 핸드폰이 있어서 플랫폼으로 쓰일 수 있다. 그런데 일본은 여기에 대적할 만한 기반이 없다. 신용카드 사용은 실패했고 일본인들은 현금을 좋아한다. 스마트폰 보급률은

18~34세는 94%이지만, 50세 이상은 29%다. 일본은 이런 상황에서 위기를 느낀 것이다. 일본은 알리페이가 플랫폼이라고 생각한 것이 절대 아니다. 그렇기 때문에 거기에 대항할 만한 디지털 코인을 만든다고 말한 것이다.

일본은 대외적으로 코인을 사용한다고 한 적은 없다. 하지만 이 뉴스를 봤을 때 사실은 코인을 상용화하겠다는 얘기가 된다. 이제 코인은 허상이 아니라 실상이다. 일본은 국가 코인(J코인)을 만들어 2020년 도쿄올림픽 때 사용될 수 있게 하겠다고 밝혔는데, 이때 2주 동안 쓰는 금액이 290조 원이라고 한다. 그리고 일본이 선택한 코인 사용방식은 지문 날인이 될 확률이 높다. 생체인식을 통해서 계좌에서 인출되는 방식이다.

투자자는 일본 국가 코인에 관심을 가져야 한다. 현재 가장 많이 상용화돼 있는 코인은 에이다ADA(카르다노)로 일본에서 쓰이고 있다. 그래서 한때 에이다가 J코인이 될 거라는 이야기가 나돌기도 했다. 진짜 어떻게 될지는 모를 일이지만 말이다.

/

뉴스를 보는 시선

먼저 뉴스를 보는 데 있어 고려해야 할 것이 두 가지가 있다. 첫째, '왜 이 뉴스가 나왔는가'를 생각해야 한다. 둘째, '뉴스는 실시간 정보에 비해 정확성은 높지만 느리다'는 사실이다.

암호화폐 투자를 할 때 이 점을 바탕에 두고 뉴스를 접하는 이유는, 암호화폐 관련 뉴스를 내보내는 언론사가 암호화폐 이권과 연결되어 있는 경우가 있기 때문이다. 예를 들어 미국에서 비트코인 선물거래 상장으로 떠오르는 거래소 지닥스는《테크크런치》라는 웹진을 보유하고 있다. 그들은 암호화폐 초창기부터 코인을 보유하고 있었을 가능성이 당연히 높다. 이미 수익을 많이 내고 있거나 개발자들 또는 후원자들과 이해관계로 얽혀 있을 가능성이 농후하다.

첫째, '이 뉴스가 왜 나왔는가'의 관점에서 생각해 보자. 이 뉴스가 어느 쪽에 유리한 기사인지, 그리고 이 기사를 통해 이익을 얻을 수 있는 사람들은 누구일지 유추해 보는 것이다. 또한 그 이익을 통해 궁극적으로 이루려는 목표가 무엇인지 등 지속적으로 추적하다 보면 뉴스 이면의 것을 알 수 있을 것이다.

둘째, '뉴스는 느리다'의 관점에서 생각해 보자. 암호화폐 시장은 24시간 연중무휴로 열리기 때문에 그동안 우리가 겪어왔던 세계보다 4배, 최소한 2배는 빠르게 움직인다고 생각한다. 따라서 팩트를 체크하고 검토를 받아서 나오는 암호화폐 뉴스는 상대적으로 시장 흐름을 즉각적으로 반영하기에는 시간 차가 발생할 수밖에 없다.

이 시간 차이를 줄일 수 있는 서브미디어로 트위터, 레딧(소셜뉴스 웹 사이트, www.reddit.com), 깃허브github(프로그래머 개발 도우미) 같은 커뮤니티가 있다. 언론사가 아니지만 미디어 역할을 하는 것이다. 다만, 이런 커뮤니티를 접할 때는 신속성은 확보되지만, 팩트를 확인하는 자체 검토 과정을 거쳐야 한다. 그렇지 않으면 '그렇다 카더라'라는 이름의 통신에 휘둘리는 모양새밖에 안 된다. 여러 가지 가능성을 생각해 보고 가설을 세우고 거기에 맞는 포트폴리오와 위험 분산이 가능한 포지션을 취해야 한다. 투자는 예측이 아니라 대응이라고 했다. '어느 쪽으로 흘러갈 거야'라고 예측을 맞추기 위한 것이 아니라 여러 가지 가능성들에 대해 가장 적절한 옵션들을 구비해 놓는 것이 목적이다.

2017년까지 암호화폐 뉴스 중에 가장 나를 심하게 압박했던 것은 '중국발 규제'였다. 수없이 뿌려지는 찌라시들과 쏟아져 나오는 뉴스 기사들 속에서 '중국 ICO 규제' 뉴스는 나의 자산을 지키는 데 매우 위협적이었다.

2017년 9월 2일 일요일 저녁부터 시장은 심상치 않은 찌라시들로 분위기가 뒤숭숭했다. 찌라시의 내용은 "중국이 가상화폐를 금지한다"는 내용이었다. 가격은 출렁였고, 중국의 공문서처럼 보이는 종이 사진 한 장에 사람들은 비트코인을 던지기 시작했다. 비트코인은 최고가를 찍고 있었기 때문에 골 또한 깊을 수밖에 없었다. 가격은 당시 550만 원대에서 10%가 빠진 490만 원대까지 하락했다.

그러나 이후 일본과 미국이 등장하고 결국 시장은 다시 안정을 찾았으며 2017년 12월 비트코인은 2,000만 원을 돌파했다. 2018년에는 각국 정부가 발행하는 코인이 윤곽을 드러낼 것이고, 암호화폐가 제도권으로 들어오면서 국내에서도 준비 중이던 대기업 자본이 모습을 드러낼 것으로 전망된다. 시시각각 주요 뉴스에 더욱 집중해야 하는 이유가 분명해졌다.

북한이 도발하면 코인 시장이 커진다

비트코인을 어떻게 바라보는가 하는 시각을 보면 누가 돈을 벌고 있는지가 보인다. 우리 같은 일반 서민들은 '가상화폐는 사이버머니다. 그거 하다가 망한다'는 좁은 시선에서 벗어나지 못한다. 스스로 생각해 보고 내린 결론이라기보다 사회가 만들어준 프레임 안에서 바라보는 것이다. 반면에 자본과 지식을 갖추고 있는 사람들은 그동안 암호화폐 투자를 가속화해 왔다.

2017년 8월 어느 날 우연히 운전하면서 들은 경제 라디오에서 비트코인 소식을 전하는 걸 들었다. 이 뉴스는 암호화폐에 대한 나의 시선을 바꾸는 계기가 된 뉴스다. 굉장히 흥미롭게도 비트코인 상승 원인 중 하나로 꼽는 것이 한반도 전쟁 위기였다. 비트코인이 안전자산이라서 자금 이동이 이루어지고 있다는 것이다. 자금 이동이 이루어진다는 것은 기득권이 인정하는 자산이라는 뜻이다. 나는 주식 투자를 오래 해왔기 때문에 환율이나 주식 시장을 보면 우리나라 또는 전 세계 경제 상황을 볼 수 있다는 말에 동의한다. 그리고 금융권은 상당히 보수적이라는 것에도 동의한다. 그런데 '가상화폐를 돈 있는 사람들이 구매한다고?' 처음에 내 머릿속에는 의아함과 당혹감이 맴돌았다.

/

북한이 미사일을 쏘면 일본이 움직인다

처음에 나는 전쟁설로 인해 비트코인이 오른다는 것에 동의할 수가 없었다. '전쟁은 한반도에 국한되어 벌어지는데, 왜 전 세계에서 판매되는 비트코인 가격이 오른다는 거지? 우리나라 비트코인 보유량이 전 세계 가격에 영향을 미칠 만큼 많지 않은 걸로 아는데?' 그러나 최근에 어느 나라 자금이 비트코인을 많이 구입했는지에 대한 자료를 듣고는 굉장히 신빙성이 있구나, 하는 생각이 들기 시작했다. 비트코인 매입에 쓰인 자금은 엔화, 다음은 위안화, 그 다음은 달러, 나머지가 한국 자본이었다.

일본은 좋든 싫든 한반도의 전쟁과 지리적으로 밀접한 관련이 있다. 한반도 전쟁에서 자유로울 수 없는 일본이 48%나 구매했다면 전쟁설로 인한 비트코인 구매는 상당히 설득력이 있긴 했다. 남북 정세에 따라 엔화 자금이 비트코인을 사들인다면 펌핑 현상도 이상할 건 없었다.

우리는 비트코인이 너무 올라서, 가지고 있는 자금으로는 턱없이 부족하다고 구매를 망설인다. 나도 사실 마찬가지였다. 비트코인은 꼭 내 것이 아닌 것 같은 마음도 들고 이미 늦은 것 아니냐는 불안감도 강했다.

그런데 비트코인을 들여다보니 마치 우리나라 경제를 20년 동안 이끌어온 강남 부동산 불패 신화를 보는 것 같았다. 일본인의 비트코인 사랑이 유달리 강한 것은 '다른 코인이 다 망해도 비트코인은 살아남는다'는 인식 때문인 것 같았다. 이것이 내가 암호화폐 투자에 본격적으로 뛰어든 계기가 된 뉴스다.

/

전쟁 긴장감과 암호화폐 시장

이후에도 나는 '국제 정세 불안은 비트코인 상승세를 부추기지 않는다'는 가설과 '국제 정세 불안과 전쟁 위협은 비트코인을 상승시킨다'는 가설을 놓고 여러모로 자료를 수집했다.

어느 날은 북한이 미사일을 쏘아올린 뉴스, 어느 날은 미국의 평양 폭격 가능성을 말하는 뉴스가 보도됐다. 그때마다 주식 시장에서는 종가가 떨어지는 현상을 보였는데, 암호화폐 시장은 그럴수록 가치가 상승하는 모습이었다.

또 어느 날은 비트코인 거래 내역을 찾아보고 놀라지 않을 수 없었다. 엔화의 비트코인 매수 비율이 60%였던 것이다. 북한 관련 뉴스가 나왔다고 이렇게까지 심할까 싶어 그날 뉴스를 분석해 봤다. 일본의 시사주간지《주간현대》가 "아베 신조 일본 총리와 도널드 트럼프 미국 대통령의 57분간 전화통화 기록을 입수했다"며 관련 내용을 보도했다는 걸 찾았다. 일본은 전 세계에서 최초로 핵 공격을 받은 국가다. 북한의 도발 가능성에 대해 한국인은 차분한 반면 일본인이 불안을 느끼는 것도 어떤 면에서는 이해가 간다.

물론 여러 가지로 비트코인이 가격을 높게 형성할 이유는 도처에 널려 있다. 단기 유동성자금과 주식 쪽 자금이 흘러들어왔다고 유추할 수도 있고, 세그윗2x 일정에 대한 기대감이 작용할 때도 있었을 것이다. 그러나 암호화폐 시장을 움직이는 세계 주요 인사 중에 핫한 인물로 김정은도 빼놓을 수 없다는 건 여러 자료를 분석해 보면 부인할 수가 없다. 모든 코인이 떨어지는 하락장에서 북한이 도발하면 비트코인만 혼자서 쭉쭉 올라가기도 한다. 가설은 정설이 되기도 하는 것이다.

무기거래와 암호화폐

코인 거래를 시작했다면 익명성을 특징으로 하는 다크 코인을 잘 알아야 한다. 그것은 국가간의 상관관계 때문이다. 북한의 계속되는 도발은 코인 시장을 키우는 촉매제가 된다. 2017년 국제 정세 불안,

IS 테러단체 등이 활개를 칠 때를 보면 코인 시장에서는 성장세가 나타난다. 그중 대표적인 것이 대시다.

대시 코인은 2017년 8월 이후 엄청난 상승률을 기록한다. 단기간의 상승률로 보면 비트코인과 비트코인캐시가 크지만, 8월 이후 꾸준히 상승한 코인은 대시가 유일하다. 중국발 대폭락장인 9월에도 유일하게 버텨낸 알트코인이고, 그 이후도 꾸준한 우상향을 해왔다. 북한의 핵무기 위협이 대시와 비트코인의 가격 상승을 계속해서 부추겼다는 점은 여기서도 나타난다.

대시는 테러나 전쟁, 국가간의 무기 거래 대금결제 등으로 쓰일 수 있도록 만든 코인이다. 무기거래가 활발한 시기나 계속되는 전쟁 긴장감이 있다면 대시의 가격은 계속 우상향할 것이다. 이런 대외 정세와 정치, 경제, 사회, 역사를 알지 못하고는 코인 시장 투자에서 앞서갈 수 없다는 것이 내가 계속 블로그와 강의를 통해 주장하는 부분이다.

트럼프, "예루살렘은 이스라엘의 수도"

2017년 핫한 뉴스 중 하나는 트럼프의 이스라엘 방문에서 나왔다. 예루살렘을 이스라엘의 수도로 공식 인정한다는 트럼프의 발언이 뉴스로 터져나온 것이다. 예루살렘에는 타국의 대사관이 하나도 없는데 미국 대사관이 이전을 준비한다는 뉴스와 함께, 사우디아라비아, 프랑스, 러시아, 프란치스코 교황까지 우려의 입장을 내놓고 있다는 뉴스도 잇달아 나왔다.

이 뉴스를 들으면서 코인 투자자들은 어떤 생각을 하고 어떤 선택을 했을까? 이 뉴스에서 중요한 것은 이스라엘과 팔레스타인 분쟁의 원인이 무엇인지 역사적인 배경을 살펴보는 것이 아니다. '중동 분쟁 지역을 건드렸다'는 것이 중요한 포인트다. 중동 지역은 당연히 강력한 반발을 할 것이며, 이로써 유대인은 집결하게 될 것이다.

전 세계 산업 가운데 가장 많은 돈을 벌어들이는 산업이 무기거래 산업이다. 그중 50% 이상은 암거래라고 봐야 한다. 암거래가 되려면 자금 추적이 돼서는 안 된다. 익명성을 특징으로 하는 다크 코인들이 여기서 등장한다.

트럼프는 왜 "예루살렘은 이스라엘의 수도"라고 말했을까. 타국의 대통령이 남의 나라에 와서 인정한다 만다 할 건 또 뭔가. 이렇게 하면 누가 이득을 얻는지 생각해 봐야 한다. 트럼프의 발언은 중동 지역에 전쟁 긴장감을 고조시킬 것이 뻔하다. 전쟁 분위기 고조로 이스라엘 주변의 아랍국가들은 무기를 살 것이고, 그러고 나면 이스라엘도 무기를 사야 한다. 트럼프는 자국 경제를 위해서 열일하고 있는 것이다.

미국의 트럼프 대통령이 해외 순방을 하면서 가장 많이 하는 것은 많은 사람이 짐작하는 바대로 무기 판매일 것이다. 그런데 공식적으로 판매하는 것이 있을 것이고, 비공식적 판매 역시 있을 것이다. 비공식 판매에서 달러로 결제할 수 있을까?

암호화폐 투자자는 이 대목에서 놓치지 말아야 한다. 무기 거래 결제에 대시는 실제로 쓰이고 있을 것이라는 점을 짐작할 수 있다. 그런데 대시는 2,250만 개로 발행량에 한계가 있다. 제트캐시(277만 개)를 빼면 가장 희소성을 인정받는 코인이다. 100만 원 정도 가격으로는 무기거래를 감당하기에 힘들지 않을까. 무기 거래량을 보면 300만 원, 400만 원을 향해 우상향해야 하는 것이 맞는 분석이다.

마약 관련 뉴스가 나오면

빗섬 내 코인 중에서 미국 자본 코인은 많지 않다. 비트코인과 대시, 두 코인은 북한이 도발하면 수혜를 입는다. 그밖에는 모네로를 주목해야 한다. 이것도 미국 자본 비율이 높은 코인이면서 익명성으로는 매우 뚜렷한 코인이다.

비트코인의 경우 받는 사람이 키key를 통해서 어떤 사람이 어느 정도를 보낸 건지 확인하는 게 가능하다. 반면, 모네로는 거래 시작 이후 특정 그룹 안에서 키가 섞이게 되어 있다. 그래서 그룹 안의 프라이빗 키private key를 이용하는 것 외에는 발신자 정보를 확인하는 방법이 없다. 이 기술을 '링 시그니처ring signature'라고 부른다.

익명성 부분으로 말하면 대시나 제트캐시Zcash도 있지만, 완벽한 익명 구현이 안 되는 대시나 불안정한 제트캐시에 비해서 모네로는 이 부분을 충분히 만족시켜 주는 코인이라고 한다. 그런 이유로 범죄로 인한 검은 돈이 오갈 때 모네로는 상승하곤 하는데, 어느 날 갑자기 팍 오르는 경우가 빈번하다.

모네로는 1,544만 개로 채굴량이 한정적이고, 대마 관련 뉴스가 나오면 폭등하는 코인이다. 마약 결제 수단으로 남미와 아프리카에서 특히 많이 쓰이는 코인이라고 알려져 있다. 얼마 전 미국에서 대마를 합법화한다는 움직임이 있었는데, 이와 동시에 대마 관련 주식이 폭등하면서 모네로도 가격이 올랐다. 거래소 외에 개인간 장외거래가 활발하다고도 이야기된다.

블룸버그통신을 인용한《한국경제신문》의 다음 기사를 보면서 뉴스와 코인의 연관성을 다시 생각해 보자.

비트코인보다 계좌 추적을 하기 어려운 가상화폐 '모네로'가 마약업계를 중심으로 인기를 끌고 있다고 블룸버그통신이 8월 30일 보도했다.

가상화폐 정보사이트 코인캡에 따르면 시중에 유통 중인 모네로의 총가치(시가총액)는 이날 1억 2,700만 달러(약 1,421억 원)를 기록했다. 지난달 말 2,500만 달러에서 다섯 배 넘게 증가했다. 환각제인 액체 LSD와 하이브리드 대마초 등을 판매하는 인기 마약거래 사이트 알파베이가 9월 1일부터 모네로로 마약을 구입할 수 있다고 밝히면서다.

모네로의 인기 요인은 한층 강화된 익명성이다. 거래 승인 과정에서 여러 거래를 하나로 합치고, 이중 열쇠 암호화 주소를 사용해 계좌 추적을 어렵게 했다. 비트코인 역시 익명성이 보장되지만 정부와 사설 조사기관이 비트코인과 연계된 달러 계좌의 소유주를 밝혀내는 단계까지 추적 기술을 발전시키면서 익명성이 위협받고 있다.

2014년 4월 만들어진 모네로의 시가총액은 전체 가상화폐 중 7위에 해당한다. 비트코인 시가총액과 비교해선 1%에 불과하다. 하지만 가상화폐 주요 활용처인 마약업계의 지지를 받고 있어 위상이 더 높아질 것으로 전망된다. 블룸버그는 “비트코인도 2011년 마약 및 불법 물품 거래 사이트인 실크로드가 2011년 결제수단으로 받아들이면서 급성장했다”고 전했다.

코인을 둘러싼 이해관계를 파악하라

특정 코인에 관한 뉴스는 가장 직접적이고도 중요한 정보다. 반면에 '뉴스는 현실보다 느리다'는 측면을 가장 잘 반영하기도 한다. 특정 코인에 관한 뉴스는 미디어가 내보내는 뉴스뿐만 아니라 여러 가지 다양한 노출들에 대해서도 정보로서 활용할 수 있는지가 중요하다. 특정 코인과 관련해서 미래 전망을 분석하는 데 도움이 될 만한 예시들을 소개한다.

/

뉴스가 코인 가격에 미치는 영향

"삼성SDS, 기업형 글로벌 블록체인 얼라이언스 EEA 참여"

저 뉴스 한 줄이 우리나라 코인 투자자들에게 미친 영향은 참으로 컸다. EEA란 Enterprise Ethereum Allience의 줄임말로 이더리움을 후원하는 기업들을 뜻한다. 2017년 5월 EEA 발표에서 삼성SDS와 도요타가 참여하면서 이더리움은 14만 원에서 38만 원으로 올라선다. 반대로 알리바바와 화웨이가 EEA에 참여한다는 소문이 돌던 6월에는 소문이 거짓으로 드러난 데다가 이더리움 개발자 비탈릭 부테린이 참석하지 않으면서 기대감이 꺼져 폭등했던 가격이 다시 폭락을 겪기도 했다.

/

찌라시를 대하는 우리의 자세

사람들은 자기와 이해관계가 있는 코인을 홍보하기 위해 호재를 만들어내기도 한다. 펌핑방은 큰손을 도용해 의도적으로 코인 단가를 높여주겠다는 정보를 주는 채팅방이다. '외국에서 이 코인을 다량 매수할 것이다'라고 커뮤니티 방들에 정보를 퍼다 나르면 그게 진짜처럼 믿어지기도 하고 그 코인을 사도록 유도되기도 한다. 그런 일만을 전문적으로 하는 사람들도 분명 있다.

빗섬 내의 시가총액이 큰 코인들을 펌핑방이 움직일 수는 없다. 만약에 찌라시를 이용해 비트코인으로 잠깐 털고 나가겠다고 하면 몇백조 원이 필요할 것이다. 대신 업비트에 있는 시가총액이 작은 코인들, 10억~100억 원 사이에 있는 코인들이 대상이 된다. '대기업 삼성하고 제휴를 한다더라', '마이크로소프트랑 제휴를 한다더라' 등 말도 안 되는 것들을 올려놓고 모든 사람들이 호재라고 생각하고 몰릴 때 먼저 털고 나가는 식이다. 그런 걸 우리는 '찌라시'라고 부른다. 증권 찌라시랑 같다.

이들은 미래 전망이 있는 코인들에 장기투자를 하는 것이 아니라 몇억 원 자금을 운용하면서 단기 수익을 노리는 사람들이다. 찌라시로 가격을 건드리는 데에 10억 원도 안 들어가는 코인들도 많다. 그런 식으로 10~20% 먹기가 쉽다고 생각하니까 그런 작업을 시도하는 것이다.

내가 꼭 하고 싶은 얘기는 찌라시에 속지 말고 그저 즐기라는 것이다. 공부를 제대로 한 사람이라면 찌라시 글을 역이용해서 이득을 보는 사람도 있다. 찌라시를 보고 흔들리는 것이 아니라 '누가 이익을 얻을 것인가'를 생각해서 이면을 보고 오히려 투자에 도움을 받는 것이다. 그리고 찌라시에 속지 않는 가장 좋은 방법은 장기투자하는 것이다.

거래소 정보도 중요하다

"국내 최대 가상화폐 거래소 '업비트'… 카카오가 2대 주주"

"가상통화 거래소 빗썸, NHN 출신 대표 영입"

"가상통화 거래소도 NHN과 카카오 경쟁"

이 뉴스들을 보고 어떤 걸 예상해 볼 수 있을까. 빗썸에서 알리페이 지사장 출신이 대표 자리에서 물러나고 NHN 부회장 출신이 온다는 것은 금융권이나 대기업이 본격적인 진출을 준비하겠다는 얘기로 읽힌다. 투자자들 사이에는 그동안 빗썸에 상장될 코인 후보로 일본 코인이 거론돼 왔지만 성사된 적이 없었는데 2018년부터 달라질 수 있다는 가능성이 보인다.

오미세고 같은 일본 쪽 코인은 2018년 상반기 주목할 수밖에 없는 코인들이다.

/

경쟁 구도를 생각하라

이더리움클래식 이야기를 해보자. 이더리움 안에 DAO라는 댑이 있었는데, 이게 해킹이 된다. 그러면서 이더리움이 이더리움클래식과 이더리움으로 나뉘게 된다. 그런데 갑자기 미국 폴로닉스에서 이더리움클래식을 상장해 버린다. 새로운 버전은 이더리움으로 갔고 구버전이 이더리움클래식이다. 비탈릭이라는 천재가 이더리움에 남았기 때문에 사람들은 이더리움클래식은 상폐된다고 생각했다. 그런데 이게 웬 반전일까. 이면에 있는 이해관계를 읽을 수 있어야 한다.

이더리움의 개발자는 비탈릭인데, 이더리움의 CEO는 찰스 호스킨스라는 사람이었다. 이 사람이 지금은 IOHK의 대표다. 여기서 그 유명한, 3세대 코인이라 부르는 카르다노 방식의 에이다가 나온다.

그리고 이들이 편입한 코인이 이더리움클래식이다. 찰스 호스킨스는 '이더리움 버그 잡기 대회Capture The Bug'를 크게 열었던 적이 있다. 이더리움이 갈라진 후 이더리움의 약점을 밝히면 밝힐수록 가치가 상승하는 쪽은 이더리움클래식이다. 이더리움의 기술적인 문제를 찾아내는 전 세계 대회인 셈인데, 여기에서 우승한 팀이 바로 카르다노 팀이다. 그럴 수밖에 없는 게 그들은 모두 이더리움에 있었던 기술진들이다. 기가 막힌 마케팅이다.[10]

이것을 통해 이더리움의 기술적 한계를 공개하고 우리는 카르다노 기술을 믿다는 것을 공표한 뒤, 에이다와 이더리움클래식에 그 기술이 들어갈 것을 알린 것이다. 이것이 바로 이더리움클래식의 가격이 뛰었던 이유다. 이런 이면을 알고 있으면 장기투자로 버티기가 쉽다.

/

이면에 있는 이야기를 읽어라

이더리움 창시자 비탈릭, "이더리움 채굴업자 1년 뒤 도태될 것"

2017년 9월 방한 중에 《중앙일보》와의 인터뷰에서 비탈릭 부테린은 그렇게 말했다. "암호화폐를 채굴하는 방식이 작업증명POW에서 지분증명POS으로 이행되고 있다. 지분증명 방식으로 바뀌면 많은 채굴업자들이 시장에서 도태될 것이다. 그럼 컴퓨터 그래픽카드도 남아돌겠지. 게이머들이 환호하게 될 것이다."

이더리움이 100만 원 간다는 찌라시가 왜 돌았는지 궁금한 사람이라면 이 뉴스를 주목해서 보자. 이더리움을 채굴하는 사람은 이더리움클래식을 채굴할 수 있다. 이더리움이 POS 방식으로 바뀌면 채굴자들은 이더리움클래식으로 옮겨가야 한다. 이더리움클래식이 11,000원인데 이더리움은 35만 원이면 누가 이더리움클래식을 채굴할까. 그런데도 이더리움 가격을 100만 원까지 올린 이유는 POW 방식의 채굴업자들이 수익을 올리고 떠나갈 수 있는 시간을 벌어주겠다는 것이다. 가격적으로 보상해 주는 것이다. POS 방식으로의 전환에 잡음이 없도록 하지 않으면 비탈릭은 자신이 가고자 하는 이상을 실현할 수 없다. 이더리움의 스마트 컨트랙트가 가진 비전이 채굴업자의 돈에 자꾸 막히는 것을 해소하고 싶었을 것이다.

/

광고도 정보가 된다

2017년 12월 유튜브에서는 한류스타가 나오는 코인원 광고가 등장했다. 코인원의 차명훈 대표는 연구개발자 출신이다. 이런 사람이 연구개발에 비용을 쓰지 않고 유튜브 광고에 버스 광고까지 비용을 쓴다면 뭔가 변화가 있을 수도 있다는 얘기다. 우리는 뉴스나 트위터뿐만 아니라 다른 곳에서도 정보를 건질 수 있다.

2017년 12월 7~8일, 갑자기 상한가를 띤 '퓨처스트림네트웍스'라는 코스닥 기업이 있었다. 증권 관련 뉴스에서 "국내 2위 가상화폐 거래소 코인원의 지분을 보유중인 옐로모바일의 계열사"로 이

회사를 소개하고 있었다. 그리고 "옐로모바일은 자회사 데일리금융그룹(지분 52.05%)을 통해 코인원 지분 75%를 보유하고 있다"고 밝혔다. 그런데 다음 뉴스를 보자.

"국내 최대 핀테크 기업의 해외 진출에 가속도가 붙을 전망이다. 데일리금융그룹은 일본 인터넷 종합 금융그룹 SBI그룹으로부터 시리즈 B투자를 유치했다고 밝혔다. 일본 SBI그룹 본사의 주도로 진행된 이번 투자는 일본 SBI인베스트먼트가 운용하는 '핀테크 펀드'로부터 출자됐다."

그동안 나타나지 않았던 일이었지만 국내에 일본 코인 상장이 2018년에는 이뤄질 수밖에 없다는 시나리오가 나온다. 게다가 비트플라이어가 뉴욕으로 간다. 일본 코인은 단순히 국내 1위 거래소 창에서 올라가는 정도가 아니라 거래소를 통해서 미국, 중국, 한국에다 들어갈 전망이다. 일본 코인을 잘 보고 모아놓으면 가격이 상상할 수 없을 정도로 올라갈 가능성이 있다.

/

기술 관련 뉴스를 볼 때

"비트코인 네트워크 내에서의 수수료와 트랜잭션 속도는 상상할 수 없는 수준에 도달했다. 지난달 네트워크의 평균 수수료는 15~20달러였고, 도달 시간은 며칠에 달할 정도였다. 그것을 지불수단으로 사용하는 것은 불가능한 수준이다. 우리 팀은 11월 중순에 예정된 비트코인 하드포크 세그윗2X를 수행할 것이다. (중략)"

프로젝트 CEO 잡 툴로우의 말을 인용해 봤다. 비트코인을 다수 보유한 입장에서는 더 높은 가격에서 포크를 진행해서 더 큰 이득을 보려고 할 것이다. 세그윗은 당연히 큰 호재다. 더 높은 가격에서 두 개로 분리가 이루어진다면, 어차피 분리하더라도 코인 가격은 그대로 보유자에게 돌아가고, 그중 한 코인은 다시 원조 비트코인처럼 상승하기 때문에 가만히 앉아서 두 코인을 다 확보하는 것이다.

가격적 상승에다가 시가총액 상위권 코인을 획득하는 어부지리를 얻는 것이기 때문에 싫어할 것이 없다. 비트코인 물량을 다수 확보한 진영은 일본의 모든 거래소와 미국 거래소 중 대형거래소인 비트렉스라고 본다. 비트코인 물량이 많은 진영은 비트코인이 쪼개지더라도 어차피 그 가격은 전부 보존되면서 코인이 두 개가 된다.

"이더리움 개발 3단계 진입… 끝이 보인다"

일정이 취소되거나 미뤄지더라도 여전히 궁금한 또 하나의 뉴스다. 스마트 컨트랙트를 통해서 플랫폼을 지향하는 것이 비탈릭의 비전이다. 이것은 더 많은 사용자를 유입시킬 것이다. 스마트 컨트랙트는 굉장히 좋은 기술이지만, 비탈릭이 개발한 이 모든 것들은 아직은 다 완성된 것이 아니다. 구현 가능성에 대해서는 지금으로서는 지켜볼 수밖에 없다. 장기적으로 봤을 때는 호재로 보는 것이 맞다고 본다. 당장은 POS 방식으로 전환하는 것이 진통이 있을 것이다. 단기적으로는 어떻게 될지 아무도 알 수 없지만, 진통을 겪고 나면 결국엔 우상향할 것이라고 생각한다.

암호화폐에 대한 각국 정부의 입장

비트코인 코어 진영 사람으로, 암호화폐의 탈중앙화라는 점이 너무 좋아서 비트코인에 매달렸던 한 인물이 있다. 그가 블로그에 이런 글을 썼다고 한다. "비트코인은 실패했다. 비트코인은 결국 탈중앙화가 아니라 손에 꼽힐 몇 명의 사람들에 의해 좌지우지되는 화폐다."

이 사람은 왜 '실패'라는 표현을 썼을까. 이 사람의 입장에서 생각해 보자. 비트코인이 등장했을 때 전 세계의 많은 자유주의자들이 열광했던 이유는 '탈중앙화'였다. 그들은 우리가 사는 사회의 새로운 재편을 원했을지도 모른다. 그런데 통계를 내보면 비트코인의 84%는 잠겨 있고, 16%의 물량만 유통되고 있다고 한다. 전 세계 1천 명이 비트코인의 40%를 들고 있는데 이 사람들은 7원대부터 모은 사람들이다.

J코인, 루블 코인, 디지털 세켈 등 세계 여러 나라가 국가가 주도하는 코인의 발행을 계획하고 있다는 것은 이미 소수의 권력이 갖는 패권이라는 사실을 방증하는 것이다. 이러면 탈중앙화를 표방하는 사람들 입장에서 비트코인은 실패일 수밖에 없다. 비트코인은 이미 세력이 움직이는 통화가 되었다. 가장 대표적인 세력이 중국, 일본, 미국이다.

화폐 시장에 있어서 가장 중요한 것은 화폐 발행권을 갖는 것이다. 물량과 가치를 조절하는 쪽이 패권을 가진다. 비트코인은 채굴을 통해 가격이 결정되는데, 그동안 비트코인의 발행권을 가지고 있는 것은 중국이었다. 전 세계 채굴업자 1~10위가 중국이고, 그들이 채굴을 하면서 가격을 조정했다. 채굴업자가 권력을 가지는 구조였던 것이다.

/

비트코인 선물거래 상장, 이제 누가 가격을 정하는가

비트코인 억만장자 중에 윙클보스 형제가 있다. 자신들이 만든 하버드대 커뮤니티 사이트 '커넥트유'의 아이디어를 훔쳤다며 마크 저커버그를 상대로 소송했던 합의금으로 그들은 전 세계 비트코인의 1%에 해당하는 12만 토큰을 샀다. 당시 10달러 미만(1비트코인)이었던 비트코인은 서서히 올랐고, 지금 그들이 가지고 있는 비트코인은 총 120억 달러어치다. 모두 뉴스를 보면 알 수 있는 내용이다.

이 쌍둥이 형제는 제미니라는 거래소를 만들었는데 2015년부터 '비트코인 인덱스 지수'라는 것을 만든다. 이때 비트코인은 몇십만 원대였고 사람들은 '가상화폐 버블이다'라고 말하곤 할 때였다. 그런데 대체 비트코인 인덱스 지수라는 것은 왜 필요했을까.

"미국 CBOE, 비트코인 선물거래 개시", 2017년 12월 10일 암호화폐 시장에 큰 변화를 몰고 온 뉴스다. 미국 CBOE(시카고옵션거래소)에서 비트코인 선물거래의 가격 기준이 되는 거래소가 바로 윙클보스 형제의 제미니다. 기축통화인 달러의 가치를 파악하기 위해 FRB(연방준비이사회)가 만든 달러 인덱스 차트는 증권 시장 등에서 쓰이는데, 윙클보스 형제가 CBOE의 기준 거래소가 된 것은 아무래도 우연은 아닌 것 같다. 2015년부터 '비트코인 인덱스 지수'를 만들면서 준비했다는 얘기다.

한편 CME(시카고상품거래소)에서는 모두 4개 거래소가 기준 가격으로 쓰이는데, 모두 미국 거래소다. 비트스탬프는 영국 거래소이지만 미국 자본이다. 신용평가회사 S&P는 영국 회사지만, 자본이 미국인 것과 같다.

결국 이제는 미국에서 비트코인의 가격 기준을 정하고 가격을 그들 마음대로 조정하겠다는 의미가 된다. 화폐 발행권(가격 결정권)을 미국이 가져가겠다는 것이다. 어쩌면 중국 정부와 러시아 정부는 이 점을 파악하고 비트코인에서 미리 발을 뺀 것일지도 모른다. 세계에서 가장 큰 증권거래소와 선물거래소가 모두 미국에 있기 때문에 그동안 미국은 코인 시장에 전면으로 나설 필요가 없었던 것 같다. 지금 비트코인은 금과 달러의 지위를 가져갔고, 달러를 찍어내는 힘만큼 비트코인의 가격 결정을 이제부터 미국이 하겠다는 이야기가 된다. FRB가 하는 일을 또 다시 미국이 하겠다는 뜻이 된다. 암호화폐 시장에서는 비트코인만 움직여도 모든 코인들을 컨트롤할 수 있다. 달러의 시세를 조정하면 전 세계 화폐의 가격을 결정할 수 있는 모습과 완전히 일치한다.

미국은 손 안 대고 코 풀 수 있는 금융 시스템을 가지고 있는 강국이기 때문에 중국처럼 정부가 거래소 규제를 한다거나 하는 잡음이 없이도 일련의 일들이 진행될 수 있었다. 자국민은 피 한 방울 안 묻히고 선물거래를 앞두고 필요한 비트코인 물량을 싼 가격에 매수했으며, 한국과 중국의 개미들만 모든 고점의 비트코인을 떠안으면서 2,500만 원짜리 비트코인을 다수 보유하는 기네스적인 기록이 생겨난 것이다.

과열장일 때는 제발 투자를 쉬라고 강의 때 힘주어 얘기했던 이유가 바로 여기에 있다. 관망하면서 모습을 드러내지 않았던 미국이 이제는 전면으로 드러났다. 2018년 미국 쪽 코인과 미국 쪽 뉴스를 주목해야 하는 이유는 충분하다.

중국 스마트 시티, 어떤 코인이 쓰일 것인가

"시진핑, 3연임 도전… 19차 당대회서 후계자 지명 안 한다"

이 뉴스가 우리에게 주는 정보는 무엇일까. 뉴스를 좀 더 들여다보면 이런 것들이 있다. “막강한 권력을 거머쥔 시 주석이 3연임을 위해 앞으로 5년간 경제 업무에 집중할 것이며, 무엇보다 금융 분야에 집중할 것이 예상된다.” “중국 경제는 앞으로 몇 년간 세계적인 핀테크 선두주자로 부상하는 등 혁신을 거듭하고 있고 환경산업의 급속한 성장률, 외국인 직접투자 개선이나 개인투자 증가 등의 이유로 전망이 밝다.”

중국 시진핑習近平의 당서기 연임은 사실 있을 수 없는 일이 일어난 것이다. 원래 중국 공산당은 태자당, 공청단, 상하이파가 돌아가면서 당서기를 해야 하는데, 시진핑이 그 룰을 깼다. 2012년 제18회 공산당대회를 앞두고 태자당 후보로 강력하게 추천된 인물이었던 ‘보시라이’가 처단되고 시진핑은 태자당의 1순위 후보가 되어 결국 중국의 당서기가 되었다. 그리고 5년 동안 다른 당의 강력한 라이벌 또한 ‘부정부패’라는 명목으로 숙청된다. 제19회 공산당 대회에서 당서기에 연임하면서 ‘시진핑 사상’을 선포한다. 이때 발표된 것이 앞으로의 중국 로드맵이다.

시진핑은 2020년까지 중국의 1인당 GDP 1만 달러를 달성하고, 모든 국민이 편안하고 풍족한 생활을 누리는 ‘샤오캉 사회’로 거듭나겠다고 밝혔다. 2021년 공산당 창당 100주년을 맞아 시진핑은 마오쩌뚱을 제치고 중국 공산당 역사의 제1의 인물이 되려고 하는 것이다. 그것을 기념하기 위해 화성에 우주선을 보내 자축할 계획도 가지고 있다고 한다. 그뿐만이 아니다. 2050년에는 패권전쟁에서 이겨 미국을 넘어 세계 1위의 대국이 되기 위해 모든 것을 준비하고 있다.

이 모든 것의 1차적 관문이 바로 2020년의 샤오캉 사회 달성이다. 이것을 위해서 중국은 1가구 1자녀의 산하제한 정책을 풀면서 또 한 가지 정책을 펼친다. 바로 스마트 시티 건설이다. 암호화폐 투자자들이 주목해야 할 핵심은 여기에 있다.

알리바바는 알리바바 본사가 있는 항저우시에 스마트 시티를 짓는 프로젝트를 진행한다고 했고, 완샹그룹은 블록체인 기반의 스마트 시티 설립을 위한 계획을 발표한 적이 있다. 그러나 중국에서 스마트 시티를 짓는다는 것은 사실 2013년부터 중국 정부 계획과 통제 아래서 나온 국가 주도 사업의 일환이다.

원래 중국은 5년마다 5개년 계획을 미리 발표하고 시행한다. 그런데 2013년이 포함된 5개년 계획은 제12차로서 2011~2015년이다. 한창 5개년 계획이 진행되고 있는 시점에서 시진핑이 당선되고 2013년에 갑자기 2015년까지 320개 스마트 시티를 구축한다는 사업 계획이 발표된다. 2004년에 출시된 알리페이는 10년간 적자를 면치 못하다가 2013년 발표된 스마트 시티 사업 이후부터 순풍을 만난다.

그리고 2015년도에 제13차 5개년 계획(2016~2020)을 발표하면서 스마트 시티를 대폭 500개까지 늘려서 '도시화 전략'을 수립한다고 발표한다. 여기에 들어가는 돈은 스마트 시티 사업 85조 원을 포함, 스마트 시티 인프라 사업까지 합쳐 거의 7,300조 원의 막대한

거금이다. 중국에서 스마트 시티 사업이 중요한 이유는 대략 세 가지가 있다.[11]

첫째, 중국의 부동산 버블은 터지기 일보 직전이다. 그런데 대도시를 스마트 시티로 바꾸면 도시의 가치를 올리기 때문에 또 한 번의 부동산 버블을 일으킬 수 있다.

둘째, 중국은 에너지 블랙홀이다. 그런데 스마트 시티를 세우면 지금 쓰고 있는 에너지의 10분의 1로 줄일 수 있다.

셋째, 4차 산업혁명 중 가장 고부가가치 산업이 스마트 시티 산업이다. 이것의 미래 성장 가능성은 20배가 넘는다고 한다. 스마트 시티는 4차 산업혁명의 종합선물세트와 같은 것이다. 중국은 전 세계에서 스마트 시티 시장을 먼저 선점하기를 원하는 것 같다. 이미 전 세계 600군데서 스마트 시티 사업을 하고 있으며, 그중 중국이 500개 이상 건설하겠다는 것은 스마트 시티를 통해 2020년 샤오캉 사회를 넘어 2050년 세계 1위 대국이 되겠다는 야망이 포섭된 전략이다.

이 대목에서 암호화폐 투자자가 주목해야 할 부분은 스마트 시티에 동원되는 블록체인 기술이며, 어느 코인이 이것을 담당하겠는가 하는 점이다. 퀀텀과 네오는 경쟁 관계로 보이지만, 아마도 퀀텀은 스마트 시티의 기술을, 네오는 스마트 시티의 금융을 담당하지 않을까 하는 생각이 든다.

일본의 비트플라이어, 상하이, 뉴욕 간다

비트코인의 선물거래 상장 이후 2018년이 다가오면서 미국 코인과 함께 일본 코인도 주목해야 한다. 2018년부터 국가 주도 코인 발행과 함께 대기업 자본 코인이 점차적으로 윤곽을 드러낼 전망이다.

2017년 12월 SBI인베스트먼트는 국내 1위 거래소 빗섬에 투자한 것이 부각되면서 주식 시장에서 상한가를 친다. 모회사인 SBI그룹은 중국에서도 후오비와 제휴로 거래소를 설립한다고 발표했는데, 코인원에도 투자한 것으로 알려졌다. 한편 넥슨이 인수한 코빗도 일본에서 투자를 받았다. 우리나라 3대 거래소가 모두 일본 자본이다.

이때 개인투자자들이 기억해야 할 것은 일본 코인이 제대로 없다는 점이다. 그러면 2018년에는 일본 코인이 상장될 가능성이 크다는 추측을 해볼 수 있다. 유망한 5개 일본 코인으로 에이다(카르다노), 오미세고, 넴(뉴이코노미 무브먼트), 모나, 퀴시가 끊임없이 이야기가 나도는 이유가 있을 것이다. 거래소 지분에 일본 자본이 상당한 걸 보면, 이중에서 하나가 코인원, 코빗, 빗섬에 상장된다고 해도 하나도 이상할 게 없는 상황이다.

"일본 가상화폐 거래소 비트플라이어 미국 진출"

이 뉴스는 어떤 의미를 지닐까. 좀 더 내용을 살펴보자. "11월 28일 미국 경제전문 방송 CNBC는 비트플라이어가 뉴욕주 등 미국

41개주에서 운영 승인을 얻어 서비스를 시작할 예정이라고 보도했다. 비트플라이어는 뉴욕주로부터 네 번째로 가상화폐 거래소 승인을 받은 업체다. 현재 가상화폐 거래소 코인베이스, 서클, 리플 등이 뉴욕에서 사업을 하고 있다."

이 뉴스에 대해서 이렇게 말하는 미국 기자가 있었다. "일본의 진주만 공격이 다시 시작됐다." 왜 그런 표현이 나왔을까. 비트플라이어가 2018년 뉴욕으로 들어가고, 중국 상하이까지 들어간다고 한다. 일본 거래소가 2018년 일본 코인과 더불어 본격적으로 세계 곳곳으로 적진을 향해 들어가겠다는 것이다. 화폐시장 패권 싸움이 본격적으로 시작된 것이다.

'일본 거래소가 뭐라고 진주만 공격을 해?' 그런 생각만 하고 있을 일이 아니다.[12] 현물 화폐에서 달러에 밀리고 설움을 겪었던 일본이 이제는 암호화폐에서 만회하겠다는 것이다. 선규제를 통해서 암호화폐 시장의 토대를 다졌던 일본이 서울, 상하이, 뉴욕에 거래소를 터뜨리고 자국 코인을 침투시켜 스며들겠다는 계획인 것이다. 그러면 우리는 앞서 말한 5개의 코인을 주의 깊게 살펴보고 거래를 준비해야 한다. 빗섬 상장에서도 오미세고 같은 코인이 상장 불발된 적이 있지만, 조만간에 변화는 시작될 조짐이다.

정부 규제의 합리적인 방향

"정부는 가상통화 거래 실명제를 도입하기로 발표했다. 앞으로 본인 확인이 곤란한 현행 방식의 가상계좌 활용을 금지하고, 본인임이 확인된 거래자의 은행 계좌와 가상통화 거래소의 동일은행 계좌 간에만 입출금을 허용하는 '실명확인 입출금계정서비스'로 전환하기로 했다.

아파트 관리비와 학교 등록금, 범칙금 납부 등을 위해 이용되는 은행 가상계좌가 가상통화 매매 계정으로 활용돼 투기를 확산하고 금융거래 투명성을 저해하고 있다는 판단에서다.

금융권이 가상통화 거래소에 가상계좌를 신규 발급하는 것은 즉시, 전면 중단된다. 기존 가상통화 거래소가 신규 회원에 가상계좌를 제공하는 것도 중단된다.

아울러 정부는 기존 가상계좌 이용자의 계좌 이전 작업을 신속히 진행하기로 했다. 정부는 금융정보분석원FIU, 금융감독원과 합동으로 은행권의 '실명확인 입출금 계정서비스' 운영현황을 점검해 조속히 안착되도록 지도하겠다고 밝혔다."

2017년 12월 28일의 뉴스를 정리해 보았다. 이것을 보면 정부가 이제야 국부 유출에 대한 심각성을 깨달은 듯하다. 정부는 반드시 이뤄져야 할 숙제를 하는 중이다. 그리고 그동안 김치 프리미엄에 대한 풀리지 않았던 의문이 풀리는 순간이었다. 전 세계의 투기자본이 국내에서 법제화가 멀지 않은 것을 눈치 채고 한국에 모든 자금을 쏟아부어 최대한의 김프를 만들어 재정거래를 할 수 있는 최적의 조건을 만든 것이다.

/

규제와 과세는 다르다

"한중일 가상통화 규제 논의… 12월 1일 차관급회의 진행"

이 뉴스를 보면, 규제와 과세 중에서 우리 정부는 과세 쪽으로 방향을 잡은 듯하다. 규제와 과세는 엄연히 다르다. 과세는 제도권으로 인정하고 정당하게 세금을 매긴다는 의미이고, 규제는 코인 시장을 인정하지 않는다는 의미가 된다. 그러나 12월 동안의 모습을 잘 보면 해외 거래소의 국내 러시를 국가에서 반기는 모습이었다. 우리나라에서는 해외자본 유치의 의미에서 보면 막을 이유가 없다(외환

보유로 잡힌다). 해외 거래소가 중국, 일본 중심인 점만 봐도 외교적인 마찰을 감수할 하등의 이유가 없어 보인다.

외국 거래소들이 국내 정부의 규제 조짐을 모르고 오지 않았을 테고, 12월 초에 있었던 한중일 금융 차관급 회의에서 분명 비공개로 이런 내용을 논의했을 확률이 높다. 한국 정부가 어떠한 방향성을 가져갈 것인지 중국, 일본에서는 정부 차원에서 알아보고 소스를 거래소에 흘려주었을 텐데, 한국 정부의 규제가 시작되는 시점에 거래소들이 오픈 러시를 만들어냈을 이유가 없다. 아마도 어느 정도 절충안이 있었을 것이고, 세금으로 가닥을 잡은 듯하다.

우리나라 규제의 방향성은 사실 주식 시장을 보면 된다. 국내 주식 시장은 외국 자본들이 많이 들어와 있고 그들에 의해 움직인다. 금융산업 전반이 취약하긴 하지만 외환이 들어오는 것을 막을 이유가 없기 때문에 규제는 심하게 하지 않는다. 코인 거래소 또한 마찬가지여서 외환 보유 성격을 띠는 자금을 굳이 규제할 이유는 없다.

정부의 규제는 뉴스들을 분석해 보면 법적 규제라기보다는 세금 관련 쪽으로 넘어갈 확률이 엄청나게 많다. 부가세보다는 거래이익세 방향으로 하는 것이 가장 합리적일 것으로 본다.

비정상적인 김치 프리미엄 비율에 대해

그동안 김프가 비정상적으로 높았던 것은 국내 법제화 이전까지 코인을 최대한 한국으로 보내 투자한 자금을 회수해 가기 위한 수순이었던 것 같다.

아마도 국내에서 규제가 시행되면 소규모 거래소들은 버티지 못하는 현상이 나올 것으로 본다. 대기업에 의한 인수합병 이야기가 나올 것이고, 재정거래 타깃이 된 몇몇 거래소들은 쑥대밭이 될 가능성도 배제할 수 없다.

어떤 식으로든 정부의 대응은 이루어져야 한다. 그러나 규제보다는 외환 반출에 대한 강력한 제재가 되어야 한다. 코인 시장을 규제하는 방향으로 가는 것은 대세를 역행하는 일이다. 다음 뉴스 내용을 살펴보자.

"세계 최대 파생상품 거래소인 미국 시카고상품거래소CME가 비트코인 선물거래를 개시했다는 것은 금, 원유와 같은 투자상품으로 비트코인의 가치를 인정한 것이다.

일본도 암호화폐를 기업의 자산으로 인정하기 위한 제도 마련에 착수했다. 일본회계기준위원회ASBJ는 11월 22일 위원회를 열고 2018년부터 암호화폐 비트코인을 기업회계원칙에 반영하기로 했다. 암호화폐를 보유자산으로 계상한 뒤 시가에 따른 가격 변동을 평가손익에 반영하는 것이 골자다. 이것은 일본 최대 가전제품 매장인 빅카메라, 저가항공사 피치항공 등 일본 업체 1만여 곳에서 비트코인 결제 시스템을 도입하면서 제도권으로 편입되고 있는 데 따른 조치다. 일본의 주요 신문들은 이 같은 결정이 암호화폐 시장에 대규모 기업 자금과 기관투자금이 유입되는 계기가 될 것으로 내

다봤다."

암호화폐의 제도권 편입은 국제적으로 대세이며, 이런 점을 정부 기관이나 관계자들이 잘 풀어주시길 바란다. 아울러 개인적인 청원을 하자면, 공부하지 못해서 투기를 하는 투자자들이나 어린 학생들을 규제하기보다는 교육을 통해 계몽을 펼쳐주시길 바란다.

간절히 호소합니다

국민 청원의 글

안녕하십니까. 저는 암호화폐 시장에서 작은 블로그를 하는 블로거입니다.

다름이 아니라 정부 관계자 분들의 블록체인과 코인 시장에 대한 이해도를 높여주십사 하는 이야기를 하고 싶습니다. 금융감독위원장님의 해임을 건의한다거나 그런 글은 아닙니다.

관계자 분들이 더 공부하셔야 한다고 생각합니다. 그것이 서민과 국가를 위한 일입니다. 정말 공부해 주시길 바랍니다. 왜 코인 시장이 활성화되고 있고, 왜 전 세계적으로 파이가 커지는지에 대해 정부당국이 이해가 부족한 것은 아닌가 정말 실망스럽습니다.

지금 전 세계적으로 양적 완화를 통해 너무 많은 돈들이 풀렸습니다. 미국의 서브프라임 모기지 이후 경제를 다시 재건하기 위해 언발에 오줌 누기 식의 양적 완화를 시행했지만, 결국 현 화폐의 팽창으로 인해 기축인 달러는 구매력을 잃었습니다. 엔화, 유로화, 원화도 마찬가지입니다. 이제 달러는 마지막 단계에 와 있다는 것을 저보다 훨씬 똑똑한 분들이 모인 곳이니 아실 겁니다.

그리고 지금 거의 모든 나라가 0금리 또는 -금리의 적용으로(최근에서야 급해서 조금씩 올리고 있지만 소용없습니다), 서민들은 저축을 할 수도 없습니다. 합리적인 투자처가 없습니다.

그러나 지금의 코인 시장은 시작 단계의 시장이라 일반 국민들도 미래의 노후 자금이나 내집마련 자금을 마련할 수 있는 시간에 서 있습니다. 왜 이들이 이렇게 코인 시장에 열광하는지, 그 근본적인 원인을 봐주십시오.

결혼한 부부가 둘 다 일을 하지 않으면 집에 들어가는 대출금은 고사하고 이자 납입과 생활비, 양육비 정도밖에 쓰지 못합니다. 자산 증식은커녕 원금조차 갚지 못하는 사회 구조는 왜 안 보고 계십니까. 저임금에 허덕이면서 최소한의 생활도 하지 못하고 힘들게 사는 국민들은 왜 못 보시는 겁니까. 이들이 코인 시장에 참여하지 않아도 잘 살 수 있는 구조라면 이런 사회현상이 일어났을까요? 이렇게까지 광풍이나 과열이 되었을까요?

그리고 코인 시장을 막을 수는 없습니다. 이것은 투기가 아니라 이미 진행되고 있는 4차 산업혁명으로 들어가는 길목에서 일어나는 현상입니다. 그럼 정부는 무엇을 해야 할까요? 바로 무분별한 투기를 막기 위해 전문가를 양성해서 각 시도에서 계몽교육을 해야 합니다.

어떤 식의 투자가 올바른지, 어떤 기능을 하는지, 어떤 사회현상들을 만들어내는지 계몽을 해주시기를 간절히 바랍니다. 필요하시면 제가 가서 하겠습니다. 무료라도 하겠습니다. 불러주세요.

그리고 정부에서 인지한 문제는 아마 제가 나열한 문제가 아니겠지요. 바로 외환 반출 문제를 인지하시고 그것에 따른 조치일 것이라고 생각합니다. 당연히 국부 유출은 문제가 됩니다. 그 부분은 반드시 잡아야 합니다. 나라의 돈을 외국의 사냥꾼들에게 내줄 수는 없으니 그 부분도 어느 정도 의견을 피력하라 하시면 얼마든지 돕겠습니다.

그리고 세금 문제도 있겠지요. 당연히 수익이 있는곳에 세금이 있어야겠지요. 합당한 세금이라면 얼마든지 저희는 준비가 되어 있습니다. 그러나 꼭, 국민을 위한 것이 무엇인지, 그리고 국민이 원하는 것이 무엇인지, 다시 한번만 생각해 보시고 현직 전문가들의 조언을 꼭 들어보시길 간절히 청원합니다. 꼭 부탁드립니다.

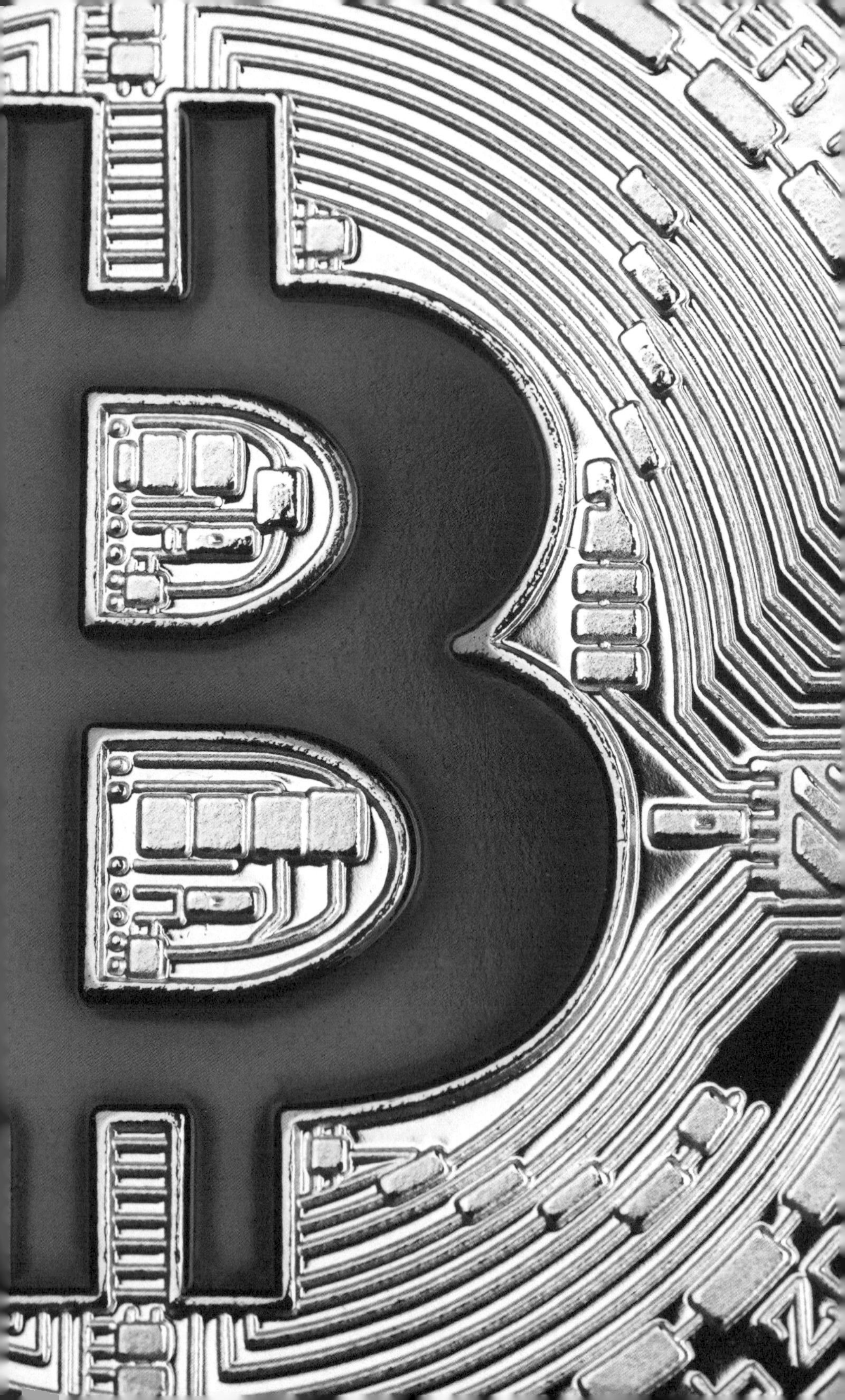

5장

2018년 암호화폐 전망

CRYPTOCURRENCY

비트코인 1억 간다

2018년 암호화폐 시장은 지금까지와는 다른 양상을 보여줄 것이다. 지금까지 나와 함께 개미들의 투자를 도와왔던 CKT 투자팀이 모아왔던 데이터들을 근거로 이제부터 2018년 암호화폐 시장에 다가올 수 있는 일들을 이야기해 보겠다. 개인투자자들이 자신의 투자 방향을 정하는 데 조금이라도 도움이 될 수 있으면 좋겠다.

우선 각국에서 정부가 주도해서 발행하는 코인들이 등장하기 시작할 것이다. 중국 쪽에서는 코인을 상용화하기 위해서 알리페이 같은 지불결제 수단을 활용할 것이다. 페이에 적용하면 국가 코인이 나왔을 때 자연스럽게 바꿀 수 있도록 유도할 수 있다. 억지로 바꾸는 게 아니다.

일본은 그동안 달러 환차손 때문에 많은 기업들이 피해를 봤다.

암호화폐 시장에서는 선先규제 후 빨리 제도를 정비하고 선점해야 할 이유가 충분히 있었다. '암호화폐는 4차 산업혁명의 시발점으로 작용한다'는 자각이 있었다면, 일본으로서는 신용카드 보급에 실패했고 페이 산업에서 뒤처져 있는 상황이 불안했을 것이다. 더군다나 달러와 마찬가지로 엔화도 평가절하가 계속되고 있다. 마치 수명이 다해간다는 듯이 말이다.

미국의 입장은 자세한 부분까지는 알 수 없지만, 지금까지 집계되지 않았던 비트코인 보유량이 가장 많을 것으로 짐작된다. 범죄조직으로부터 압수한 물량만 해도 우리는 가늠이 힘들다. 아마도 전면에 나설 준비는 언제든 되어 있었을 것이다. 그리고 FRB에서 암호화폐를 만든다는 가설이 계속 나오고 있다. 미국이 조용히 여유를 부리고 있어도 되는 것은 FRB가 달러 연동의 코인을 만들어버리면 달러 패권을 지금까지와 마찬가지로 그대로 가지고 갈 수 있기 때문이다. 다만 세금 문제에 대한 입장은 조금 더 지켜봐야 할 대목이다.

국내에서는 정부 규제와 함께 대기업이 뛰어들 조짐이 보이고 있다. 지금까지의 코인은 골목 상권이라고 할 수 있다. 대기업에서 대규모 자본을 가지고 들어와서 암호화폐를 만들게 되면 자연스럽게 시장 분위기도 바뀔 것이다. 암호화폐란 IT기술에 화폐의 가치를 담은 것인데, 삼성, 애플 등이 기술이 없어서 등장하지 않은 것은 아니다. 법적 제도가 만들어지면 대기업이 들어올 명분이 생긴다. 삼성코인이든 현대 코인이든 언제든 시작할 수 있다. 전 세계적으로 지금의 알트코인들은 세대교체를 준비해야 할 수도 있다.

시가총액이 늘어야 살아남는다

비트코인이 만약 전 세계적으로 통용되는 화폐를 모두 수렴하려면 1억 원은 돼야 하는 것이 맞다. 그렇다 해도 발행량은 2,100만 개이기 때문에 전 세계 화폐의 10% 정도 수렴할 수 있을 것이다.

18세기에는 영국의 파운드가 세계 통화의 기축이었다. 이후 1차, 2차 세계대전을 거쳐 미국이 패권 국가가 되는데, 그 이유는 전쟁에 참가하지 않고 전쟁 물자만 팔았던 미국이 파운드를 받지 않고 금을 받았기 때문이다. 금을 전 세계에서 가장 많이 확보하면서 미국의 달러는 기축통화가 될 수 있었다.

비트코인도 마찬가지다. 기술산업 뉴스 미디어인 《테크크런치》는 비트코인을 '디지털 금'이라고 표현하고 있다. 비트코인을 어느 쪽이 가장 많이 가지느냐에 따라 그들이 기축통화의 지위를 가지게 될 것이다. 비트코인 전쟁은 이미 벌어지고 있고, 비트코인의 가치는 1억 원을 향해 우상향할 수밖에 없다.

반면 화폐로서의 달러는 점점 힘을 잃어가고 있다. 2018년 FRB는 금리 인상을 네 번 예고했다. 역사상 금리 인상을 미리 예고한 경우도 없었다. FRB 의장이 바뀌어도 하는 수 없다. 덩달아 따라갈 수밖에 없는 우리나라도 거기에 맞춰갈 수밖에 없는 입장이다. 한국이 금리를 1% 주는데 미국이 2% 주면 전 세계 자금이 미국으로 갈 수밖에 없으니 말이다.

아직은 비트코인이 미약하다. 사우디아라비아 쪽에서 나온 논평을 살펴보면 짐작할 수 있다. "관심은 있으나 시가총액이 너무 적어서 원유 거래에 써먹을 수가 없다." 국가간 거래를 성사시키기에는 가격대가 아직은 너무 낮다는 이야기가 된다. 2018년 1월 암호화폐 시가총액은 800조 원을 넘겼다.

다른 코인들은 다 사라져도 비트코인은 남을 것이라는 예측이 나오는 것도, 비트코인이 알트코인들에 비하면 시가총액이 커서 큰 거래에 이용될 수 있는 가능성이 농후하기 때문이다. 다른 코인들은 작은 지불수단으로 사용할 수 있지만, 더 값싸고 더 좋은 기술력으로 코인이 만들어지면 대체도 가능하다. 마치 복본위제에서 은과 다른 금속(보석)들도 있었지만, 금만 살아남은 것과 같다.

그 와중에 비트코인 또한 살아남으려면 시가총액을 늘리는 수밖에 없다. 일본인들은 비트코인 사랑이 남다르다. 미국도 다량 보유하고 있다. 큰손들(일명 '고래')은 비트코인을 많이 들고 있다. 그들이 결국 원하는 바를 달성하기 위해서 꾸준히 시가총액을 늘릴 것이라는 전망이 설득력을 갖는다. 비트코인이 새로운 지불 수단이 되는 순간 그들은 새로운 부의 형태를 온전히 갖게 되는 것이다. 이미 언론은 '비트코인 억만장자'라는 표현을 쓰기 시작했다.

매년 다보스에서 열리는 세계경제포럼WEF에서는 2016년 제4차 산업혁명이 화두로 던져졌다. 그리고 세계경제포럼 글로벌어젠다카운슬에서 800여 명의 경영진들에게 세계의 흐름을 바꾸는 기술이 어느 시점에 이루어질 것으로 예상하는지 설문조사를 실시했다. 이

중 비트코인과 암호화폐에 관한 항목이 있었는데, "전 세계 GDP의 10%가 블록체인 기술에 저장된다"라는 티핑 포인트에 대해 2025년까지 발생할 것이라고 예상한 응답자가 58%였다.

/

2018년 상반기, 대하락장이 온다

만약 비트코인을 전 세계가 쓴다면 우리들이야 환차손으로 손해볼 사람도 없고 어딜 가도 같은 돈을 사용하기 때문에 편리할 것이다. 그러나 각국에서 정부 발행 코인을 내놓는다면 비트코인은 어느 정도 우상향은 하겠지만, 1억 원까지 가는 데 제재를 받을 수 있다.

국가는 돈을 힘의 논리로 쓰기 때문에 비트코인을 전 국가가 현금처럼 쓰게 내버려두지는 않을 것이다. 비트코인을 금처럼 가치 부여 수단으로 놔두고 그 밑에 새끼 코인들이 나오도록 하는 것이 좀 더 현실적인 얘기다.

2018년 비트코인은 위기가 올 가능성이 상당히 크다. J코인, C코인, 루블 코인, 이런 식으로 국가 발행 코인을 만들어내면 비트코인이 위기가 올 수 있다. 중국과 러시아가 국가 코인을 발행하고 비트코인을 화폐로 인정 안 하겠다고 부정해 버리면 악재가 된다. 그러나 미국이나 일본이 건드린 이상, 중국과 러시아가 부정해도 1억 원은 가야 된다. 두 나라가 무역거래하는 데 쓰겠다면 한국도 써야 하고 개발도상국도 다 써야 한다. 유럽도 역시 다 써야 한다. 두 국가와 거래를 하려면 어쩔 수가 없는 상황이 된다.

국내 시장에서는 가장 크게 문제가 되는 것이 김치 프리미엄이 위험 수위라는 것이다. 2017년 12월 전후의 시장은 너무 심하게 불타오르는 활황장이었다. 이때를 기점으로 개인투자자들은 지금까지의 코인 시장과 달라질 양상에 대비해야 한다. 포트폴리오 구성이나 시장을 대하는 태도도 바뀌어야 할지 모른다.

김치 프리미엄은 대한민국 정부와 대한민국 개인투자자들에게 막심한 손해를 안기는 상태까지 왔다. 물론 프리미엄 덕분에 높은 가격에 매도할 수 있다고 좋아할 수도 있지만, 문제는 그리 간단하지 않다. 외국에서 날아오는 물량을 다 받아서 한번에 원화 반출이 된다면 입금자보다 출금자가 많아지는 뱅크런이 발생할 수 있다. 거래소는 은행의 역할을 대신하고 있다는 걸 감안하고 상상해 보자. 그런 의미에서 김프가 높은 상태에서 거래소들은 상당히 위험하다. 어느 때보다 원화 출금이 늦어지는 경험을 한 사람도 있었을 것이다.

예를 들어보자. 국내로 계속 비트코인 물량이 들어오고 매도 처리가 들어오면 환전을 해줘야 한다. 그러면 비트코인 물량은 거래소에 쌓이지만 원화로 환전을 계속 해주다 보면 돈이 남아나질 않는다. 물론 비트코인 물량이나 다른 코인들 물량은 국내에 잔류한다. 그러나 원화가 반출된 상태에서 새로운 입금자나 거래자가 들어오지 않으면 출금이 지연되거나 환전해줄 돈이 없는 상태가 된다. 이것이 '뱅크런'이다. 이런 이유라면 가격은 계속 하락할 것이다.

재정거래를 위해 김프를 악의적으로 계속 올리는 물량이 대거 국내에 들어오면 결국엔 마지막 남아 있던 개미 투자자들이 그 물량과 차액을 떠안아야 한다. 이런 이유로 우리 정부의 빠른 대처가 필요했고 그 심각성을 깨달은 정부가 거래 실명제 실시를 발표한 것으로 보인다. 아직은 법정화폐가 아닌 이상 자국민의 보호를 위해 방향성을 잘 잡아주시리라 믿는다.

일본은 재팬 프리미엄이 높아도 크게 걱정하지 않아도 된다. 선규제를 통해 제도를 정비한 일본에서는 재정거래 자체가 엄격하게 제한되어 있기 때문에 일본 쪽으로 넘어와 현금화할 수 있는 방법이 극히 제한적이다. 외국인의 경우 거래소 이용도 쉽지 않다. 우리나라가 유난히 보이스 피싱 피해가 심한 것도 바로 외국으로의 반출이 쉽기 때문이다.

물론 거래소 자체에서 수위 조절을 할 것이기 때문에 이런 일이 실제 발생할 가능성은 크지 않다. 그러나 문제는 김프가 지속적으로 발생한다면 가치투자를 지향하는 투자자들이 회의를 느끼며 떠나고 투기 세력만 남을 수 있다는 것이다.

기술적인 측면에서 비트코인의 위기

기술적인 측면에서도 비트코인이 위험해질 가능성은 있다. 가능한 경우의 수를 모두 알아보고 투자자들이 모든 대안을 마련하기 원하는 차원에서 세그윗2x에 관한 이슈를 얘기해 보겠다.

다른 예로 2017년 10월 17일 이더리움 비잔티움 하드포크가 일어났다. 잘 진행된 걸 보니 반대하는 진영이 없었나 보다. 업그레이드 작업인 하드포크를 영향력 있는 단체에서 반대했을 때 생기는 현상이 바로 비트코인캐시, 이더리움클래식 같은 새로운 코인의 등장이다. 버리고 갈 수 없으니 그대로 쓰겠다는 얘기다.

비트코인은 세그윗2x에 관한 이슈가 있다. 비트코인은 트랜젝션(전송 속도)이 항상 문제이다 보니까 세그윗Segwit을 주장하는 부류가 생겨났다. 1MB의 용량인 블록의 거래장부에서 약 60%의 용량을 차지하는 서명을 분리해서 용량을 더 확보하자는 주장이다. 또 다른 주장은 서명을 다른 곳에 저장하는 것이 아니라 아예 블록 한도를 2MB로 늘리자는 것인데, '2x'가 붙은 것은 두 배 늘리자는 의미를 표기한 것이다.

비트코인 개발자들과 채굴자 연합이 세그윗2x라는 업그레이드를 협의하고, 협의가 잘 되면 이더리움 비잔티움 사례처럼 다른 코인이 생겨나지 않는다. 그러나 협의가 잘 안 되고 서로의 주장을 고집한다면 비트코인이 세그윗2x를 적용하지 않은 것과 적용한 것으로 분리된다.

협의가 되어서 다른 코인이 생겨나지 않으면 지금의 가치를 유지하며 시장은 우상향할 것이다. 우리가 신경써야 할 문제는 협의가 잘 안 돼서 코인이 분리되었을 때다. 비트코인이 분리된다면 어떤 것을 비트코인이라고 인정할 것인가?

[도표] 비트코인이 분리됐을 때 일어나는 일

	기존의 비트코인	세그윗2x를 적용한 비트코인
특징 비교	• 개발자들이 지지 • 수수료 저렴 • 거래 처리용량 한계	• 채굴자들이 지지 • 거래 처리용량 증가 • 거래수수료 증가 • 블록크기 증가로 개인은 채굴이 힘들어 질 수 있음 → 비트코인의 중앙화 우려

비트코인이 분리되는 두 가지 경우의 수를 생각해 보자.

첫째, 비트코인 개발자들이 지지를 받아서 하드포크가 진행되지 않는 것으로 협의가 되었지만, 갑자기 일부 채굴자들이 연합해서 하드포크를 강행하는 경우다.

이때는 비트코인에 비해 금전적 가치가 상당히 떨어지는 아류작이 탄생한다. 우지한의 비트메인에 의해 비트코인캐시가 그렇게 탄생했다. 그렇게 되면 비트코인 시가총액에 큰 변화는 없을 것으로 예상된다. 비트코인캐시, 비트코인골드, 세그윗2x 코인이 서로 경쟁에 돌입할 수 있다.

둘째, 반대로 채굴자 연합이 지지를 받아 하드포크가 진행되고, 개발자 진영이 하드포크에 참여하지 않아서 비트코인이 분리되는 경우다. 이것은 좀 생각해 봐야 한다.

쉽게 생각하면 하드포크된 비트코인이 지지를 못 받고 비트코인의 가치가 비트코인캐시만큼 하락할 수도 있다. 투자자들은 비트코인의 중앙화를 원치 않을 것이고, 수수료가 싸고 정통성이 있는 기존 비트코인에 투자할 가능성도 배제할 수 없다. 거래량, 가격 상승, 코인의 상용화는 투자자에 의해 이루어지는 부분도 크기 때문이다.

그렇지만 채굴자 연합의 포지션도 상당하기 때문에 최악의 상황일 땐, 비트코인의 시가총액을 세그윗2x 코인과 양분할 수도 있다. 투자자들은 비트코인을 가지고 있으면 하드포크로 파생된 코인들까지 받을 수 있기 때문에 당장은 손해를 보지 않는다. 그러나 비트코인은 시가총액 분할로 인해 1위 대장 자리를 뺏길 수 있다. 신뢰를 잃어서 2세대, 3세대 암호화폐나 다른 메이저 코인에 자리를 내주며 가치 하락과 추후 회복 불능이 될 수도 있다. 또 1위 코인의 심심한 몰락을 지켜본 사람들이 자신이 투자한 코인의 가치를 의심하기 시작하면, 코인 전체 시장은 큰 조정을 맞을 수 있다.

투자자들은 경우의 수를 따져보고 세그윗2x 하드포크 상황이 불안하다면 현금화해서 관망했다가 하드포크 이후 다시 투자를 하는 선택도 해볼 수 있다. 그런데 과거 데이터를 보면, 비트코인캐시는 중국에서 밀어주는 코인이라는 인식 때문에 추가 투자를 하는 사람이 늘어났고 시가총액이 늘어 살아남았다.

2018년 비트코인 1억 원 간다

2017년 12월 전후의 코인 시장 활황은 유례 없는 모습이었다. 거품

[도표] 비트코인 가격 추이

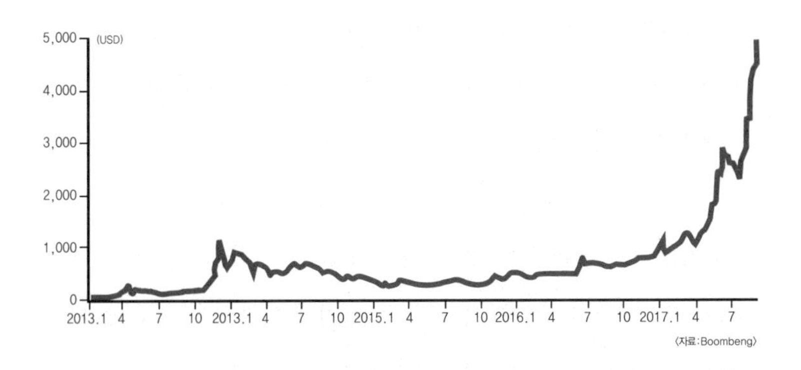

이라면 거품일 수 있다. 과거 속에서도 발견할 수 있는 모습이지만 거품이 크면 하락도 크다. 2018년 비트코인과 암호화폐 시장은 시련을 겪고 하락도 겪겠지만 결국엔 우상향으로 갈 것이다. 암호화폐 시장은 현물화폐 시장보다 빠른 걸 감안하면 600조 원이 넘는 비트코인은 2018년 더욱 폭발적으로 상향할 것이다.

선물거래 시장에 상장했다는 것 자체가 이제는 대놓고 거대 자본이 들어오겠다는 걸 의미한다. 시장조사기관인 스탠드포인트리서치의 창업자이자 애널리스트인 로니 모아스Ronnie Moas는 2017년 12월 18일 CNBC와의 인터뷰에서 비트코인 가격이 38만 달러(약 4억 원)까지 오를 것이라고 주장했다. 2017년 그가 예측해 왔던 비트코인 가격은 그대로 적중돼 왔다. 내 생각엔 상반기 안에 5천만 원도 뚫을 수 있을 것이다.

비트코인 인프라 기업인 블록스트림Blockstream은 지구 상공에 있는 인공위성을 이용해 비트코인 거래를 전파하는 새틀라이트 프로젝트를 발표했다. 비트코인은 인터넷을 통해 가치 이동이 이루어지면서 새 시대의 디지털 금으로 불리고 있지만, 일부 지역에서는 인터넷 사용이 불가능하거나 접속료가 너무 비싸다. 인터넷 접속이 불가능한 지구상의 인구가 약 40억 명이라고 하는데, 그들도 비트코인 네트워크에 참여할 수 있도록 하겠다는 계획인 것이다.

선물거래 상장 이후 그들의 목표는 뉴욕 증권거래소를 향해 있을 것이다. JP모건 같은 헤지펀드들도 선물거래 진출을 서두르고 있고, 나스닥도 2018년 2분기 선물 상장을 계획하고 있다. 일본은 2017년 8월 이미 비트코인 채권을 발행했으며, 도쿄금융거래소도 1월 상장을 발표했다.

비트코인은 튤립 버블과는 다르다. 가격이 떨어질 수도 있지만 이들의 궁극적인 목표는 우상향이다. 2018년 우선적으로 4천~5천만 원, 그리고 궁극적으로는 1억 원까지 상승할 것이다. 몇백만 원 떨어졌다고 해도 일명 고래들은 아쉬울 것이 없다. 우리 개인투자자들은 코인 개수를 늘리고는 싶지만 심리적으로 견뎌낼 수가 없다. 2천만 원에 산 비트코인이 500만 원까지 떨어진다면 견뎌낼 수 있겠는가? 그러나 장기적인 관점에서 멀리 본다면 선택은 어떠해야 하는지 답은 확실하다.

미국과 유럽이 온다

미국은 선물거래 상장과 함께 본격적으로 움직이기 시작했다. 2018년 12월 10일 CBOE(시카고옵션거래소)에서 비트코인 선물 거래는 시작됐다. 15,000달러에서 가격이 횡보했다. 그런데 CKT팀이 찾아낸 11월 4일자 미국발 뉴스가 있었다. "앞으로 CME에 비트코인이 상장할 것이며 지금 가격의 3배가 상승할 것이다"라는 예측이다. 당시 비트코인 가격이 820만 원이었고, 선물거래 상장 후 빗썸에서 비트코인 가격은 2,500만 원 고점을 찍었다.

암호화폐는 새로운 길을 가고 있지만 금융에 속하기 때문에 금융의 역사와 그래프대로 갈 수밖에 없다. 자료를 찾아보니 보통 선물거래에 상장된다는 발표가 나면 가격은 3배가 뛰었다. 그리고 상장된 후에는 일정 기간 동안 하방 숏 배팅이 나온다.

선물거래가 시작됐다는 것은 시장에서 비트코인을 재화로 인정했다는 의미다. 그런데 CME와 CBOE는 증거금이 다르다. CME는 처음에 증거금을 35%로 책정했다가 47%까지 늘렸다. 비트코인 3개를 사면 9개까지 공매도(없는 걸 파는 것)할 수 있었는데 6개로 제한된다는 얘기다. 그들은 선물거래에 참여하기 위해 비트코인을 더 매집해야 했을 것이다. 2,500만 원 하던 비트코인이 선물거래 개시 후 1,350만 원까지 떨어진 데에는 이유가 있을 것이다. 기관은 2,500만 원에는 매수하지 않을 것이다. 비트코인 거래량을 체크하는 코인마켓캡에서 순위를 보면 당시 한번도 본 적 없던 지닥스가 3위에 랭크된다. 일본 큐오인도 1위에 들어왔다. 그만큼 비트코인의 매수매도가 활발했다는 얘기다.

그동안 암호화폐 관련해서 미국쪽 움직임이 크지 않았던 것은 다들 짐작하는 대로 비트코인을 많이 보유하고 있었기 때문일 것이다. 비트코인은 외환보유를 하듯이 갖고 있어야 한다. 그런데 이것을 FBI가 가장 많이 갖고 있다는 얘기도 나온다. 무기 관련 해커들에게 압수한 물품에도 비트코인이 섞여 있고, 마약 파는 사이트에서 압수한 물품에도 비트코인이 섞여 있다는 것이 이유다.

미국이 통제하는 화폐 시장

현실에서 국가의 통제가 없는 화폐는 존재할 수가 없다. 아무나 제작하거나 아무나 채굴하는 코인은 절대 통화가치로 인정을 받지 못한다. 예전에는 내가 이런 말을 하면 '탈중앙화' 개념을 앞세워 반박하는 사람도 많았지만 이제는 그런 사람이 더 이상 없다. 개인이 발행하거나 취할 수 있는 돈이 과연 가치 저장 수단으로서 구매력을 지닐 수 있을까? 블루마블 게임판에 있는 돈은 마트에서는 쓸 수 없다.

암호화폐 정보지 《코인데스크Coindesk》에 따르면 트럼프 대통령은 2017년 12월 12일 연방정부와 핵심 인프라 네트워크의 블록체인 기술 사용 등을 내용으로 하는 법안에 서명했다. 이 블록체인 관련 법안은 약 7천억 달러에 달한다(한화 770조 원). 우리나라 1년 예산이 432조 원인데, 그 두 배 되는 금액을 블록체인 기술에 쏟아붓겠다는 것이다. 2018년부터 국가 대 국가의 전면전은 시작된 것인지도 모른다. 개인투자자 입장에서는 두렵긴 하지만 호재다. 이제부터는 사회안전망으로 보호를 받으면서 투자할 수 있을 것이다.

개인투자자 중에 누구는 라이트코인 6배 갔네, 퀀텀 3배 갔네 하는데 나는 왜 그걸 못 누렸나, 속 쓰려 하는 사람도 있을 것이다. 그러나 준비하고 있으면 분명히 기회는 또 온다. 국가가 개입하기 시작했다는 얘기는 이제 개인투자자가 핸들링할 수 있는 시장이 아니라는 얘기다. 공부하고 또 공부하면서 좋은 코인을 알아보고 장기투자로 가져가기를 바란다. 세력은 계속해서 흔들 것이지만, 저점에서 살 수 있는 안목과 버틸 수 있는 심장으로 무장해야 한다.

미국 코인이 온다

비트코인의 선물거래 상장 후 전 세계 거래소 순위가 지각변동이 있었다. 그동안 국내 거래소 빗썸이 1위를 유지해 왔던 것은 중국 자본 비율 때문이라는 것을 데이터를 통해 알 수 있었다. CME, CBOE 비트코인 선물거래 상장 전까지 빗썸이 주도하는 국내 코인 시장은 중국 주도의 코인들이 단연 압도적이었다. 이 때문에 국내 코인 시장은 모순을 낳았다. 중국 자본 때문에 판을 키웠지만, 중국 자본 때문에 크지 못하는 상황이 된 것이다.

2017년 10월 미국 거래소 비트렉스와 제휴하고 두나무(카카오)가 운영하는 업비트가 거래를 시작한 뒤부터는 조금씩 변화가 시작됐다. 111개 코인 거래라는 압도적인 알트코인 거래로 인해 가입자가 폭발하는 현상도 일었다. 업비트는 비트코인을 기축으로 쓰기 때문에 더욱 주목해야 한다. 유럽, 미국, 일본 자금은 비트코인을 기축으로 쓰는 곳에서 움직인다.

우리나라에도 이제 중국, 일본, 미국 자금이 모두 들어와 있다. 미국 자본이 있을 때는 미국색이 짙은 코인이 펌핑을 할 것이다. 비트코인 선물거래 상장 후에는 비트렉스, 비트플라이어 같은 미국, 일본 거래소들이 전 세계 거래소 순위 10위권에 등장하기 시작했다. 2018년에는 미국 자본 코인에 주목하고 투자 포트폴리오를 점검해야 할 것으로 보인다. CME와 CBOE의 기준 거래소가 되는 다섯 곳,

비트스탬프, 지닥스, 힛빗, 크라켓, 제미니를 기억하고 암호화폐 생태계에도 관심을 갖기 바란다. 미국 쪽에서 ICO를 하거나 미국색이 짙은 코인이 나온다면 우리는 구매에 적극 나서야 한다. ICO 참여를 못했다면 펌핑이 안 된 토큰을 사서 기다리면 된다. 같은 거래소 안에서 순환펌핑이 된다는 것을 기억하라. 백서를 확인하는 것도 중요하지만 실현될 수 있는지 우리가 확인할 길은 없다는 것도 기억하라. 수시로 체크하고 관심을 가져야 한다.

비트코인이 국내에서 2,500만 원 갔을 때 비트코인 비율이 최대 64%였다는 것도 기억하기 바란다. 이후에는 44%까지 떨어졌다. 이것으로 자본이 비트코인으로 움직이는지 알트코인에 쏠려 있는지 알 수 있다.

또 가격이 뛰면 왜 뛰는지 꼭 분석해 보고 준비하기 바란다. 예를 들면 스팀 달러는 고래들(큰손)이 일방적으로 매집을 했다. '좋아요'를 눌러주면서 많은 양을 갖고 있을수록 많은 양의 스팀 달러를 모을 수 있는 구조였다.

유럽의 암호화폐 이야기

유럽연합 집행위원회는 블록체인과 인공지능을 포함한 연구개발 프로젝트에 300억 유로 투자를 발표했다. '호라이즌2020' 계획의 일환으로 지금까지 공적 기금 770억 유로가 지원됐으며, 보안, 기후, 대체에너지, 디지털 경제 등 새로운 분야를 지원한다고 밝혔다.

유럽은 18개 나라가 유로로 엮여 있다. 2020년에는 블록체인 시스템을 전 유럽이 쓰겠다고 했는데 여기에는 당연히 암호화폐가 따라붙을 것이다.

영국은 미국이나 일본과 달리 비트코인을 '재화'로 인정하기보다 '디지털 화폐'로 인정하고 제도권으로 끌어들여 런던을 디지털 금융의 중심지로 키우는 정책을 채택했다. 2014년 비트코인에 부과되던 부가가치세를 폐지하고 거래 수익에도 과세하지 않기로 한다. 다만 비트코인 거래기업에 대한 법인세는 유지해서 거래 주체를 중앙은행과 같은 통화 발행 주체로 인정하지는 않았다.

코인 ICO에서도 이제 유럽 얘기가 들리기 시작한다. 로저 버가 어드바이징했다는 독일 핀테크 회사의 나가[Naga] 코인 ICO도 마감됐다고 한다. 그러면 이제 유럽 시각을 알아야 한다. 아시아인이 깨어 있는 시각에 중국색 코인, 일본색 코인이 출렁이듯이 유럽 코인에 투자하려면 유럽이 깨어 있는 시각도 고려하기 바란다.

국가 발행 코인이 등장한다

우리는 지금 역사의 변곡점에 서 있다. 세상은 빠른 속도로 변하고 있다. 2045년이 되면 인공지능이 인간의 두뇌를 뛰어넘는다는 싱귤래러티singularity(기술적 특이점)가 온다. 2020년이 되면 우리는 증강현실 세계로 들어가게 되고, 2030년이 되면 가상현실 세계가 현실 세계보다 더 현실처럼 되는 세상을 살게 될 것이다. 일반인들의 눈에 보이지 않을 뿐, 전 세계 기업과 국가들은 이미 그것들을 준비하고 있다.

그것을 쉽게 알 수 있는 방법은 애플, 구글, 아마존, 알리바바, 텐센트, 바이두 같은 세계적인 거대기업들이 인수 · 합병하는 기업과 그들의 로드맵을 보면 된다.

그리고 그것과 맞물려 이제 팽창할 수 없을 만큼 팽창해버려, 종잇조각이 될 처지에 놓인 현실화폐의 개혁을 위해 각 국가와 기업들이 은밀히 움직이고 있다. 우리 눈에 보이지 않지만, 우리는 치열한 화폐전쟁의 한복판에 서 있다. 아직 인류가 한 번도 가보지 못한 '역사의 변곡점'에서 후퇴는 곧 공멸이다. 앞으로 나갈 수밖에 없다. 변화의 전조 속에서 패권을 가지지 못한 나라에는 위기가 올 것이다. 아직은 패권을 차지할 수 있는 엄청난 기회가 남아 있다.

/

암호화폐 패권 전쟁

세계의 패권을 차지하기 위해서 국가는 어떤 조건을 갖춰야 할까? 가장 중요한 것은 군사력(안보), 에너지, 기축통화, 세 가지일 것이다.[13] 특별히 여기서 중요한 것은 기축통화다. 미국은 달러 기축을 유지하기 위해 세 곳의 신용평가기관을 두었다. 바로 무디스, S&P, 피치그룹이다.

원래 신용평가기관은 세계 각국의 경제를 예의주시하고 금융과 경제 전반의 부채비율을 비교하여 그 근거로 위험도를 측정해서 국가간 비율을 비교하며 정해진 규정에 따라 등급을 매기는 일을 한다. 한마디로 국가 신용등급을 매기는 일을 한다. 어느 나라든 투자를 하거나 받을 때 이들이 매겨놓은 신용등급이 매우 중요한 척도가 된다. 만약 우리나라가 이 세 회사로부터 신용등급 하락을 받는다면, 당장 주식 시장은 하향하고, 외환 시장이 출렁이며, 수출과 수입에 막대한 지장을 받을 것이다.

미국은 그들이 잡은 세계 패권의 권력과 지위를 유지하기 위해 세계 3대 신용평가기관을 다 미국 회사로 만들어 세계 패권을 유지하는 도구로 훌륭하게 쓴 것이다. 그 결과 전 세계에서 미국 국채와 달러를 제일 많이 가지고 있는 나라가 한국, 중국, 일본이다. 이미 전 세계는 달러가 기축통화로서 힘을 잃고 종잇조각이 될 것이라는 것을 안다.

2017년 들어서 각 나라의 외환보유고 중에서 달러가 50% 이하로 떨어지는 역사적 현상이 나타났다. 그럼에도 불구하고 한국, 중국, 일본은 울며 겨자먹기로 계속 미국 채권과 달러를 가장 많이 보유한 나라가 된 것이다. 만약 이 세 나라가 미국 국채를 팔면, 미국은 지금 당장 국가 부도가 나도 이상할 것이 없다. 그러나 그렇게 할 수가 없다. 당장 3대 신용평가기관들이 국가 신용등급을 하락시켜 전 세계에서 투자 부적격 나라를 만들어버리고, 세 나라는 미국보다 먼저 국가 부도를 맞을 수도 있다.

그런데 이제 중국, 일본, 그리고 러시아에 미국을 제치고 세계패권국으로 갈 수 있는 기회가 왔다. 그것을 가능하게 만드는 것이 바로 '암호화폐'다. 이제 세상은 빠른 속도로 지금 우리가 쓰고 있는 화폐에서 암호화폐로 넘어갈 것이다. 그리고 각 나라들은 새롭게 재편된 화폐전쟁에서 승리하기 위해 2020년까지 암호화폐를 통한 로드맵을 그리고 있다.

물론 미국의 반격 또한 만만치 않다. 예를 들어 미국은 비트코인을 뉴욕 증권거래소에 상장시키기 위한 목표를 가지고 2014년부터 비트코인 인덱스 지수를 모았다. 지닥스가 CME 기준 거래소가 되고, 제미니가 CBOE 기준 거래소가 된 것은 결코 우연일 수 없다.

2017년 암호화폐 시가총액은 거의 7.3배의 놀라운 성장률을 보였다. 이어서 2018년부터 2020년까지 암호화폐 시장은 폭발적인 우상향이 될 것이 확실하다. 상승과 하락의 골이 깊을 수는 있지만, 전체적으로 시장 전망은 폭발적으로 성장할 것이다.

암호화폐가 '탈중앙화'를 표방하며 나온 것은 맞지만, 이제 그 정체성과 이념은 사라지고 2018년은 전면적으로 국가와 대기업들이 만든 코인이 등장하는 해가 될 것이다.

따라서 우리 개미들은 암호화폐에서 돈을 벌기 점점 더 어려워지는 구조가 된다. 그래서 공부, 또 공부하고 좋은 코인을 보는 안목을 갖춰야 한다. 그리고 국가와 세력보다 저점에 사서 기다리면 된다.

스마트 시티와 중국 코인

중국이 구상하는 2020년 '샤오캉 사회'를 들여다보면 인공지능AI 기술의 최첨단을 걷겠다면서 나온 게 스마트 시티, 스마트 카 등의 계획이다. 시진핑이 금융에 집중하겠다고 한 계획 안에는 화폐 계획이 딸려 있을 것이다.

2017년 중국은 공산당대회 이후 국가가 주도하는 암호화폐와 국가가 주도하는 거래소 양성이라는 플랜을 밝힌다. 그 이유는 바로 시진핑의 상하이파 견제 때문인 것으로 보인다. 시진핑의 유일한 반대 세력인 상하이파는 금융을 중심으로 성장했다. 따라서 시진핑은 암호화폐 시장에서 손을 뗄 수는 없다. 365일 24시간 자금이 돌아주는 코인 시장을 버린다는 것은 상상도 할 수 없는 손실일 것이다.

국가가 주도하는 코인은 새롭게 개발될 수도 있지만, 한때 비트코인캐시가 중국 기축 암호화폐로 쓰일 것이라는 루머가 돌았다. 이 부분에 대해서 잠시 이야기하고 넘어가려 한다.

무엇보다 국가가 통제할 수 없는 기축통화는 존재하지 않을 것이다. 채굴 코인인 비트코인캐시는 중국 내에서만 채굴되는 것이 아니고 해외에서도 가능하다. 채굴 코인이 기축이 되기는 힘들 것이 뻔하다. 게다가 일본, 미국이 받아들이지 않을 것이다. 국가의 기축통화라면 국가간의 거래에 쓰여야 하는데, 그런 측면에서 봐도 역시 힘든 부분이다. 비트코인캐시는 압도적으로 중국, 한국, 홍콩에 몰려 있고 간혹 유럽이 눈에 띄는 정도다. 2개국에서만 통용되는 기축통화란 있을 수가 없다.

또 봐야 할 것은 비트코인캐시를 채굴하는 비트메인이 민간기업이라는 점이다. 물론 공산국이다 보니 비트메인을 통제하거나 국가귀속으로 해버릴 수 있지만, 대외적 명분이 없기 때문에 너무 무모해 보인다.

중국 기축 코인이 나오면 기존 알트는 하락한다?

중국의 기축 코인이 무엇인지는 아직 정확하게 보이는 것이 없다. 비트코인캐시, 퀀텀(큐텀), 네오 등이 거론되지만 이것들은 개인이 이미 다량 보유하고 있기 때문에 중국 정부에서 휘두르기에는 어려움이 있을 것이다. 따라서 기축통화로 쓰기 위한 중국 코인은 새롭게 개발될 수도 있다.

그러면 이것은 중국색 코인이라고 불리던 기존의 알트코인들에게 어떤 영향을 미칠까? 대규모 몰락을 가져올까? 그보다는 오히려 더 큰 호재가 될 수 있다고 생각한다. 퀀텀은 스마트 시티와 인공위성에 적용되고, 네오는 경제 체제에 적용되며, 바이텀은 실물자산과의 연결, 그리고 인공지능에 적용될 수 있다. 트론은 엔터테인먼트 영역이다. 각각은 겹치지 않고 각자의 기능을 수행하기 위한 뼈대로 구성되고 있는 것이 합리적인 분석이라고 생각한다.

이것들이 자연스럽게 커나가면서 기축 코인을 도입한다면 새롭게 만들어가는 중국 사회에 조화로움을 유지하면서 통제력을 가져갈 수 있을 것이다. 왜냐하면 암호화폐는 화폐이면서 기술이기 때문이다.

중국이 그리는 청사진을 보면 암호화폐, 블록체인에 대한 중국의 입장과 방향성을 알 수 있다. 그들이 키우고 있는 코인들과 사업들을 과연 버릴까? 그럴 것 같지는 않다. 암호화폐 시장에서 비트코인이 기축통화로서 기능하듯이, 중국 정부가 발행하는 코인은 중국의 기축통화로서 기능하면서 나머지 코인들은 유기적으로 폭발시켜줄 요소가 되지 않을까 하는 것이 나와 CKT팀의 생각이다.

일본 코인에 주목하라

《니혼게이자이신문》에 따르면 일본의 미즈호파이낸셜그룹 등 은행 컨소시엄은 2020년 도쿄올림픽까지 엔화와 등가 교환이 가능한 새로운 암호화폐를 도입할 계획이라고 밝혔다. 가칭 'J코인'으로 부르는 이것은 스마트폰 앱을 통해 작동하며 QR코드를 사용해 일대일 방식으로 엔화로 전환할 수 있다. 은행은 무료로 서비스를 제공하는 대가로 소비자 지출 패턴을 알 수 있는 빅 데이터를 수집할 수 있다. J코인은 일본 엔화에 고정되기 때문에 비트코인이나 이더리움 같은 다른 코인들과 달리 가격 변동이 되지 않는다.

일본의 현금 의존도는 70% 정도로 알려져 있는데, J코인은 현금 의존도를 줄이기 위한 목적이 강할 것이다. ATM기 유지비용 등으로 일본 금융업계는 약 10조 원의 비용을 지출하고 있다고 한다. 신용카드 보급에 실패한 일본도 3세대 지불방식에 대한 투자를 가속화하겠다는 의지로 읽힌다. 애플페이에 이어 알리바바의 알리페이도 2018년 봄 일본의 전자결제 시장에 진출할 것으로 알려졌기 때문이다.

암호화폐 신생기업 플랫폼 폴리매스Polymath가 제공하는 시가총액 데이터를 보면 카르다노(에이다), 아이오타, 넴(뉴이코노미 무브먼트), 오미세고 등의 약진이 두드러진다.

일본은 2016년까지 암호화폐 시장에 별다른 관심이 없는 것처럼 보였지만, 비트코인을 다량 매수하면서 상용화하기 위한 준비를 철저히 진행했다. 뉴스들을 분석해 보면 미국과의 네트워크를 통해 여러 가지 프로젝트를 실행한 것으로 풀이되며, 2017년 8월부터는 시장에 적극 개입하면서 코인 시장의 강자로 등극한다.

2017년 12월 현재 전 세계 비트코인 거래의 20~30%, 일본 내 비트코인 거래의 80%를 차지하는 일본 거래소 비트플라이어는 비트코인 가격을 변동시키는 주범으로 지목되기도 했다.

일본은 자국 내 코인들을 성장시키기 위해 다각도로 노력 중이다. 모나의 비트플라이어 상장만 해도 엄청난 반전이다. 2014년에 나온, 캐릭터 상품 구매에 사용하는 코인을 보수적인 1위 거래소 비트플라이어에서 4년 만에 상장했다는 것은 앞으로 일본이 어떤 방향으로 갈지 간접적으로 보여주는 단면이다.

국가가 주도하는 코인 시장은 현물 시장의 3배 속도로 변화를 추구할 것이며 그만큼 빠르게 유행을 바꿔갈 것이다. 2018년은 그 과도기임을 깨닫고 개인투자자들은 빠르게 준비하고 정신 바짝 차려야 한다.

암호화폐 시장에서 정부의 역할

암호화폐 시장은 주식 시장이 성장할 때와 비슷한 궤도를 가고 있다. 초기에는 진입장벽을 낮춰서 자본을 끌어들인다. 소위 말해서 개나 소나 다 하는 시기다. 아무나 돈을 넣으면 다 돈을 번다.

2017년 한 해만 들여다봐도 그랬다. 나는 기술적으로 정말 잘 옮겨다니면서 수익을 잘 냈다고 생각했다. 그런데 12월에 가까워지면서 이 생각은 깨져버렸다. 퀀텀을 샀다가 고점에 물려서 버티고 있는 분들을 다른 코인으로 갈아태워서 수익을 내곤 했다. 정말 잘했다고 생각했는데, 알고 보니 그게 능사는 아니었다. 계속 퀀텀에서 버티고 있었던 사람도 시기적으로 늦었을 뿐이지 결론적으로는 수익이 다 나왔고 크게 차이가 없었다. 그렇다면 괜히 마음 졸이면서 코인을 바꿔 탔던 게 오히려 손해였던 게 아닐까. 괜히 수수료만 더

냈을 뿐이다.

그동안은 시장이 그만큼 협소했기 때문에 커뮤니티 카페에서 설문조사만 해도 그 다음날 뭐가 뜰지를 맞출 수 있었다. 나와 CKT팀이 모은 자료로 대충 계산해도 예측한 코인이 2, 3일 안에는 뛰었다. 그런데 이제 2018년 국가와 대기업이 개입한다면 개인투자자들은 별로 할 수 있는 게 없다.

징표는 비트코인이 2,500만 원을 갔을 때 보였다. 그것은 개인 자본으로는 절대 올라갈 수 없는 금액이다. 이때부터 이미 많은 유수의 기관과 세력들이 들어왔을 것이다. 비트코인을 가지고 있는 보유율 통계를 보면 1개를 갖고 있으면 2% 안에 든다. 코인 시장 참여자의 2~3% 안에 들어간다. 그만큼 부의 편중이 심하단 얘기다. 내가 처음 강의를 시작했을 때만 해도 비트코인이 280만 원이었다. 그때도 사람들은 비싸다면서 딴 걸로 사면 안 되겠냐며 3원, 4원짜리를 권해 달라고 해서 찾아주곤 했다. 2개 있는 거보다 1,000개 있는 게 '있어 보인다'고 생각하는 심리다. 그 결과 지금은 극명하게 부가 갈려버렸다.

/

선규제냐, 후규제냐

2017년 9월 중국 인민은행은 ICO(암호화폐 공개 발행)를 불법으로 규정했다. 이어서 중국 당국의 거래소 압박 속에서 2위 거래소였던 비트코인차이나가 중국 내 거래 중단을 선언했다. 후오비와 오케이코인도 비트코인의 위안화 환전을 중단했다. 그리고 코인 시장은 대폭락으로 이어졌다. 투기 과열과 묻지마 투자가 횡행하고 있어서 개인 투자자들을 보호하기 위한 것이라는 점이 중국 당국의 명목이었다.

이후에 일본의 비트코인 거래가 급부상한다. 또 그동안 자국에서만 ICO를 진행해 왔던 일본이 해외자금을 받기 시작하는 등 변화가 시작되었다. 일본과 미국은 암호화폐에 대해 선규제 후 제도권에 편입시켜 ICO를 통해 자국의 암호화폐 경쟁력을 키워가고 있다. 법적, 제도적 장치를 먼저 마련하고 나왔기 때문에 안정적으로 경쟁력을 키울 수 있었다.

선규제 후 시장 개방을 하면 물론 시장 진입은 늦다. 그러나 시장이 형성되는 초기에 제도를 만들 수 있기 때문에 바로 대규모 자금을 쉽게 들여올 수 있는 장점이 있다. 이미 제도적으로 장치를 만들어놓은 상황이기 때문에 대기업 거대 자본들이 들어오기가 훨씬 수월하다.

그러나 중국과 한국처럼 일반인 투자자들의 과열 양상으로 부작용을 겪은 후에야 법적, 제도적 장치를 만들면 대규모 자본이 들어오는 시기가 그만큼 늦어진다.

암호화폐에 대한 기관의 입장

한국은행이나 각국의 중앙은행에서는 암호화폐를 인정하면 현실 화폐의 힘이 약해지기 때문에 통제가 안 된다고 생각할 수 있다. 국가의 힘은 군사력에도 있지만 화폐를 통한 통제력도 크다. 암호화폐로 일반인들이 거래를 시작하면 기득권층이 갖고 있는 현실 화폐의 가치, 구매력이 떨어지기 때문에 "가상화폐는 논할 단계가 아니다. 돈이라고 칭하지 말라"는 입장을 보여왔을 것이다.

암호화폐 거래에 대한 세금 규제는 몇 달 안에 적용할 수 있는 것은 아닐 것이다. 개인적인 내 의견으로는 부가가치세 10%를 매긴다는 입장은 발휘될 가능성이 희박해 보인다. 1비트코인이 2천만 원이라 치면 비트코인 하나 거래하면 부가가치세를 200만 원을 매긴다는 것인데, 우리나라에 들어와 있는 거래소들이 다 떠나갈 이유가 된다. 2017년 12월에 줄줄이 해외 거래소의 국내 진입이 예정됐던 것으로 봐서는 가능성이 희박하다.

주식 시장과 마찬가지로 암호화폐 거래소를 통해 외환보유고에도 영향을 줄 것이다. 위안화, 달러, 엔화가 다 들어오는 지금 현황에서는 가능성이 극히 적다.

암호화폐의 정부 규제는 자국민의 재산을 보호하는 선에서 이루어져야 하는 것이 바람직할 것이다. 암호화폐는 위조가 불가능하기 때문에 안전하다고 하지만, 거래소를 해킹한다면 이야기가 달라진다. 국내 거래소 유빗은 두 차례 해킹에 따른 손실로 결국 파산 절차에 들어간다고 2017년 12월 홈페이지에 공지했다. 이 거래소는 2017년 4월에도 야피존이라는 이름으로 사이트를 운영하다가 배후가 북한이라고 알려진 해커의 공격으로 피해를 입었다. 그러다 다시 10월 유빗이라는 이름으로 변경해 거래를 재개했던 곳이다. 이미 한 차례 해킹 피해로 수사를 받고 있던 곳인데도 투자자들이 이곳에서 거래를 하고 있었다는 점이 안타까울 뿐이다.

2017년까지 암호화폐 거래소는 전자상거래 통신판매업자로 사업자등록증을 갖추고 지방자치단체에 신고만 하면 영업을 할 수 있었다. 은행이나 증권사처럼 투자자 보호를 위해 일정 금액 이상의 자본금을 확보해야 한다는 규제도 받지 않았다. 이런 상황에서 접속이 원활하지 않은 오류는 물론 해킹 사고에 자산을 잃어도 손실분을 보상받을 길이 없었다.

한편 일본의 제도적 특징 중 하나는 거래소다. 2014년 당시 최대 거래소였던 마운틴곡스Mt.Gox가 해킹돼 5억 달러 상당의 비트코인이 사라졌던 사건 때문이다. 해킹이냐 먹튀냐를 두고 논란이 있었던 이 사건 이후 일본은 암호화폐 거래소 인가제를 도입했다. 일본에서는 거래소가 되려면 다음의 조건을 갖춰야 한다.

- 다운 사태를 방지하기 위한 서버 용량
- 해킹 방지를 위한 보안
- 범죄 수익 방지를 위한 고객 신원 확인

- 자금세탁을 방지할 수 있는 시스템
- 일정 금액의 자본금
- 회계법인의 외부 감사

거래 실명제 뉴스에 대해서

정부가 2017년 12월 28일 암호화폐 거래 실명제 도입을 발표했다. 본인 확인이 곤란한 현행 방식의 가상계좌 활용을 금지하기로 했다. 거래소 입출금 과정에서 은행의 가상계좌를 이용하던 것에서 본인이 확인된 거래자의 일반 계좌와 암호화폐 취급업자의 동일 은행 계좌간에만 입출금을 허용한다. 계좌번호 외에 주민등록번호 비교가 가능한 '실명 확인 입출금 서비스'로 전환한다는 것이 골자다. 이렇게 되면 청소년이나 외국인 거래에 제한이 가능하고 세수도 쉬워진다.

뉴스가 나오기 전까지 2017년 말 두 달 동안의 급격한 상승은 연말의 배당금 지급 같은 느낌을 주었다. 거기다 더 한몫한 것이 바로 김치 프리미엄이다. 김프가 높기 때문에 계속해서 한국으로 코인 물량을 넘겨 재정거래를 시도했을 테고, 이런 점 때문에 비트코인은 물론 리플까지도 전송 속도가 느렸다.

이 대목에서 나는 이점을 생각했어야 했다. 우지한은 왜 국내 4위 거래소인 코인네스트에 투자를 했을까. 그 이유는 홍콩의 바이낸스나 중국 거래소에 상장되어 있는 코인들을 상장시키기 좋은 조건이기 때문일 것이다. 그러면 왜 중국 거래소 코인들이 상장되어야 했을까. 바로 김치 프리미엄의 형성 때문이다. 한국에 상장하면 김프를 이용해 재정거래가 가능하기 때문에 거래소에 투자한 자금을 쉽게 회수하고도 훨씬 더 많은 이익을 챙길 수 있다고 판단했을 것이다. 미래 전망은 좋을지 모르지만 실행될지는 확인할 수 없는 코인들을 이렇듯 재정거래를 통해 막대한 수익창출 수단으로 활용한 것이다.

내가 강의할 때 국내 거래소는 탄탄한 거래소를 이용하는 것이 좋다는 얘기를 자주 했던 것은 소규모 거래소들은 김프가 유지되면 뱅크런이 나올 확률이 있기 때문이었다. 김프가 높으면 대형 거래소들도 재정거래 때문에 전송 속도를 다분히 의도적으로 늦추는 경향이 있는데, 소규모 거래소는 재정거래의 타깃이 되면 고래 몇 마리에게도 쑥대밭이 될 수 있다.

거래소 순위 탑10에 중국이 3개나 올라와 있었을 당시 중국 역시 '중국 프리미엄'이 생겨서 중국에서의 재정거래를 시도했던 사람들도 있다. 중국에서 현금화한 후 한국으로 들여오지는 못해도 중국에서 비싸게 팔고 다시 김프가 붙은 코인을 사서 국내로 들여오면, 양쪽에서 얻는 시세차익을 얻는 것이 쏠쏠했다.

중국 역시 재정거래로 인한 외화 반출 현상을 감지하고 중국 내 거래소 설립만 규제했을 뿐 해외에 설립한 후 운용하는 것에 대해서는 함구했던 것이 아닐까. 그저 돈을 옮기기만 했는데 외화를 벌어오는, 돈 넣고 돈 먹는 시장을 중국이 포기할 이유가 없었던 것이다. 그리고 중국뿐 아니라 전 세계가 그동안 이런 식으로 한국을 사냥감으로 선택해 왔던 것이다.

대기업 자본이 온다

정부의 안전장치나 법령의 제정이 온전히 모습을 갖추고 나면 국내 대기업들도 2018년 암호화폐 시장에 진입하는 명분이 생길 것이다. 2018년 암호화폐 시장에서 개인투자자들은 힘들어지는 상황이 올 수 있다. 시장의 예측은 점점 힘들어지고 지금까지는 볼 수 없었던 양상이 나타나기 시작할 것이다.

그동안은 힘의 논리만 따져봐도 수익을 내는 투자를 할 수 있었지만, 이제부터는 기술이 좋은 코인인지, 상용화 가능성은 어떤지 반드시 따져보고 투자하는 것이 안전할 수 있다. 예를 들어 에너지 코인인 파워렛저를 구매했다가 물렸다면 장기투자로 가져가도 가능성은 있다. 그러나 소각이벤트 호재를 보고 아인스타이늄을 매수했다가 물렸다면 위험하다.

그동안 시장은 3개월만 기다리면 순환펌핑이 오는 특징을 보였다. 장기투자 관점을 최소 3개월로 잡고만 있으면 오르지 않는 코인이 없었다. 순환적으로 모든 코인이 한 번씩 돌아가면서 펌핑이 있었다는 얘기다. 지금까지는 그랬다.

앞으로 코인이 점점 많아지고 신생 코인이 늘어나면 어떻게 될까. 순환펌핑은 점점 더 늘어지고 3개월 주기가 5개월, 7개월이 된다. 그러다가 나중에는 도태되는 코인이 생길 것이다. 이때부터는 마냥 버티기가 답이 아닐 수도 있다.

정부 규제에 1순위 타깃이 될 수 있는 거래소와 그 거래소의 상장 코인도 위험할 수 있다. 가상계좌를 만들지 못하면 힘들어지는 거래소가 생겨날 것이다. 그렇다면 둘 중 하나다. 소위 말하는 '먹튀'이거나 아니면 거래소를 파는 것이다. 2018년에는 지분 비율이 바뀌면서 공식적으로 주인이 바뀌는 거래소도 있을 것이다.

핀테크가 세상을 바꾼다

대기업이 암호화폐를 준비하는 모습은 우리가 생각하는 모습이 아닐 수도 있다. 2018년부터 우리나라에서도 여러 커피숍 매장에 QR 코드 인식을 통한 페이 결제가 도입될 예정이라고 한다.

중국 마윈의 알리바바는 전 세계에서 결제 문화를 바꿔가고 있다. 중국인들은 자국에서뿐 아니라 세계 어느 나라를 가든 웬만한 곳에서 모두 알리페이로 자고 먹고 쇼핑할 수 있다. 현재 우리나라는 자갈치 시장에서도 QR코드가 된다. 예민한 시장 상인들은 수수료 때문에 신용카드를 좋아하지 않는다. QR코드를 통해 알리페이를 쓰면 수수료는 무료다.

중국에서 전자상거래 업체인 알리바바가 밀어낸 회사가 이베이다. 이베이는 2001년 C2C 분야 선두업체인 이치넷의 지분을 인수하는데, 이때 알리바바가 기업간 거래 B2B 사이트에 이어 두 번째 사업 아이템으로 준비하고 있었던 것이 이용자간 거래, C2C 사이트인 타오바오다. 2003년 타오바오 오픈마켓이 모습을 드러냈을 때, 페이팔을 인수하고 전 세계에 지사를 세우던 이베이가 시장점유율 70~80%를 유지하던 이치넷의 모든 지분을 인수한다. 이베이는 한발 앞서 대형 포털 사이트에 광고하고 계약 조항에 동종업체의 광고 수주 금지를 포함시킨다. 이때 마윈이 택했던 정책이 3년간 무료화 정책이다.

중국 시장 장악을 위해서는 장기간의 투자와 노력이 들어간다는 걸 알았다 해도 이미 수천억 원이 들어간 거대공룡 이베이의 입장에서는 주주들이 요구하는 가시적 성과에 대한 압박이 있었을 것이다. 무료 정책에 입점업체들은 동요했을 테고 시장점유율은 점점 72(이베이)대 7(타오바오)에서 64대 25, 36대 58로 역전하기에 이른다. 그리고 이베이 실적 발표에 맞춰 한 번 더 회심의 일격을 날린 마윈의 대책은 3년 더 무료화 정책을 연장한다는 것이었다. 점유율은 29대 60, 7대 83으로 벌어지고 결국 이베이는 수천억 원의 돈만 날린 채

중국 시장 철수를 결정한다.

우리나라는 신용카드 보급에서는 선진적이었지만 결정적으로 수수료 문제를 해결하지 못했다. 불경기에 생존창업에 내몰린 중소상인들은 카드 수수료 때문에 사정이 좋지 못하다. '동전 없는 사회'를 구상하는 것도 좋지만 수수료부터 해결하는 것이 급한 것 아니었을까 싶다.

중국에서는 지금 '돈'이 사라지고 있다. 지금 중국은 알리페이라는 결제 수단이 장악하고 있다. 시장에서도 노인들까지 전부 사용하고 있다고 한다. 현금을 내는 것을 오히려 이상하게 생각할 정도다.

국내에서도 2017년 7월 카카오라는 강력한 플랫폼을 기반으로 카카오뱅크가 전격적으로 영업을 개시했다. 개시 하루 만에 가입자 30만 명을 모집하여 화제가 되기도 했다. 또 카카오페이는 알리페이를 전담 운영하는 앤트파이낸셜로부터 투자를 유치한 바 있다.

스마트폰으로 QR코드를 찍으면 결제로 이어지기 때문에 플랫폼으로서 스마트폰은 아직까지 강력한 사업성을 지닌다. 모바일이 우리 생활에 주는 영향은 인터넷이 처음 파급될 때보다 더욱 강력하다. 중국에는 화웨이, 한국에는 삼성, 미국에는 애플이 있기 때문에 자연스럽게 페이 산업으로 넘어가도록 유도하면 빅데이터도 수집하면서 이익 창출 수단으로 이어질 수 있다.

따라서 각국의 스마트폰 보급률은 미래 산업의 성장을 가늠하는 데 중요한 수치가 된다. 일본에서 생체인식(지문인식)을 선택한다면 바로 이 부분에 대한 약점을 극복하려는 노력일 것이다.

페이 산업과 암호화폐가 결합할 때

2017년 2월 앤트파이낸셜(알리페이)은 카카오에 2,300억 원을 투자한다. 카카오의 2대 지주가 알리바바가 된 것이다. 중국인 관광객은 세계 어딜 가나 막강 파워다. 미국에서도 일본에서도 유럽에서도 관광객이 돈을 쓰게 하려면 알리페이를 들여올 수밖에 없다. 인구 16억 명만으로도 파워가 엄청난 것이다. 우리나라도 웬만한 호텔, 명품 매장, 부산 자갈치 시장에서도 사용이 가능하다.

국내에서도 카카오페이가 간편결제 시장에 진출해, 스마트폰에 미리 신용카드 정보를 넣어두면 매장에서 결제할 수 있는 시스템이 사용되고 있다. 여기에 알리페이를 연동해서 사용할 수 있다는 얘기가 된다. 이로써 카카오페이는 기존의 온라인 가맹점은 물론 국내 3만4천개 알리페이 가맹점에서도, 해외 가맹점에서도 사용할 수 있게 된다.

미래 산업에서 앞으로 가장 눈여겨봐야 할 것은 아무래도 페이 산업이 될 것 같다. 신용카드나 직불카드를 쓰고 영수증까지 받는 시간은 30초 걸린다고 한다. 그런데 알리페이나 카카오페이는 7~15초가 소요된다. 이것으로 구매력을 2배가량 올릴 수 있다고 한다. 이렇게 결제 속도를 줄여버리면 모든 회사가 안 쓸 수가 없다. 비접촉 방식이라서 시간을 단축하고 편리한 데다가 회사는 빅데이터를 모을 수 있다.

알리바바는 원래는 전자상거래 회사였지만 지금은 금융회사가 되었다. 앞으로 우리가 맞이할 사회에서는 은행은 없어지고(또는 축소되고) 핀테크만 남아 있는 모습을 볼지도 모른다. 금융과 테크놀로지의 결합이다. 나라 경제가 대기업 경제로 바뀌는 것이다. 세상은 그렇게 우리가 못 느끼는 사이에 뒤집히고 있다.

중국이 알리바바를 밀어주는 이유는 알리바바를 통해 중국의 힘을 확장시키려는 목적일 것이다. 미국에는 전 세계 유저들을 대상으로 하는 기업들이 있다. 페이스북 이용자는 11억 명이 넘는다. 미국도 그만큼 코인 문화를 확산시킬 수 있는 큰 힘을 지니고 있다. 애플페이와 페이팔도 있다. 언제든지 유저의 잠재력을 활용할 수 있는 아마존, 구글이 있다. 그렇기 때문에 미국은 조용히 관망하고 있어도 대응이 가능한 것이 아닐까.

지불결제가 가능한 코인을 찾아라

《포브스》 기준 2017년 세계 기업 순위를 보면 1~7위가 금융회사이고 그중 1~3위가 중국 회사다. 애플이 8위, 삼성이 18위다. 결제 플랫폼으로 사용되는 핸드폰은 매우 중요하다. 이것이 없으면 페이 산업에 진출할 수가 없다. 위챗이 됐든 카카오가 됐든 결국엔 누군가 핸드폰을 만들어줘야 한다. 유럽이 페이 시장에 나오기 힘든 것은 이것 때문이다.

중국은 아마도 핸드폰에 페이를 적용시켜서 3차 지불수단의 시대로 바로 가려는 것으로 보인다(1차 현금, 2차 신용카드, 3차 전자화폐). 전자화폐인 페이보다 진보한 것이 생체인식이고, 그보다 진보한 것이 카카오택시 같은 비접촉 방식이다. 핸드폰에 신용카드나 페이가 연동돼 있으면 카카오택시를 부르고 타고 내리면 그대로 결제가 끝난다. 앞으로 사물인터넷에도 결제 시스템이 들어갈 것이다. 지불결제 수단이 빠르게 성장해야 암호화폐 시장 코인도 살아남는다.

그렇다면 코인을 선별할 때 앞으로 무엇을 봐야 할까. 이더리움, 퀀텀 같은 기술 지향의 코인을 강조하는 이유가 여기에 있다. 에이다를 강조한 것도 카르다노 기술 때문이다. 기술주 코인을 주목해야 한다. 그리고 지불결제 수단으로 사용이 가능한지를 살펴야 하고, 무엇보다 인프라를 갖췄는지 보면 된다. 이제 알리페이에 들어갈 코인만 찾으면 여러분의 인생이 한방에 달라질 수 있다. 20억 명이 자연스럽게 사용할 코인이 될 것이다.

대기업과 관련해서 분석하라

2018년은 대기업 자본이 들어온다 생각하고 코인 분석을 할 때도 감안해서 분석하는 습관을 들이는 것이 좋겠다. 예를 들어 덴트Dent 코인은 현재 데이터 사용을 각국 어디에서나 사용 가능하게 한다는 목적으로 나온 코인이다. 현재 거래소는 코인레일에 상장되어 있다.

덴트의 실생활 활용 방안은 다음과 같이 정리된다.

- 해외여행을 갈 때 포켓와이파이 구매를 할 필요가 없다. 덴트로 데이터를 구매하면 해외에서도 인터넷이 팡팡 나온다.
- 덴트 플랫폼은 전 세계 통신사 데이터를 공통으로 취급하고 있기 때문에 우리나라에서든 어디서든 덴트만 이용하면 얼마든지 동일한 가격으로 데이터를 구매해서 사용할 수 있다.
- 데이터 로밍의 간편화로 우리나라든 일본에서든 미국에서든 똑같은 돈을 내고 데이터 사용이 가능하다.

이 코인이 ICO 참여가 저조했던 이유는 소비자, 투자자 입장에서 돌아보면 알 수 있다. 과연 중소업체의 기술력을 유수의 대기업 통신사가 사용하겠는가, 하는 점이다. 우선 합리적인 소비가 이루어진다는 기대감과 시장 선점 효과가 있어서 아직은 고공행진 중이다. 그러나 추후에 대기업과의 합의에 들어갈 때는 힘 겨루기의 시간이 될 수 있으므로 주목해서 지켜봐야 할 것이다.

반면에 내가 기프토코인을 소개하면서 추천했던 이유는 대기업 참여도가 적은 1인미디어 틈새시장을 공략한 코인이기 때문이다. 중소시장 상권은 아직 대기업이 들어올 여지가 적어서 사업성에서 우수한 평가를 한 것이다.

그러나 덴트는 대기업을 타깃으로 하고 도전하는 점이 우려스럽다. 그래도 대기업이 참여하기 전에 시장을 선점하는 전략이라서 성장 가치는 일단 유망하다고 본다. 추후 변수는 계속해서 체크해야 할 것이다.

국내 상위권 알트들도 위험하다

2018년 암호화폐 투자를 할 때 여러분은 역사 속으로 사라져갈 코인에 잘못된 선택을 하지 않도록 주의해야 한다. 관건은 국가 개발 코인이 나오거나 대기업이 주도하는 코인이 나올 경우의 영향력이다. 아무리 빗섬 내 코인들이 시가총액에서 안정적이라고 해도 정확한 건 알 수 없는 일이다. 하지만 기술력을 인정받은 코인들이라면 불행을 피해갈 수 있을 것이다. 우리는 확실하게 방향성이 있는 코인을 알아보고 구매해야 한다.

이전부터 기술력으로 검증받은 코인들이 나중에야 다시 떠오르는 이유는 이제 그럴 때가 됐기 때문이다. 고래들에 의해 펌핑으로 뛰는 코인인지 타당한 이유가 있는 건지를 구별할 수 있는 안목을 갖추기 바란다.

국내 1위 거래소 빗섬은 12개 코인이 상장돼 있는데, 모두 시가총액이 1조 원대가 넘는 것들이다. 발행량이 적은 제트캐시가 1조 원대이고, 나머지는 2조 원이 넘는다. 업비트를 비롯해 그밖의 다른 거래소 코인들을 보면 2017년 말 현재 시가총액 1천억 원밖에 안 되는 코인들도 많다. 이 얘기는 몇천억 원만 가지고도 시가총액 100위권 코인들의 가격을 세력이 건드릴 수 있다는 것이 된다. 고래들이 3배, 4배, 10배까지 가격을 끌어올리고 수익실현을 하고 나가는 일이 벌어질 수 있다.

그 틈에서 개인투자자들은 기술 좋은 코인들로 갈아타고 가치투자로 관점을 바꿔야 한다. 그래도 시가총액 10위 안에 든 코인들은 기술적 우위를 바탕으로 시장 선점 효과를 누리면서 살아남겠지만, 20위 밖의 시가총액이 약한 코인이라면 위험할 수도 있다.

투기성이 강한 코인은 접어라

2017년 12월은 암호화폐 시장이 더없는 활황장세였던 것은 분명하다. 상승세라면 더할 나위 없이 좋은 것은 사실이지만, 조정 과정 없이 활활 타오르기만 하는 모양새라면 뭔가 이상하다고 봐야 한다.

두 가지 관점에서 생각해 볼 수 있겠다. 하나는, 4차 산업혁명에서 암호화폐의 필요성을 드디어 전 세계가 깨달아서 암호화폐의 시장성과 미래성이 이제야 알려지고 코인 시장에 임하는 자세가 적극적으로 달라졌다는 것. 그리고 또 하나는 1세대 코인과 2세대 코인의 마지막 세대교체로서 불꽃 러시가 이는 것이다.

개인투자자는 모든 변수에 대비할 수 있어야 한다. 따라서 투기성이 강한 코인은 과감하게 정리하고 산업 전반적으로 실제로 프로젝트가 진행되고 있는 코인들, 또는 특정 국가의 지지도가 강한 코인들을 더 공부해서 투자처를 재조정하는 것이 좋은 결정이 될 것 같다.

또 어느 기업과 제휴했다거나 기술적 협약이 이루어졌다는 등의 이야기가 사실이 아닌 것이 많기 때문에 언론플레이에 휘둘리지 않는 안목을 갖춰야 한다. 공부, 또 공부하기 바란다. 많은 사람이 언론과 트위터에 의존해 정보를 그대로 받아들이곤 하는데 바람직하다고 볼 수는 없다. 일방적인 한쪽의 정보 제공은 검증을 할 수 없다는 맹점이 있다. 더군다나 암호화폐 기술은 일반인이 보기에는 제대로 가동되는지, 실행력이 있는지 알아내기가 상당히 어렵다. 검증할 길이 없기 때문에 뉴스를 볼 때도 개발진의 주장을 그저 전달만 한 것인지 확실한 정보를 전달하는 것인지 제대로 살펴봐야 한다.

예를 들어 리플의 경우 만약 우리나라 은행권들이 협업 파기를 했다면 악재가 맞다. 그런데 오히려 가격이 상승한다면 이상한 현상이라는 것을 알아차려야 한다(빠른 실행, 상용성, 미국 자본의 대대적 지원으로 2018년 1월 현재 우상향을 달리고 있다). 또 어떤 코인은 국내 최고 업체와 협업 이야기가 흘러나와 가격이 상승한 경우가 있었다. 그러나 사실 확인은 되지 않고 있다. 단지 언론을 통해, 톡방이나 루머를 통해 흘러나온 정보를 검증 없이 그대로 받아들여 투자를 결정하는 것은 엄청난 오류다. 이런 것들 때문에 나는 책을 써야겠다는 결심을 했고 안목을 갖추기 위해 공부를 하라고 힘주어 말하고 있는 중이다.

한번은 "미국에서 비트코인 중국 채굴을 규제하고 채굴기를 몰수할 수 있으니 비트코인을 전부 매도하라"는 이야기가 펌핑방에 전달되었다고 한다. 그런데 이런 이야기를 듣고 매도를 진행한 사람이 상당수 있다는 이야기를 듣고 나는 정말 충격을 받았다. 미국과 중국이 언제 통일이라도 했던가? 미국 법으로 어떻게 중국을 규제한다는 말인지 이해할 수가 없었다. 시장 상황이 개인투자자들의 한쪽 눈을 가리더라도 우리는 절대 속지 말아야 한다.

앞서 알리바바가 투자하는 카카오페이에 관한 이야기를 했는데, 국내의 다른 대기업에서도 손놓고 구경만 하지는 않을 것이라고 누구나 짐작할 수 있을 것이다. 우리나라 대기업은 정부보다 빠른 정보수집력을 가졌다고 이야기를 듣는 곳이 많다.

채굴 코인이냐, 플랫폼 코인이냐[14]

2020년까지 암호화폐 투자를 하는 데 있어 관심있게 봐야 할 두 가지를 이야기하려 한다. 하나는 채굴 코인이다. 비트코인, 비트코인캐시, 대시, 라이트코인, 제트캐시, 이더리움클래식 등이 있다.

채굴 코인에서 살펴봐야 할 것은 ASIC 채굴기와의 연관성이다.

채굴 코인은 희소성을 갖게 되기 때문에 중요하게 살펴봐야 한다. 채굴량이 줄면서 희소성이 생기면 가격이 상승한다. 단기적으로 이것은 가격 상승에서 효율적이다.

또 하나 살펴봐야 할 것은 플랫폼 코인이다. 새롭게 가격이 뜨고 있는 코인들은 거의 플랫폼 코인이다. 이더리움, 퀀텀, 네오 등이다. 국내형 의료 플랫폼으로 메디블록이 ICO를 했는데 이것도 플랫폼 코인이다. 쉽게 스마트폰을 연상하면 된다. 스마트폰을 열면 그 안에 여러 가지 앱[APP]들이 들어가 있는데, 스마트폰이 플랫폼이라면 앱은 댑(DAPP, 탈중앙화된 앱)으로 대비시켜 생각할 수 있다.

퀀텀 안에 잉크, 큐바오 등 20개의 댑이 있고, 이것들 하나하나가 다 코인이 되는 것이다. 이 댑의 ICO를 할 때는 비트코인이 아니라 퀀텀으로 받는다. 그러면 퀀텀 물량이 일부 잠기면서 희소성이 생긴다. 댑이 많이 활성화되면 될수록 플랫폼의 가격은 올라간다. 퀀텀이 그동안 정체기를 거쳐 이제야 주목을 받는 것은 댑이 축적되는 시간이 필요했기 때문이다.

네오는 27개의 댑을 발표한다고 한다. 이 댑들도 마찬가지로 ICO를 하면서 네오로 투자를 받기 때문에 네오의 시중 유통량이 줄어들면서 희소성이 생긴다. 1억 개 발행량 중에서 벌써 5천만 개가 이런 식으로 잠겨 있다. 희소성은 곧 가격 상승이다. 그래서 플랫폼 코인을 주목하라는 것이다.

업비트에서 퀀텀에 어떤 댑이 나오냐, 네오에 어떤 댑이 나오냐 이걸 찾아다니면서 쫓아가는 투자자도 있는데, 사실은 이들이 성공하면 성공할수록 모체인 플랫폼이 성공하는 것이다. 댑 가격을 쫓아가는 것보다 플랫폼 코인 하나를 사는 것이 더 현명한 투자다. 비트코인도 2017년 말 기준 전체 채굴량 1,670만 개 중에서 84%가 유통되지 않고 있다고 한다. 16%만 가지고 유통되고 있으니 가격이 올라갈 수밖에 없다. 세력은 절대 비트코인을 내놓지 않는다. 개미들만 매도에 나설 뿐이다.

코인 투자를 할 때 이런 관점을 생각해 보지 않고 오르니까 무조건 구매에 나서면 결국엔 실패로 끝날 가능성이 크다. 조금만 가격이 흔들리고 하락해도 마음이 조마조마해서 다 팔아버리고는 나중에 상승률이 엄청날 때 '아 나도 있었는데' 해봐야 아무 소용 없다. 100배 상승한 코인은 꽤 있었지만 버티지 못한다면 내 것이 아니다.

/

2018년 1월을 진단한다

시총: 7,560억 달러　한화: 805조 원　비트코인 지분률: 34%

달러: 1,066원

내가 시가총액을 거의 매일 기록하기 시작한 이후 가장 큰 시가총액 규모다. 몇 개월 전 구글의 시가총액에 임박했는데, 현재 구글의 시가총액은 한화 778조 원이다. 한편 애플은 927조 원이다.

이제 코인 시장은 구글과 비슷하고 애플의 시가총액을 넘나들고 있다. 세상에 이런 성장세가 있는지 정말 놀랍다.

현재 비트코인의 박스권 현상 이후에도 다른 알트코인들이 이 정도로 성장할 수 있었던 것은 역시 상상을 불허하는 자금이 들어왔기 때문일 것이다. 예전의 200조 원 시장으로는 비트코인이 오르면 모든 알트코인들이 죽고, 비트코인이 빠지면 자금의 급속한 유출이 나오곤 했지만 이제는 정말 큰 외부 충격이 아니면 시장이 반응을 하지 않는다. 2017년 7월 이전에 코인 시장에 진입한 사람이라면 많이 당황스러울 수 있는 환경이다.

이 정도 상승세인데 조정 없이 올라가는 현상을 본 적이 없다. 나는 물론이고 그 누구도 본 적이 없다. 이유는 바로 우리가 유추할 수 있는 자본 규모가 아니라는 것이다. 지금은 각국이 2018년 코인 시장의 주도권을 잡기 위해 무한정의 자금을 투입한 시기로 보인다. 이미 2017년 실험을 통해 쉽게 가라앉을 코인 시장이 아니라는 내성이 생긴 것이다. 이 점 때문에 코인 시장에서 오랜 활동을 한 사람이라면 딜레마에 빠지기도 했고, 나 또한 같은 통증을 겪었다. 그러나 분명한 것은 조정은 온다는 것이다. 하지만 우리가 예상하지 못한 시기에 올 것이다. 그러므로 투자를 계속해서 진행하고 위기가 온다면 빠르게 대응하는 수밖에는 없다.

중요한 것은 왜 판을 키우는가 하는 것이다. 새로운 산업혁명으로 들어가기 위해 1차적 버블이 있어야 하는데 코인 시장은 2017년 실험의 한 해를 통과한 것이다. 따라서 지금 모든 투기자본은 더욱 더 코인 시장으로 쏠릴 것이다. 그러나 그럴수록 판은 엄청나게 흔들린다.

자본들은 왜 코인 시장으로 밀려오는 걸까. 더 이상의 금융상품으로는 버블을 일으킬 수 없고, 더 이상 월가의 금융상품을 믿지 않기 때문이다. 금융상품으로 시작한 부동산 붕괴로 인해 각국이 경기침체를 겪었다. 버블을 일으킨 당사자 금융인은 단 1명만 실형을 살았다. 월가의 금융상품과 각국의 금융상픔, 투자상품(펀드, 예금, 주식 등)은 고갈되었고 더 이상의 수익을 기대하기 힘들다. 따라서 코인 시장이라는 차세대 성장 요소와 그에 맞는 버블 투자상품이 필요해진 것이다. 양적 완화로 무한정 찍어낸 돈을 묶는 역할(인플레이션을 막기 위해 돈을 가두는 효과)을 하고 있는 것이다.

비트코인으로 인한 GDP 성장과 내수 성장으로 인한 소비 증대 효과에 대해 우리나라도 곧 언급하게 될 것이다. 일본이나 우리나라와 같은 경제 구조 국가들, 즉 빠른 고령화 사회로 인한 노동인구 감소와 노동으로 인한 수익 창출이 어려워지는 구조, 부동산 금융 투자는 더 이상 투자수익을 기대할 수 없는 구조, 투자 수익률보다 빠르게 올라가는 물가와 물가상승률에 못 미치는 임금 상승률이라면 빠르게 코인 시장을 받아들일 수밖에 없다.

이런 이유들로 결국은 코인 시장은 우상향하게 되는 것이 맞다. 따라서 그동안 코인 시장을 주도했던 중국색 짙은 코인들과의 주도권 싸움을 위해 2018년 미국과 일본은 그들이 투자한 코인들을 엄청나게 상승시키며 시가총액을 늘리는 작업을 진행 중인 것이다.

노무라증권의 일본 금융 보고서

2018년 신년을 기점으로 일본 쪽 자료를 분석해 보았다. 일단 일본 정부 쪽 그리고 언론사 입장에서 낸 보고서 내용에서 "일본이 비트코인의 효과로 GDP 성장률 상승으로 이어졌다"는 아주 좋은 전망을 내보냈다.

GDP란, 외국인이든 내국인이든 국적을 불문하고 그 나라 국경 내에서 이루어진 생산활동을 모두 포함하는 개념이다. 일본 노무라증권 연구원의 보고에 따르면 비트코인 가격 상승이 일본에서 가시적인 경제 효과를 보여준 것으로 예상된다.

일본은 부동산 경제 버블 이후 급속도의 침체기에 접어든다. 그러면서 초고령화 사회로 진입하는 아주 안 좋은 사회현상까지 나타난다. 경제적으로 힘들어지자 결혼하지 않고 아기도 낳지 않는, 지금의 우리나라 경제와 완전히 일치하는 현상이 나타난다. 인구가 늘지 않고 고령화로 진입하면서 주택 수요가 완전히 붕괴되어 부동산이 침체의 길로 접어들었고, 기업 역시 기존의 달러 패권에 좌지우지되고 신산업 육성의 실패로 상당수가 무너져버렸다.

이런 이유들로 주식 시장과 부동산 시장의 침체, 양적 완화로 인한 제로금리까지 겹치며 국민들은 투자처를 잃어버린다. 재테크 수단은 모두 붕괴되었다.

이런 일들로 경제가 다시 활성화되지 못하고 있던 때에 비트코인의 등장은 새로운 투자처로 인식되고, 우상향으로 진행하면서 국민들에게 투자수익을 가져다주고 내수경제 활성화로 이어졌다. 이것이 노무라증권에서 분석한 판단 내용인 것으로 보인다.

일본은 신용카드 사용으로 인한 내수경제 살리기에 실패했다(빚을 내서라도 내수를 돌림으로써 얻어지는 경제 살리기 효과). 빚을 싫어하는 일본의 국민성 때문인데, 이때도 하지 못한 것을 비트코인이 해냈다고 판단하는 분석 자료가 나왔다. 그동안 내가 주장해 왔던 입장과 정확히 일치하는 표현이다.

일본 뉴스를 발췌, 재구성해 보았다.

"2017년 초만 해도, 중국 위안화가 암호화폐 거래를 지배했다. 하지만 중국 정부가 암호화폐 거래를 금지하자, 일본이 암호화폐 거래의 주축 시장으로 급부상했다. 일본의 비트코인 보유자는 100만 명으로 1명당 비트코인 보유량은 3~4개로 추산된다. 이 수치로 추정한 일본의 비트코인 보유량은 370만 개로(현재 비트코인 물량의 25%) 잡고 있다. 비트코인으로 인한 부의 효과(경제 지출)는 2017년 상반기만 960억 엔이다."

이 비트코인 숫자는 내가 보기에는 민간 보유량을 말하는 것 같다. 기업이나 고래의 보유물량은 추산하지 못한 듯하다. 거래가 없으면 추산치를 내놓을 수가 없기 때문인데, 기업이나 고래들은 매도를 하지 않는다.

자, 이제 나의 결론이다. 전 세계의 극심한 경기 침체가 암호화폐로 인해 탈출구를 발견한 이 시점에 더 이상 암호화폐는 멸시와 경계의 대상이 아닌 실물경제에 엄청난 영향을 미치는 공룡이 되었다. 2018년 투자 전망은 감히 장밋빛이라는 전망을 내보내는 바이다.

2017년 원화 대비 외화의 가치

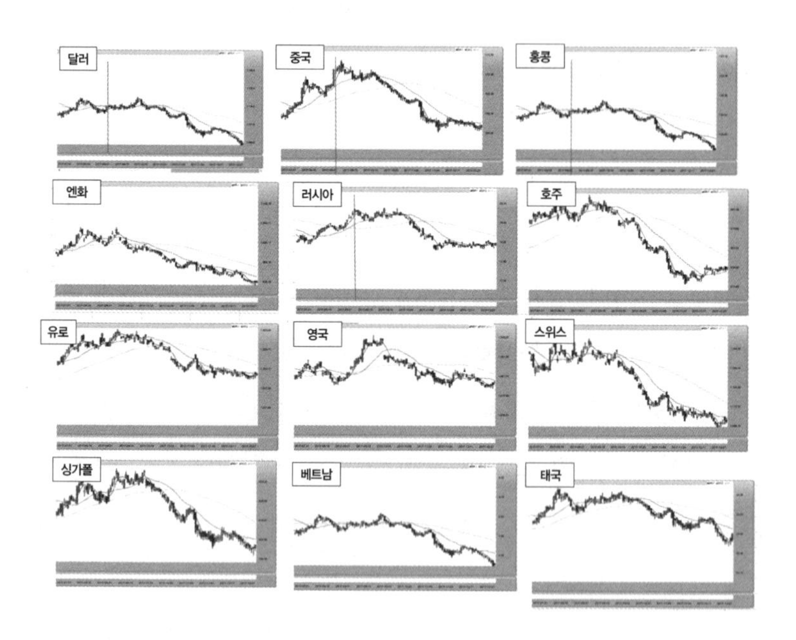

이 자료는 원화 대비 다른 나라의 환율을 비교한 차트다. 이 자료에서 주의깊게 봐야 할 것은 바로 위안화, 달러, 엔화다. 9월 하락장을 기준으로 그은 선이 있으니까 잘 살펴보길 바란다. 선의 위치가 바로 9월 하락장을 나타낸다. 저 선을 기준으로 중국은 ICO 규제, 거래소 규제를 실시한다. 거래소 규제가 실시되면서 코인 시가총액이 당시 45% 이상 빠져나간다. 잘 보면 시가총액이 빠지는 시점에서 갑자기 달러, 엔화, 위안화, 특히 규제의 진원지인 중국 환율이 강세를 보인다.

이 차트가 시사하는 점은 코인 시장이 지금의 화폐 시장과 정반대로 가는 것을 보여준다는 것이다. 9월 코인 시가총액이 빠지면서 코인 시장 참여율이 가장 높은 3국, 미국, 중국, 일본은 코인 시장이 위축되는 시점에 각국의 화폐 가치가 높아지는 것을 볼 수 있고, 그중 중국 자본이 가장 많이 빠질 때 중국 위안화가 코인 시장 규제와 함께 가장 많이 상승한다. 그러다가 중국 규제 여파가 지나고 코인 시장이 다시 급속도로 팽창하는 시기에 그래프를 보면 모든 국가의 환율이 하락한다.

이것이 시사하는 바는 바로 모든 국가의 통화가 이제는 완전히 코인 시장과 반대로 가는 현상이 있다는 것이다. 코인 시장이 커지면 커질수록 각국의 통화가 하락한다. 코인 시장이 커질수록 현물 화폐 시장의 힘이 축소된다고 볼 수 있다. 앞으로 코인 시장의 시가총액이 커질수록 빅3 국가의 화폐는 점점 힘을 잃을 수 있다는 예측을 해볼 수 있다. 정리하면, 코인 시장이 커질수록 원화 대비 빅3 국가의 화폐는 가치가 하락할 수 있다.

이 차트는 엄밀히 말하면 원화 인덱스다. 원화 대비 각국의 통화 가치를 표시한 자료인데, 보면 중국, 미국, 일본, 그리고 홍콩, 호주가 특히 원화 대비 하락을 많이 한다.

비교해 보면 특이한 것이 비트코인 보유물량이 많은 국가의 원화 대비 인덱스가 약세를 보인다는 것이다. 변화가 별로 없는 국가들은 유럽, 영국, 러시아 등인데, 비트코인의 보유량이 실제로 많이 없다고 판단되는 국가다. 그런데 반문을 하겠죠. 그렇다면 호주는 왜 그런가. 그리고 여기 자료에는 없지만 싱가포르 역시 원화 대비 인덱스가 급하락을 진행한다. 그것은 호주, 싱가포르는 달러와 연동이 되기 때문에 같은 차트를 보이는 것이다.

이렇듯 각국의 화폐들은 미국 달러와 연동이 된다. 미국 달러가 하락하니 호주달러, 싱가포르달러, 홍콩달러가 같이 하락하는 현상이 나왔다. 그런데 잘 보면 원화 대비 큰 변동이 없는 국가들은 비트코인이나 코인 시장 거래 참여가 아직까지는 크게 두각을 나타내지 않는 곳들이다. 이곳의 통화들만이 원화 대비 하락을 하지 않았다.

이 자료들을 살펴보면 비트코인 보유비율이 높은 나라의 통화일수록 코인 시장의 팽창에 엄청나게 자국 통화가 영향을 받기 시작했다는 것이다. 이 점은 해당 국가들이 이미 자국 통화의 암호화폐 전환을 준비하고 있다는 검증 자료가 된다. 앞으로는 달러, 엔화, 위안화가 암호화폐로 대체될 것이라는 명백한 근거 자료가 되는 것이다.

달러, 위안화, 엔화의 대체 화폐가 나오면서 기존의 화폐는 힘을 잃어가는 현상이 나올 것이다. 아직 코인 시장에 참여비율이 낮은, 코인 시가총액에 크게 관여하지 못하는 나라의 통화는 아직은 화폐 가치가 떨어지지 않았지만, 갑작스럽게 현존 화폐가 코인으로 대체되는 시점이 오면 환율이 엄청나게 불안해질 수 있는 상황에 놓여 있다. 유로, 원화, 루블 등이 현재 자국 통화의 가치 하락으로 흐르지

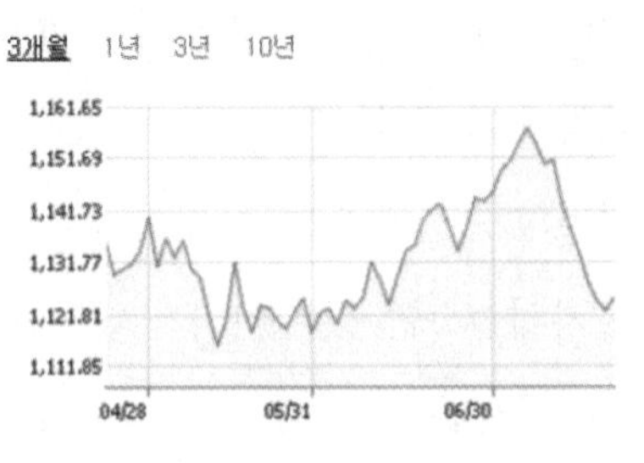
미국 USD
1,125.00 ▲2.50 (+0.22%)
3개월 1년 3년 10년
1,161.65
1,151.69
1,141.73
1,131.77
1,121.81
1,111.85
04/28
05/31
06/30
2017.07.20. 21:47

매매기준율 환율우대없음
미국 USD
1
1 달러
대한민국 KRW
1,125.00
1,125 원

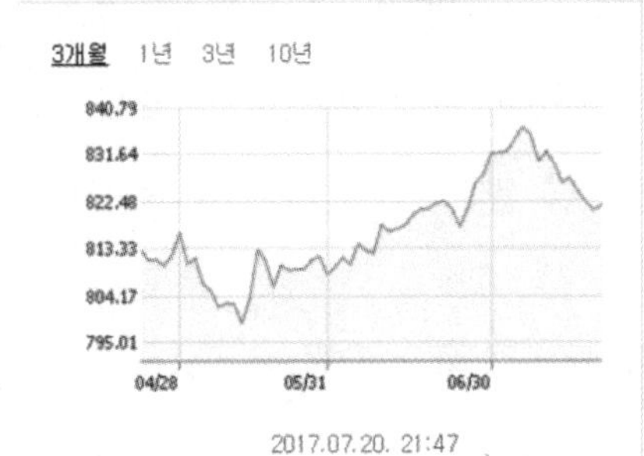
싱가포르 SGD
821.65 ▲0.84 (+0.1%)
3개월 1년 3년 10년
840.79
831.64
822.48
813.33
804.17
795.01
04/28
05/31
06/30
2017.07.20. 21:47

매매기준율 환율우대없음
싱가포르 SGD
1
1 달러
대한민국 KRW
821.65
821.65 원

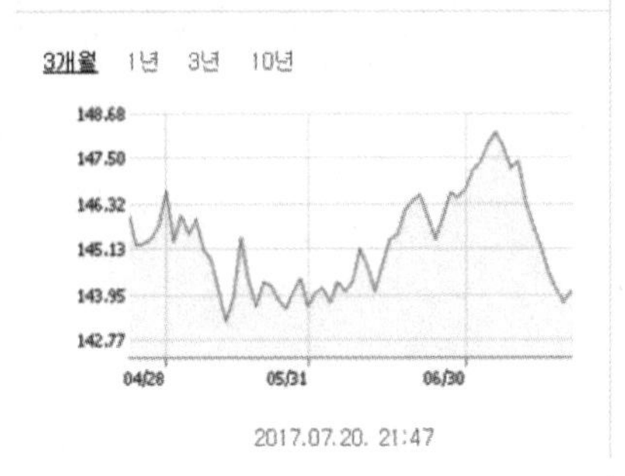
홍콩 HKD
144.04 ▲0.28 (+0.19%)
3개월 1년 3년 10년
148.68
147.50
146.32
145.13
143.95
142.77
04/28
05/31
06/30
2017.07.20. 21:47

매매기준율 환율우대없음
홍콩 HKD
1
1 달러
대한민국 KRW
144.04
144.04 원

않고 방어하고 있다는 것은 그 국가들의 경제성장률이 중국, 일본, 미국에 비해 높았던 것이 아니다. 빠르게 변화하는 화폐 시장에 적응하지 못하고 있는 모습인 것이다. 이로 인해 코인이 기존 화폐를 대체하는 순간, 달러, 엔화, 위안화를 대체하는 코인이 나오는 경우 원화 등은 평가절하를 당하는 위기의 순간이 오게 될 것이다.

수출하는 기업에 있어 원화의 가치절하는 좋은 기회가 되지만 우리 같은 서민들은 엄청난 타격을 받는다. 석유나 자원을 수입하는데 엄청난 대가를 지불해야 할 수도 있고, 지금의 기름값이 배가 오를 수도 있는 상황이 올 수 있다(수입 물가의 급등).

나와 CKT팀이 기록한 여태까지의 코인 시가총액 대비 환율의 기록을 보면 코인 시가총액이 오를수록 달러 환율은 하락했다. 정말 심각한 것은 미국 FRB에서 금리를 올리고 있는데도 달러는 하락세를 지속하고 있다는 것이다.

정리하면, 개인투자자 입장에서 이 자료의 의미는 이렇다. 이미 미국, 중국, 일본은 자국 통화를 암호화폐로 전환하기 시작했고, 우리는 검증되어 있는 코인을 저점에서 구매해서 기다리기만 하면 큰 수익을 낼 수 있다는 것을 이 자료가 명백히 알려준다. 그렇기 때문에 아직까지는 우리에게 기회가 남아 있다.

에필로그

암호화폐, 마지막 부의 추월차선

비트코인의 매력은 '탈중앙화된 개인간의 거래'다. 국가나 기관의 간섭을 받지 않는 매력적인 지불수단으로서 9년을 보내왔다. 그동안의 9년은 일부의 관심과 실험 대상이었다. 그러나 그 힘은 점점 커져갔고, 각국에서는 더 이상 방치할 수만은 없는 순간이 왔다. 어쩌면 꼭 필요해진 시점까지 실험을 통한 검증의 시간을 보낸 것으로 풀이된다.

일본은 부동산 경기 침체, 주식 시장의 침체, 일본 기업들의 쇠퇴 등으로 개인들의 투자처가 없어 힘들어진 시기를 보냈다. 그러나 다시 비트코인이라는 투자처로 인한 소비 진작과 미래 투자처의 발굴이라는 측면에서 암호화폐 코인 시장의 활성화를 이끌어냈고, 뉴스에서도 다룬 바와 같이 비트코인으로 인한 경제성장률 기여와 소비

촉진이라는 새로운 경제 성장 모델을 발견했다. 게다가 국가적으로 먼저 제도를 정비하고 올바른 투자 문화를 위한 선작업을 진행한 뒤 본격적으로 실천에 옮기고 있다.

중국은 기축 통화인 미국 달러로 인한 위안화의 피해를 줄이고자 하는 점, 위조지폐로 인한 자국 화폐 시장의 질서 유지가 힘들어진 점, 검은 돈들의 출처를 알 수 없는 점, 새로운 화폐 시장의 빠른 주도권 선점으로 달러 지배를 벗어나려는 국가적 움직임 등으로 인해 암호화폐 활용 방안을 확대 중이다.

미국은 2008년부터의 프로젝트로 비트코인을 이용한 화폐 개혁을 준비한다. 일부러 관심 없는 척 언론플레이를 하면서 부정적 의견을 피력해 세계 각국의 참여를 유도했고, 미국이 없는 시장에서는 어느 국가도 1위를 선점할 수 있다는 오판을 하게 한 후 이미 준비된 모습으로 코인 시장에 전면 부상한다.

2013년부터 비트코인 인덱스 지수를 준비하는 치밀한 준비를 통해 선물거래 상장을 하면서 비트코인 기준 가격도 전부 미국 내 거래소만으로 선정했다. 기존 세계 거래소 순위 1~5위 중 단 하나도 기준 거래소로 지정되지 못했다. 미국에 의해 디지털 금인 비트코인의 가격을 통제하면서 미국 내 코인들을 2018년 전면적으로 등장시킬 움직임을 보이고 있다.

러시아는 미국의 달러 파워로 인해 가장 큰 굴욕을 맛본 장본인으로 가장 먼저 비트코인의 민간채굴을 규제했고, 2018년 월드컵 때까지 루블코인을 개발해 상용화하겠다는 뉴스를 내보낸 국가다. 러시아는 루블코인을 에너지 거래에 연동시킬 가능성이 매우 크며, 에너지 판매대금으로 자연스럽게 루블코인을 지불하게 함으로써 루블코인의 저변을 확대해 나갈 것이다.

각국의 이런 움직임은 바로 현재 유통되고 있는 화폐들의 쇠퇴기가 오고 있기 때문에 나타나는 현상이다. 지나친 양적 완화로 인해 기존 화폐의 개혁이 필요해진 이 시점에서 가장 이상적인 것은 이미 실험을 통해 저변을 넓혀가며 인프라를 확충해 온 비트코인과 시가총액이 높은 알트코인들로 이전하는 것이다. 현 화폐의 이전이 필요해진 시점을 각 국가들이 알고 새로운 도전의 길로 나선 것을 잊지 말았으면 한다.

그러나 모든 코인이 살아남을 수 없는 시점을 맞이하면 우리는 투자노선을 변경해야 한다. 바로 시가총액이 높고 활용도가 크거나 기술적 우위를 지닌 코인들을 선별하는 것이다. 지금까지는 어떤 코인을 구매해도 기다리면 올랐지만, 그렇게 수익을 낼 수 있는 시기로는 끝 지점에 와 있는 것으로 판단된다.

지금 실시되기 시작한 국가 규제나 정부의 제도 정비는 대기업이 들어오고 대규모 자본이 들어올 수 있는 발판을 만드는 과정이라고 봐야 한다. 이제는 국가의 정책이나 협업이 많이 진행되었거나 기술적으로 절대 배제될 수 없는 코인들로의 전환을 준비해야 하는 시기에 와 있다. 이것들이 바로 나와 CKT 투자팀이 카페와 블로그를 통해 활동하는 이유이다.

앞으로의 시장 상황은 장기적으로는 반드시 우상향을 할 것으로 생각하지만, 그 안을 들여다보면 2017년보다 더 큰 도전이 있을 것이고, 그로 인한 개인투자자들의 손절 또한 이어질 수 있다. 이 책이 모처럼 대처를 잘 하고 옥석을 가릴 수 있도록 코인 시장의 교과서와 같은 책이 되기를 바라는 마음 간절하다. 나 역시 개인투자자로서 그동안 블로그에 써왔던 일기식 기록을 책에 맞춰 재구성해 보는 방식으로 옮겨보았다.

여러분 모두 변화에 몸을 맡기지만 그 변화를 직접 주도할 수 있는 힘을 기를 것과, 우리가 코인 시장을 주도할 수도 있다는 사명감과 믿음을 잃지 마시길 바란다.

CKT팀 신의두뇌에 도움을 주신 분들, 반지노사, 망고, 레드로즈, 부자사자, 제네시스블록, 보용천도, 대인애연, 가능할라나, 밤새도록, 돌려줘내하베, 오렌지페코신짱, bluesoul, 포미스, 토토누님, 부산밧데리, 원하, 나은, 팔랑팔랑, 이회장, 보현 등 모든 분들께 감사드린다.

Special Thanks

이더리움에 관한 귀한 자료를 보내주신 코짱 님,
중국 쪽 자료를 많이 제공해 주신 망고 님,
CKT팀의 부자사자 님, 제네시스블록 님, 레드로즈 님
감사합니다!

2인의 암호화폐 투자 경험담 ① 팔랑팔랑 님

"에이다(ADA) 투자로 500% 수익 얻었어요"

지인의 지인이 이더리움 투자를 하고 있어서 처음 암호화폐를 알게 되었다. 한동안 관망을 하다가 리플을 400원에 구매했는데, 당시는 900원 최고점을 찍고 내려온 상태였다. 그런데도 리플은 내가 매수한 금액의 반토막을 내고도 더 내려가는 것이었다. 공부를 해야겠다고 생각한 것은 그때부터였다. 도대체 왜 나의 리플은 계속해서 내려가는 것일까, 신나게 올라가는 코인은 왜 올라가는 것일까 궁금했다.

당시에는 암호화폐 관련 컨텐츠를 올리는 블로거는 거의 신의두뇌 님이 유일하지 않았나, 내 생각에는 그랬다. 암호화폐 사이트가 있긴 했지만 내가 적극 참여하기에는 상당한 거리감이 있었고, 신의

두뇌 님 블로그에는 이미 상당한 양의 암호화폐 관련 컨텐츠가 올라와 있었다. C-KOREA TOP TEAM 블로그와 카페는 그렇게 인연이 되었고 아직도 투자에 많은 도움을 받고 있는 중이다.

나는 마음에 드는 코인을 발견하면 한두 가지에 공격적으로 투자하는 스타일이기 때문에, "나는 투기를 하고 있다"고 자평하곤 한다. 게다가 신의두뇌 님 블로그를 발견한 이후로는 거기에 올라오는 컨텐츠만으로도 충분히 정보를 얻을 수 있었기 때문에 힘들여서 공부를 했다기보다는 이미 걸러준 정보를 잘 활용하는 쪽이다.

2018년은 서민들이 암호화폐 투자로 돈을 벌기에 아직은 기회가 있는 해일 거라고 생각한다. 내가 뭘 투자하고 있는지 정도는 충분히 공부한 다음에 도전한다면 충분히 풍요로운 열매를 수확할 수 있을 거라고 본다.

2인의 암호화폐 투자 경험담 ② 이회장 님

"제대로 공부하는 법을 배웠습니다"

나는 IT 관련 일을 하고 있는데, 2016년에 친구가 이더리움 채굴을 함께 하자고 권했다. 그때 당시 이사와 맞물리기도 했지만 암호화폐에 대한 신뢰가 없던 상황이었다. 이후 2017년부터 암호화폐에 다시 관심을 갖게 되었는데, 무한한 정보의 바다에서 무엇이 제대로 된 정보인지, 개미들을 유혹하는 각종 찌라시 속에서 진짜 정보가 무엇인지 가려내기란 매우 어려운 일이었다. 몇 개월 동안 혼자 방황하면서 공부했는데, 신의두뇌 님 블로그와 카페를 알게 되면서 많은 도움을 받았다. CKT 카페는 한치 앞을 알 수 없는 이 험난한 시장 속에서 올바른 방향을 알려주는 등대와 같았다.

지금까지의 투자 중에서 내가 가장 높은 수익률을 기록한 코인은 바로 비트코인캐시다. 70만 원에서 280만 원까지 한 번에 폭발적으로 올라서 거래소까지 터져버린 사건을 많은 사람들이 기억하고 있을 것이다. 거래소가 뻗어버리는 바람에 고점에 매도를 하지는 못했다.

처음 이 시장에 들어왔을 때는 남이 추천하는 코인으로만 접근했다. 그러다 보니 투자한 코인에 대한 신뢰가 없어서 조금만 떨어져도 초조해지기 십상이었다. 지금은 공부해서 가치 있는 코인을 찾아내고 장기투자를 하려고 노력하고 있다. 2018년에 새로 암호화폐 투자를 시작한 분이 있다면 "공부하라, 투기가 아닌 투자를 하라!"고 말하고 싶다. 아무 지식이 없는 상태에서 암호화폐를 사는 것은 투기와도 같다. 내가 산 코인이 어떤 특성이 있는지, 로드맵과 개발진은 어떤지, 미래에 실제로 어떻게 쓰일지 등을 알고 있다면 투자에 믿음이 생길 것이다. 여러분도 가치투자로 더 행복한 한 해를 보내면 좋겠다.

참고 자료

2장

1. CKT팀 부자사자 님의 체험 사례를 인용
2. CKT팀 레드로즈 님의 글

3장

3. CKT팀 망고 님 강의에서
4. CKT팀 망고 님 강의에서
5. CKT팀 코짱 님 자료 제공
6. 비트코인갓에 관해 CKT팀 망고 님 강의에서 발췌
7. 바이텀에 관해 CKT팀 망고 님 강의에서 발췌
8. CKT팀 망고 님 강의에서
9. 일부 표현은 CKT팀 레드로즈 님의 글에서

4장

10. CKT팀 망고 님 강의에서
11. CKT팀 망고 님 강의에서
12. CKT팀 망고 님 강의에서

5장

13. CKT팀 망고 님 강의에서
14. CKT팀 망고 님 강의에서

뉴스 기사

http://www.ajunews.com/view/20171226145133293
http://www.asiae.co.kr/news/view.htm?idxno=2017082314021617532
http://www.newspim.com/news/view/20171024000159
http://www.ajunews.com/view/20170816080450765
http://news.hankyung.com/article/2017112332851
http://news.hankyung.com/article/201711230238i
http://www.newsis.com/view/?id=NISX20171215_0000177775&cID=10101&pID=10100
http://news.joins.com/article/22175942
http://www.kinews.net/news/articleView.html?idxno=111470

http://news.joins.com/article/22046563
http://www.thedailypost.kr/news/55282
http://www.newsway.co.kr/view.php?tp=1&ud=2017121416371815865
http://news.inews24.com/php/news_view.php?g_menu=029999&g_serial=913148
https://wired.jp/2016/05/05/bitcoins-creator-satoshi-nakamoto-is-3/
http://www.newspim.com/news/view/20171012000133
http://www.hani.co.kr/arti/international/globaleconomy/701062.html
http://www.yonhapnews.co.kr/bulletin/2015/04/21/0200000000AKR20150421008700071.HTML?input=1215m
http://www.edaily.co.kr/news/news_detail.asp?newsId=01685926616061432&mediaCodeNo=257
http://www.edaily.co.kr/news/news_detail.asp?newsId=01685926616061432&mediaCodeNo=257
http://www.ohmynews.com/NWS_Web/View/at_pg.aspx?CNTN_CD=A0002332925
http://www.fntimes.com/html/view.php?ud=201710311446118267c1c16452b0_18
http://www.etoday.co.kr/news/section/newsview.php?idxno=1572687
http://www.fnnews.com/news/201712211409582904
http://cnews.getnews.co.kr/view.php?ud=20171103143428313148106 5a1d6_16
http://biztribune.co.kr/n_news/news/view.html?no=35095
http://www.sisapress.com/journal/article/172693
http://www.dt.co.kr/contents.html?article_no=2017051902109931040008
http://economychosun.com/special/special_view_past.php?boardName=C08&t_num=11030
http://news.so-net.ne.jp/article/detail/1466810/
http://www.kbanker.co.kr/news/articleView.html?idxno=66446
http://www.etoday.co.kr/news/section/newsview.php?idxno=1571784
http://it.chosun.com/news/article.html?no=2843344
http://biz.chosun.com/site/data/html_dir/2017/12/26/2017122602702.html
http://www.fnnews.com/news/201712271046399575
http://www.fnnews.com/news/201712271046399575
http://www.gukjenews.com/news/articleView.html?idxno=849147
http://www.civilreporter.co.kr/news/articleView.html?idxno=56354
http://m.kr.acrofan.com/article_sub3.php?number=71059&type=
http://m.dt.co.kr/contents.html?article_no=2017081802109960053001
http://m.kr.acrofan.com/article_sub3.php?number=71059&type=
http://m.dt.co.kr/contents.html?article_no=2017081802109960053001

"도대체 나는 어떤 삶을 살고 싶은 것인가!"

7살 아들, 아내와 함께 떠난 90일간의 배낭여행

추성엽 지음

"엊그제 같던 청춘을 아쉬워하며 내려갈 길을 찾아야 하나 싶어 답답함 때문에 읽은 책!"

_ 예스24 독자 just××××××

"존재하는 모든 것에는 이유가 있다! 당신도 그렇다!"

15년간 숲 해설을 하며 자연에서 배운 삶의 지혜

추순희 지음

"사진과 함께 보니 그곳에 있는 것 같기도 하고, 녹차 같은 책이네요."

_ 알라딘 독자 maru×××

"19살 딸과 엄마의 다이어트는 달라야 한다!"

에이징 스페셜리스트가 말하는 여성 호르몬과 다이어트에 관한 거의 모든 것

아사쿠라 쇼코 지음 | 이예숙 옮김

"체온관리, 영양관리, 체간운동, 3가지 원칙 덕분에 40대에 복근이 생겼어요."

_ 옮긴이 이예숙(일본어 강사)

비트코인 1억 간다

2018년 2월 12일 초판 1쇄 펴냄
2018년 2월 14일 초판 2쇄 펴냄

지은이 신의두뇌
펴낸곳 솔트앤씨드
펴낸이 최소영
디자인 이인희
등록일 2014년 4월 7일 등록번호 제2014-000115호
전 화 070-8119-1192
팩 스 02-374-1191
이메일 saltnseed@naver.com
커뮤니티 http://cafe.naver.com/saltnseed
블로그 http://blog.naver.com/saltnseed
홈페이지 http://saltnseed.modoo.at
ISBN 979-11-88947-00-3 03320

• 이 도서의 국립중앙도서관 출판예정도서목록(CIP)은 서지정보유통지원시스템 홈페이지(http://seoji.nl.go.kr)와 국가자료공동목록시스템(http://www.nl.go.kr/kolisnet)에서 이용하실 수 있습니다.(CIP제어번호: CIP2018001588)